AI 시대의 사내변호사 생존전략

AI 시대의 사내변호사 생존전략
대체 불가능한 법무팀을 만드는 실무 가이드

초 판 1쇄 2025년 08월 26일

지은이 권희성
펴낸이 류종렬

펴낸곳 미다스북스
본부장 임종익
편집장 이다경, 김가영
디자인 임인영, 윤가희
책임진행 김은진, 이예나, 김요섭, 안채원

등록 2001년 3월 21일 제2001-000040호
주소 서울시 마포구 양화로 133 서교타워 711호
전화 02) 322-7802~3
팩스 02) 6007-1845
블로그 http://blog.naver.com/midasbooks
전자주소 midasbooks@hanmail.net
페이스북 https://www.facebook.com/midasbooks425
인스타그램 https://www.instagram.com/midasbooks

© 권희성, 미다스북스 2025, *Printed in Korea.*

ISBN 979-11-7355-374-5 03320

값 19,000원

※ 파본은 구입하신 서점에서 교환해드립니다.
※ 이 책에 실린 모든 콘텐츠는 미다스북스가 저작권자와의 계약에 따라 발행한 것이므로 인용하시거나 참고하실 경우 반드시 본사의 허락을 받으셔야 합니다.

미다스북스는 다음세대에게 필요한 지혜와 교양을 생각합니다.

AI 시대의 사내변호사 생존전략

대체 불가능한 법무팀을 만드는 실무 가이드

SURVIVING IN AGE OF AI

판단하고,
분석하고,
전략적으로
사고하라!

권희성 지음

미다스북스

추천사 7
서문 11

PART 1 ___ 변화의 현실을 직시하다

1장 왜 지금 '사내변호사 생존전략'인가

1-1. 변화의 파도가 법무팀에 도달했다 16 ㅣ 1-2. 전통적 법무 업무의 변곡점이 왔다 19 ㅣ 1-3. 생존을 넘어, 기회로: 사내변호사, 당신을 위한 특별한 설계 22

2장 사내변호사의 역할은 어디까지인가

2-1. 기업이 만들어내는 새로운 기대들 28 ㅣ 2-2. 환경에 따라 달라지는 생존 조건 30 ㅣ 2-3. 경계를 짓는 순간, 기회를 놓친다 33

3장 변화를 주저하는 사내변호사들

3-1. 안주의 함정에 빠지는 순간들 38 ㅣ 3-2. 조직이 만드는 변화 저항의 구조 41 ㅣ 3-3. 함정에서 벗어나는 사람들의 특징 45

PART 2 ___ 법률 생태계를 흔드는 기술의 힘

4장 AI가 바꾸는 법률 생태계

4-1. 법률가들은 지금 무엇을 고민하는가 54 ㅣ 4-2. 실제로 도입되고 있는 법률 AI 사례들 59 ㅣ 4-3. 지금 당장 알아 두어야 할 핵심 기술 3가지 68

5장 법무 업무 혁신의 시작, AI의 전략적 활용법

5-1. 계약 업무의 전략적 전환: 검토에서 관리까지 72 ㅣ 5-2. 리서치 업무의 재정의: 정보 수집자에서 지식 큐레이터로 74 ㅣ 5-3. 커뮤니케이션의 재정의: 설명에서 전략적 메시지 전달로 78

6장 AI 활용 실전 가이드

6-1. AI 도입 전략과 체크포인트 83 ㅣ 6-2. AI 업무 배치 설계: 어디에 어떻게 위치시킬 것인가 87 ㅣ 6-3. 실전 적용 사례: 위험 조기 감지 시스템 구축 90 ㅣ 6-4. 사내 AI 활용 가이드라인 구축 94

PART 3 ── 업무 구조를 재설계하다

7장 도구가 아닌 구조를 설계한다

7-1. 현재 상황 진단: AI를 써도 효율이 오르지 않는 이유 104 ｜ 7-2. 해결 설계: AI 협업을 위한 4가지 설계 원칙 106 ｜ 7-3. 실행 전략: 단계적 시스템 구축법 111 ｜ 7-4. 변화의 완성: 사내변호사의 새로운 정체성 113

8장 법무팀의 데이터 전략 수립

8-1. 현황 진단과 목표 설정: 우리 팀은 어디에 있는가? 120 ｜ 8-2. 기초 인프라 구축: 엑셀로 시작하는 데이터 전략 122 ｜ 8-3. 분석과 활용 체계: 데이터를 인사이트로 전환하기 125 ｜ 8-4. 고도화 로드맵: AI와 함께하는 미래 법무 133

9장 AI 시대, 사내변호사의 전략적 커뮤니케이션

9-1. 경영진을 움직이는 전략적 보고 137 ｜ 9-2. 부서별 맞춤 커뮤니케이션 전략 140 ｜ 9-3. 커뮤니케이션 효율화 시스템 143

PART 4 ── 실전으로 들어가는 기술 감각

10장 사내변호사를 위한 기술 소양

10-1. AI 시대에 필요한 기술 언어 배우기 150 ｜ 10-2. 사내 기술 환경 이해하기 153 ｜ 10-3. 협업 프로젝트에서 사내변호사의 역할 155 ｜ **부록** GPT를 처음 사용하는 변호사를 위한 10분 Q&A 158

11장 사내 시스템을 이해하는 기술적 프레임

11-1 클라우드 기반 SaaS와 온프레미스 시스템 차이점 이해하기 163 ｜ 11-2. 전사 시스템 구조에서 법무 시스템의 위치 164 ｜ 11-3. 데이터 접근 방식: API 기반, 수동 업로드, DB 연동의 차이 166 ｜ 11-4. AI 도입 구조 이해: AI 생태계 관점에서 보는 실무 설계 168

12장 법무를 바꾸는 AI 기술 지도

12-1. 법무 영역별 AI 활용 분류 173 ｜ 12-2. 기술 기반별 AI 기능 분류 176 ｜ 12-3. 업무 도구로서 생성형 AI의 위치와 한계 178 ｜ **실무 팁** 효과적인 AI 활용을 위한 커뮤니케이션 전략 183

13장 **도입에서 확산까지, AI 실전 플랜**
13-1. 사내 시스템과 연결하는 구조 설계 188 | 13-2. AI 도입 로드맵 만들기 191 | 13-3. 사내 설득과 공감대 형성 197

PART 5 커리어, 전략으로 전환하다

14장 **AI 시대, 사내변호사의 새로운 정체성 찾기**
14-1. 실무 숙련자에서 업무 설계자로의 전환점 206 | 14-2. 조직 내 역할 변화와 개인 성장의 교차점 찾기 208 | 14-3. 업무 자동화를 넘어 비즈니스 구조 설계자 되기 211

15장 **사내변호사의 조직 내 영향력 구축 전략**
15-1. 실무자에서 전략가로: 포지셔닝 전환 전략 217 | 15-2. 조직이 인정하는 보고서와 커뮤니케이션 기법 220 | 15-3. 의사결정 테이블에서 목소리를 내는 방법 223

PART 6 나의 방향을 설계하는 시간

16장 **대체되지 않는 사람의 조건**
16-1. 문제의 정의자가 되어야 살아남는다 230 | 16-2. AI 시대의 새로운 협업 방식 233 | 16-3. 나를 넘어서는 시스템을 만들어라 236

17장 **AI 시대, 법무의 본질을 다시 생각하다**
17-1. 흔들리지 않는 법무의 중심 240 | 17-2. 내 방향을 스스로 정의하는 힘 244 | 17-3. AI 시대를 위한 전략적 사고법 247 | 17-4. 변화 속에서도 흔들리지 않는 나만의 전략 252 | 17-5. AI 시대, 사내변호사의 최종 생존 공식 257

에필로그 263
부록 사내 법무팀용 AI 프롬프트 템플릿 가이드 266

추천사

김정규 변호사 현대차그룹 법무실 상무

제가 저자와 처음 인연을 맺은 것은 로펌 변호사였을 때였습니다.

저자는 그때도 이미 상당한 내공을 가진 사내변호사로서 법무와 비즈니스 영역을 어떤 방향으로 조화롭게 연결해야 하는지를 고민하면서 그 역할을 훌륭히 해내고 있었습니다. 이 책은 그러한 기존 고민에 AI 시대의 기술적 화두를 새로이 던지고 이를 다시 풀어내려는 저자의 고민이 추가되었습니다.

AI는 정보화 시대 이후 다시 세상의 기존 질서를 바꾸는 촉매제가 되었고, 그 지각 변동은 이미 진행 중입니다. AI를 통해 법무 업무 처리의 효율화를 이루어내지 못한다면 그 조직은 자연스레 도태될 수밖에 없습니다. 이 책은 그러한 고민들을 이미 시작한 법무팀 사내변호사들에게 좋은 멘토가 될 것으로 믿습니다.

류윤교 변호사 리만코리아 준법경영본부장 / 한국사내변호사회 부회장

사내변호사의 역할은 더 이상 법률 지식을 기반으로 한 단순한 법무적 조력에만 국한되지 않습니다.

이제는 전략적 사고, 커뮤니케이션 능력, 그리고 산업 및 기술에 대한 깊은 이해까지 요구되는 복합적인 직무로 고도화되고 있습니다.

특히, AI와 자동화 기술이 기업 내 업무 방식을 혁신적으로 변화시키는 지

금, 법무팀 역시 기존의 업무 방식과 사고방식을 재고해야 할 중요한 시점에 있습니다.

『AI 시대의 사내변호사 생존전략』은 이러한 변화를 어떻게 수용하고, 기술적 혁신을 법무 업무에 어떻게 통합할 수 있을지에 대한 고민이 담겨 있는 책입니다.

이 책은 변화하는 환경에서 어떻게 지속적으로 가치를 더할 수 있을지를 고민하는 사내변호사들에게 큰 도움을 줄 수 있는 책이라고 생각합니다.

이충윤 변호사 쿠팡 주식회사 경영관리실 이사 / 前 대한변호사협회 대변인

오픈AI의 최고 경영자 샘 올트먼은 AI의 발전 속도가 무어의 법칙을 훨씬 상회한다고 설명합니다. AI의 발전 속도가 2년마다 2배씩 증가하는 반도체의 발전 속도와는 비교도 할 수 없다는 것이죠. 어쩌면 우리는 AI가 이끄는 역사의 최대 격변기에 살고 있는지도 모릅니다.

2025년, 바야흐로 변호사 4만 명의 시대입니다. 20년 전만 해도 변호사가 있는 회사가 드물었으나, 이제는 사내변호사의 절대 수 자체도 엄청나게 증가하여 웬만한 중소기업도 다 법무팀과 사내변호사를 갖추고 있습니다. 게다가 AI로 없어질 직업으로 변호사를 언급하는 경우도 많아지고 있지요. 자신의 전문성과 커리어를 고민하는 사내변호사가 많아질 수밖에 없는 시점입니다.

이런 점에서 저자인 권희성 변호사는 전직 이공계 연구원이자 10년 차 사내변호사로서 『AI 시대의 사내변호사 생존전략』을 통해 아주 시의적절하게 화두를 던지고 있습니다. 이 책은 비단 AI 시대만을 위한 책도, 사내변호사만을 위한 책도 아닙니다. 대격변의 시대를 살고 있는 모든 변호사들에게 생존을 위한 경종을 울리는 책입니다.

과거 변호사가 희소할 때, 대기업에서도 변호사는 범접하기 어려운 존재였

습니다. 이제 경영자는 법무팀이 기업의 가장 든든한 비즈니스 파트너이자 전략가가 되어 주기를 원하고, 사내변호사에게 쉬지 않고 미션을 던집니다. 이에 부응하고자 치열하게 고민하는 당신에게 이 책이 성장과 발전의 마중물이 되기를 바랍니다.

어혜진 미국 변호사 롯데정밀화학 준법경영팀

최근 많은 분들의 일상 대화에서 자주 등장하는 키워드 중 하나는 AI라고 생각됩니다. AI는 개인의 생활뿐 아니라 거의 모든 산업 영역을 혁신적으로, 그리고 전례 없는 놀라운 속도로 바꾸어 놓고 있으며, 그동안 변화가 비교적 더디었던 법조계도 이로부터 예외는 아닐 것입니다. 이 책은 법조인, 특히 기업이라는 환경에서 사내변호사로서 근무하는 법조인이 새로운 법무 방식의 변화에 어떻게 적응하고 대응해야 할 것인지에 대한 명확한 길잡이를 제시해 줍니다.

특히 저자는 오랜 현장 경험과 깊은 통찰력을 바탕으로, AI 기술의 실제 법무 업무 적용 사례와 앞으로의 변화에 대해 효과적으로 준비하는 전략을 체계적으로 풀어냈습니다. 또한, 법조인이면서 동시에 바이오인포매틱스 분야에 대한 인사이트도 갖춘 저자는 AI 시대에 사내변호사가 갖추어야 할 핵심 역량과 AI 도구를 효과적으로 활용하는 방법을 구체적으로 제시해 주어, 사내변호사 및 AI와 법의 만남에 관심이 있는 모든 이들에게 큰 도움이 될 것입니다. 이 책이 독자 여러분의 성공적인 커리어 발전과 새로운 도약의 계기가 되기를 진심으로 바랍니다.

조진옥 변호사 SK디앤디 법무팀

AI 시대, 새로운 환경은 위기이자 기회로 다가오고 있습니다. 어느 영역에서나 AI를 이용하는 것은 이제 당연시되고 있고, 전문가의 영역 또한 예외는 아닙니다. 변화하는 환경 속에 우리는 어떤 전략을 가지고 살아가야 할까요?

이 책은 저자가 사내변호사로 10여 년간 일하며 겪었던 다양한 경험과 고민을 바탕으로, 변화를 두려워하지 않고 자신만의 방향을 설정하려는 이들에게 꼭 필요한 통찰을 제공합니다. 특히 AI와 디지털 전환이라는 흐름 속에서 사내변호사의 역할과 전문성이 어떻게 진화해야 하는지를 명확하게 짚어 주며, 실질적인 조언과 함께 새로운 시대를 살아가는 법률가들에게 실마리를 제시합니다.

변화는 누구에게나 낯설고 두렵지만, 이 책은 사내변호사인 독자들이 흔들림 없는 기준을 세우고, 끊임없이 스스로를 단련해 나갈 수 있는 길을 찾도록 도와줄 것입니다. 나아가 사내변호사뿐만 아니라, 이 시대를 살아가는 각 분야의 전문가들에게도 새로운 관점과 방향을 제시할 것이라 기대합니다.

서문

"사내변호사로서 회사에 진짜 기여하고 있는 걸까?"
"법무팀이 단순한 지원 부서를 넘어서려면 무엇이 필요할까?"
"변화하는 시대에 우리의 전문성은 어떻게 진화해야 할까?"

사내변호사로서 약 10년간 기업 현장에서 실무를 하며 가장 많이 했던 생각은, 내가 일하는 방식과 방향에 대한 질문이었다. 이전 세대의 법무 책임자들은 대부분 변호사가 귀하던 시절에 '관리자'로서 법무 업무를 시작했고, 자연스럽게 그 조직의 책임자 역할을 맡아갔다. 하지만 나는 그런 시대와는 다른 흐름 속에 있었다.

법률 서비스가 점점 더 보편화되고, 기업 곳곳에서 사내변호사를 채용하는 지금, 나는 '회사원'이면서 동시에 '변호사'로서 법무팀 내에서 함께 고민하고 함께 일하는 구성원이었다. 조직 안에서의 변호사 역할이 무엇인지, 그리고 어떤 방식으로 일하는 것이 효율적이고 실질적인 기여가 되는지를 스스로 정립해 나가야 했다.

그런 시간을 보내면서, 단순한 자문 제공이나 문서 검토를 넘어서 사내변호사라는 직무에 대해 하나의 기준점이자 방향성을 제시할 수 있는 가이드를 정리해 보고 싶다는 생각이 들었다. 특히 우리 같은 변호사들은 회사에 들어온 순간, 조직의 체계 속에서 일하지만 동시에 조직 바깥의 전문직으로서 고립감을 느끼기 쉽다.

사내 법무 업무는 어디서부터 어디까지가 내 책임인지, 어떤 프로세스를 따르는 것이 효과적인지조차 제대로 안내받지 못하는 경우가 많다. 나 역시 마찬가지였다. 어느 누구도 '사내변호사는 이렇게 일하면 된다'는 기준을 가르쳐주지 않았고, 조직에서의 나의 위치와 기여 방식에 대해 스스로 정의하고 실험해 가며 만들어갈 수밖에 없었다.

다행히 나는 효율성과 구조화에 대한 관심이 많았고, 자연스럽게 '업무 프로세스'에 집중하기 시작했다. 현업 부서와의 커뮤니케이션에서 어떤 언어를 쓰면 더 설득력 있게 다가갈 수 있는지, 왜 직원들은 회사 공지를 잘 읽지 않는지를 고민하고, 더 나은 문서 전달 방식은 무엇인지 끊임없이 탐색했다.

연구직, 회계, 인사관리 등 다른 전문 직군에는 비교적 명확한 매뉴얼과 교육 시스템이 존재하지만, '사내 법무'는 여전히 정리되지 않은 야생 지대처럼 느껴졌다. 특히 법무팀이 처음 생기는 회사에서 혼자 법무를 맡게 된 변호사나, 인사팀에서 사내변호사를 처음 채용한 담당자에게 이런 가이드는 더 큰 의미가 있을 것이라 생각했다.

그런 고민을 하던 중, 업무 방식을 완전히 바꾸어 놓을 만한 도구가 등장했다. 바로 생성형 AI였다. 처음에는 누구나 그랬듯이, 멋진 문장을 만들어내고 그럴듯하게 설명해 주는 그 도구에 감탄을 금치 못했다. 하지만 곧 그것이 제시한 법령들이 실제 존재하지 않는다는 사실을 깨닫게 되었고, AI가 만든 '그럴듯한 거짓 정보'에 속을 뻔한 나 자신에게 놀라기도 했다. 해외에서 AI가 만든 가짜 판례를 법원에 제출한 변호사의 뉴스가 남의 일처럼 느껴지지 않았던 이유다.

처음에는 ChatGPT가 검색 기반의 구글을 대체하고, 나아가서 서면까지 작성해 주는 존재라고 생각했지만, 그 기대는 금세 깨졌다. 그때부터 본격적으로 AI에 대해 공부하기 시작했다.

나는 원래 자연계 이과 전공자로서, 대학원에서는 바이오인포매틱스를 전공하며 데이터를 분석하는 방법을 집중적으로 공부했다. 그 경험은 내게 복잡한 구조를 파악하고, 보이지 않는 흐름 속에서 의미를 추출하는 사고방식을 길러 주었다. 그런 배경 덕분에, 나는 생성형 AI에 대해서도 단순한 사용자 관점에 머무르지 않고, 기술의 기본적인 작동 원리를 이해하고자 하는 호기심을 자연스럽게 가지게 되었다.

실제로 다양한 기술 강의를 수강하며 AI의 구조와 흐름을 파악하려고 꾸준히 노력해 왔고, 그 과정에서 '기술과 실무의 접점'을 찾는 일에 흥미를 느끼게 되었다. 그 결과, AI를 단순한 '도구' 이상으로 업무에 접목할 수 있다는 자신감이 생겼고, 실제로 업무 방식에도 놀라운 변화가 일어났다.

복잡한 프로세스를 정리하거나 KPI를 재설계할 때, AI는 나의 사고를 구조화해 주고 아이디어를 빠르게 시각화하며, 현실적인 실행 방안까지 도출할 수 있게 도와주는 든든한 동료 역할을 해주었다. 반복적이거나 사고가 막히는 업무일수록 AI와 함께라면 더 빠르고 효과적인 해결에 도달할 수 있다는 확신도 얻게 되었다.

생성형 AI는 올바르게 활용한다면 변호사 업무의 질을 획기적으로 높이는 도구가 될 수 있다. 그리고 이런 경험을 바탕으로, 나는 이제 '사내변호사'라는 직함을 넘어, 조직에서 가치를 창출하는 전문가로서 내 역할을 돌아보게 되었다.

내가 매일 일하는 공간은 바로 회사이고, 내가 가장 많은 시간을 보내는 삶의 터전이기도 하다. 단지 변호사로서가 아니라, 조직의 구성원으로서 어떤 방식으로 일하고, 어떻게 가치를 만들어내고, 누구와 함께 성장할지를 고민하는 이 여정 속에서 나는 이 책을 쓰기 시작했다.

사내변호사로서 일하는 당신 역시, 아마 같은 고민을 하고 있을 것이다. 그 고민의 지도를 함께 그려 보고자 한다.

PART 1

변화의 현실을 직시하다

왜 지금
'사내변호사 생존전략'인가

AI는 이제 단순한 유행이 아닌, 일의 본질을 바꾸는 변화의 파도로 다가왔다. 특히 생성형 AI의 등장은 기존의 법률 서비스를 근본부터 흔들고 있다. 판례 검색이나 문서 작성 같은 반복 업무는 빠르게 자동화되고 있으며, 이제 법률가가 AI를 도입할지 말지를 고민하는 시대는 지났다. 중요한 것은 '어떻게' AI를 이해하고, '어디에' 접목할 것인가이다.

국내 법률 시장에서도 'AI 기반 서비스'와 '리걸테크'의 발전이 빠르게 진행 중이다. 기업들은 AI가 업무 효율을 높여줄 것이라는 기대감을 갖고 있으며, 사내변호사 역시 그 기대에 대응할 전략이 필요하다. 하지만 기술을 단순한 도구로만 접근할 경우, 기대만큼의 성과를 내기 어렵다. 중요한 것은 기술보다 '문제를 정의하고 프로세스를 설계하는 능력'이다.

이 장은 단순히 기술의 등장을 소개하는 데 그치지 않고, 변화하는 법무 환경에서 사내변호사가 마주한 현실을 정면으로 바라보며, 왜 지금 새로운 생존전략이 필요한지 그 출발점을 제시한다.

1-1. 변화의 파도가 법무팀에 도달했다

1) ChatGPT 이후, 사내변호사들이 느낀 위기감과 기회

2022년, ChatGPT가 시장에 혜성처럼 등장하기 전까지만 해도 AI가 우리 삶과 업무 방식에 이토록 깊숙이 들어올 것이라고 예측한 사람은 많지 않았다. 불과 몇 년 전만 해도 AI는 어디까지나 제한적인 분야에서만 활용되는 기술로 여겨졌고, 법률 업무처럼 복잡하고 문맥 의존적인 영역은 여전히 인간 전문가의 영역이라고 믿는 이들이 많았다.

그러나 생성형 AI의 등장은 이런 인식을 뒤흔들었다. 실시간 문답 능력과 언어 처리 수준이 일상 대화를 넘어 전문 영역에까지 확장되자, 많은 사람들이 처음으로 "AI가 내 일을 대체할 수도 있다."는 현실적인 위기의식을 느끼기 시작했다. 법률가들 사이에서도 '이제는 단순한 기술의 문제가 아니라 생존의 문제'라는 인식이 빠르게 퍼지고 있다.

변화의 속도는 생각보다 빠르다. ChatGPT와 같은 생성형 AI가 본격적으로 활용되기 시작한 지 벌써 2년이 넘었고, 그 사이 법조계 내부에서도 뚜렷한 변화의 조짐이 나타나고 있다. 어떤 변호사는 AI를 실무에 접목해 생산성을 극대화하며 업무 효율을 높이고 있는 반면, 여전히 거리를 두고 신중하게 지켜보는 이들도 많다.

문제는 두 집단 간의 격차가 점점 더 벌어지고 있다는 점이다. 이제는 단순히 새로운 기술을 배울지 말지를 고민하는 단계가 아니라, 기술을 수용하느냐 외면하느냐에 따라 커리어의 지속 가능성이 결정되는 시점에 도달했다.

그렇다고 해서 AI의 등장이 모든 변호사의 역할을 위협하는 것만은 아니다. 오히려 중요한 것은 AI와 공존하며 어떤 방식으로 시너지를 낼 수 있을지를 고민하는 일이다. 앞으로의 경쟁은 'AI로 인해 일자리를 잃는 것'이 아니라, 'AI를 능숙하게 다루는 사람에게 일자리를 빼앗기는 것'이 될 가능성이 훨씬 크다.

2) 국내 리걸테크 시장의 급성장 - 이제는 선택이 아닌 필수

ChatGPT를 비롯해 법조계에도 AI 열풍이 본격적으로 불고 있다. 실제로 업무에 AI를 적극 도입하는 변호사들도 점차 늘어나고 있는 추세다. 이 절에서는 사내변호사가 활용할 수 있는 리걸 AI의 동향을 간단히 살펴보고자 하며, 각 리걸테크 기업의 구체적인 활용 사례와 서비스 비교는 다음 장에서 자세히 다룰 예정이다.

최근 한겨레신문 기사[1]에 따르면 국내에만 열다섯 곳 이상의 리걸테크 기업이 법률 인공지능 서비스를 운영하고 있다고 한다. 그 기능도 나날이 발전하고 있어서, 과거 단순한 판례 검색 제공에 머물렀던 인공지능은 이제 자료 분석과 서면 작성까지 영역을 확장 중이다.

리걸테크 기업 대표적인 사례로는 로앤컴퍼니가 있다. 로앤컴퍼니는 '로톡(법률 종합 포털)'을 운영하며, 2024년에는 생성형 AI 기반의 슈퍼로이어를 출시하였다. 해당 서비스는 법률 리서치, 서면 초안 작성, 서면 분석 및 요약, 문서·사건 기반 대화 등의 기능을 제공하며 출시 1년 만에 약 1만 2천 명의 회원을 유치하였다. 특히 주요 쟁점 정리나 판례 검색뿐만 아니라 신청서 및 기타 서면 초안 작성을 약 30초~1분 30초 이내에 완료할 수 있고, 긴 법률서면 작성에 특화된 문서 편집 기능도 제공한다는 점에서 주목을 받고 있다.

엘박스도 주목할 만한 사례이다. 엘박스가 2024년 4월 베타 버전을 출시한 '엘박스 AI'는 기존 문서 요약 기능 등에 더해 RAG 서비스를 더한 법률 전문가용 인공지능 서비스를 새로 도입했다. 엘박스 AI는 단순한 판례 검색을 넘어 다양한 기관의 결정례 및 유권 해석을 포함한 방대한 법률 데이터베이

---

[1] "1분 만에 의견서 초안 완성"…법조계 판 흔드는 '법률 AI', <한겨레신문>, 장현은, 2024.9.12.

스를 바탕으로 자연어 질의에 대한 법률적 답변을 제공한다. 최근에는 문서 편집기와 AI를 통합한 '문서 작성' 기능을 출시해, 30초~1분 내에 실질적인 서면 작성이 가능하다. 2025년 현재 엘박스 가입 변호사 회원은 2만 2천여 명으로, 이 중 절반인 1만 1천여 명이 엘박스 AI를 활용하고 있다고 한다.

이러한 기술 발전이 의미하는 바는 명확하다. 현재 활용 가능한 법률 AI는 대부분 변호사의 업무를 보조하는 역할에 한정되어 있지만, 단순한 서면 초안 작성이나 판례 검색을 넘어, 계약서 검토 자동화, 리스크 포인트 탐지, 업무 이력 관리 등 복잡하고 반복적인 업무를 구조화하고 자동화할 수 있는 잠재력을 지니고 있다는 것이다.

3) 경영진이 법무팀에게 기대하는 AI 활용 성과

기업 내부에서는 AI 도입에 대한 기대감이 분명히 존재한다. 경영진이나 각 부서에서도 이제는 AI를 활용해 일하는 방식을 혁신해야 한다는 메시지를 자주 접하게 된다. 특히 '사람이 하던 일을 AI가 대신해 줄 수 있다면 비용도 절감되고 시간도 단축될 것'이라는 기대가 기업의 심리를 자극하고 있다.

하지만 여기서 중요한 함정이 하나 있다. 실제로 AI를 업무에 도입한 이후, 기대만큼 업무 효율이 올라가지 않는 경우가 많다는 점이다. 이는 단순히 기술의 문제가 아니다. 많은 기업들이 AI를 활용하는 목적 자체를 잘못 설정하거나, 애초에 해결해야 할 문제를 정확히 정의하지 못한 상태에서 AI 도입을 추진하기 때문이다.

예를 들어, 사내에서 'AI로 법률 검토 속도를 높이자'는 목표를 세운다고 하자. 그런데 정작 법무팀 내 문서 검토 프로세스가 비효율적으로 설계되어 있다면, AI를 도입하더라도 개선 효과는 미미할 수밖에 없다. AI를 활용하는 것 자체보다 중요한 것은, 기존 프로세스를 개선하고 거기에 AI가 자연스럽게 녹아들 수 있도록 설계하는 것이다.

다시 말해, 'AI를 어떻게 활용할까?'가 아니라 '우리가 어떤 업무 문제를 해결하고 싶은가?'를 먼저 고민해야 한다. 업무 프로세스를 먼저 재정의하고, 그 과정에서 AI가 기존 방식보다 더 유효한 해결책이 될 수 있다면 도입하는 방식이 되어야 한다.

기업 내부의 기대가 커질수록, 사내변호사의 역할은 오히려 더 정교하고 전략적인 사고를 요구받는다. "AI를 도입했는데 왜 우리가 기대한 만큼 효율이 나지 않지?"라는 질문이 나왔을 때, 사내변호사는 단순히 툴이 부족하다고 말하는 대신, 프로세스의 병목이 어디에 있는지를 분석하고 AI가 기여할 수 있는 현실적인 방식과 한계를 설명할 수 있어야 한다.

더 중요한 것은 이런 상황이 사내변호사에게는 오히려 기회가 될 수 있다는 점이다. AI 도입 과정에서 나타나는 문제들을 해결하는 과정에서, 사내변호사는 단순한 법무 실무자를 넘어 '업무 프로세스 설계자'로 역할을 확장할 수 있다. 기술과 법무 업무를 연결하는 다리 역할을 하면서, 조직 내에서 더 큰 영향력을 발휘할 수 있는 것이다.

1-2. 전통적 법무 업무의 변곡점이 왔다

1) 반복 업무의 시대가 저물고 있다

생성형 AI의 도입은 단순히 '시간을 줄여주는 기술'에 머무르지 않는다. AI가 할 수 있는 일의 범위가 점차 넓어지면서, 이제는 아예 사람이 직접 수행하던 업무 중 일부가 사라지는 단계에 들어섰다. 즉, 우리가 익숙하게 여겨왔던 '반복 업무'가 하나둘씩 법무팀의 일상에서 퇴장하고 있다. 특히 계약 초안 작성, 정형화된 자문 회신, 간단한 리서치나 규정 확인 등은 AI의 지원을 받으면 더 빠르고 일관되게 처리할 수 있는 영역이다.

이러한 변화는 사내변호사에게 새로운 질문을 던진다. '내가 했던 그 반복 업무가 없어지면, 나는 어떤 가치를 제공해야 하는가?' 과거에는 정확하게 문장을 읽고, 계약서의 내용을 빠짐없이 검토하며, 기한 안에 피드백을 주는 능력이 업무 성과의 핵심 기준이었다. 하지만 이제는 그것만으로는 충분하지 않다. 기술이 대체할 수 없는 고유한 역할, 즉 맥락을 해석하고, 전후 사정을 고려하며, 비즈니스 전략과 연결된 판단을 내려야 한다.

AI가 반복 업무를 가져가는 시대에, 사내변호사는 반복 업무에 머무를 것이 아니라 더 '사람다움'이 필요한 영역으로 옮겨가야 한다. 리스크에 대한 선제적 감지, 내부 부서와의 조율, 프로젝트에 맞는 전략적 계약 구조 설계 등은 여전히 사람이 맡아야 할 고유 영역이다. 이제는 '시간을 들인 만큼 인정받는' 방식에서, '가치를 창출한 만큼 인정받는' 방식으로 사내변호사의 평가 기준도 이동하고 있다.

2) 이제 '판단'이 전부다

반복 업무가 줄어들수록 남는 일은 결국 '판단'이다. 그런데 이 판단은 단순히 법률 지식만으로 내릴 수 있는 것이 아니다. 경영적 맥락, 조직의 우선순위, 그리고 위험 감수 성향까지 함께 고려해야 하는 고차원의 작업이다.

특히 사내변호사는 "법적으로 문제가 있는가?"라는 질문에만 답하는 사람이 아니다. 이제는 "이 상황에서 어떤 선택이 기업에 가장 유리한가?"라는 질문에 응답해야 하는 위치에 있다.

물론 AI는 정보를 요약하고 정리하는 데에는 매우 유용하다. 하지만 그것을 바탕으로 실제 비즈니스 결정을 내리는 일은 여전히 사람의 몫이다. 그리고 여기서 중요한 점은, 사내변호사가 이 판단을 단순히 '머릿속의 경험'에만 기대서는 안 된다는 것이다. 판단이란, 데이터를 해석하고, 논리를 구조화하며, 경영진이 수용할 수 있는 언어로 설명하는 역량까지 포함된, 복합적이고 정교한 사고의 결과이기 때문이다.

예를 들어, AI가 제공한 리스크 분석 결과가 있다고 해도, 그것이 실제로 사업에 위협이 되는지 여부는 사내변호사의 해석에 달려 있다. 같은 리스크라 해도, 어떤 상황에서는 무시해도 될 수준일 수 있고, 또 어떤 경우에는 즉각적인 조치가 필요한 심각한 사안일 수 있다. 바로 이 판단을 내려 주는 사람이 있느냐 없느냐가, 법무팀의 존재감을 결정짓는다.

이제 사내변호사는 단순히 '법을 잘 아는 사람'이 아니라, '비즈니스 전략 속에서 법률의 무게를 조절할 줄 아는 사람'이어야 한다. 그리고 그런 전략적 판단력은 타고나는 것이 아니라, 훈련을 통해 길러지는 것이다. 다양한 프로젝트에 참여하고, 여러 실패와 피드백을 겪으며 판단 기준은 점차 정교해진다.

AI가 일을 대신하는 시대일수록, 오히려 사람의 판단이 더욱 중요해진다. 판단은 자동화되지 않는다. 그렇기에 전략적 판단력은 AI 시대를 살아가는 사내변호사에게 가장 핵심적인 생존 역량이다.

3) 새로운 역할의 등장, 확장되는 기대

AI가 반복 업무를 대신 처리하게 되면서, 사내변호사에게 요구되는 역할도 달라지고 있다. 과거에는 '법률문제를 해결하는 사람'이었다면, 이제는 '법률 관점에서 비즈니스를 설계하는 사람'으로 기대치가 변하고 있다.

기업들이 사내변호사에게 던지는 질문들을 보면 이런 변화가 명확하게 드러난다. "이 계약서에 문제가 있나요?"에서 "이 비즈니스 모델을 법적으로 어떻게 구조화해야 할까요?"로, "이런 상황에서 우리 책임이 어느 정도인가요?"에서 "경쟁 업체와 차별화할 수 있는 법적 전략은 무엇인가요?"로 질문의 성격이 바뀌고 있다.

이는 단순히 업무량이 늘어나는 것이 아니라, 업무의 본질 자체가 변하는 것이다. 과거에는 '문제 해결자'였다면, 이제는 '기회 창조자'가 되어야 한다. 법적 리스크를 관리하는 것을 넘어, 법적 구조를 활용해서 비즈니스 경쟁력을 높이는 방법을 제시해야 한다.

예를 들어, 새로운 서비스를 기획할 때 법무팀의 역할은 "개인정보보호법 위반이 없도록 주의하세요."라고 경고하는 것에 그치지 않는다. "이런 방식으로 데이터를 활용하면 법적으로 안전하면서도 서비스 경쟁력을 높일 수 있습니다."라는 적극적인 제안을 할 수 있어야 한다.

이런 변화는 사내변호사에게 새로운 학습을 요구한다. 법률 지식만으로는 부족하고, 해당 산업의 비즈니스 모델, 시장 동향, 기술 트렌드까지 이해해야 한다. 하지만 이것이 부담이 아니라 기회라는 점을 인식해야 한다. 법무 전문성과 비즈니스 이해를 결합할 수 있는 사내변호사는 조직 내에서 대체 불가능한 가치를 제공할 수 있기 때문이다.

1-3. 생존을 넘어, 기회로
: 사내변호사, 당신을 위한 특별한 설계

1) 생존을 넘어 성장까지, 이 책만의 전략적 접근

AI가 법률 시장에 미치는 영향에 대한 논의는 이미 많은 책과 강연에서 다루어지고 있다. 하지만 대부분은 기술적 이해에 초점을 맞추거나, 변호사에게 단순히 새로운 툴을 소개하는 수준에 머무는 경우가 많다. 예를 들어, 기존 도서 중 상당수는 IT 업계 종사자나 일반 직장인을 대상으로 'ChatGPT로 효율적으로 일하는 법'을 소개하거나, 법률가 대상이라고 해도 주로 개인 변호사들이 소송 서류나 의견서를 작성하는 데 AI를 어떻게 활용할 수 있는지에 초점을 맞춘다.

그러나 이 책은 다르다. 이 책은 법률문서 작성이나 챗봇 실습이 아니라, '기업 조직 안에서 살아 움직이는 사내 법무'에 주목한다. 특히 사내변호사로서 5~7년 차에 해당하는 독자를 중심에 두고, 반복되는 계약 검토에서 벗어나 어떻게 전략적 역할을 확보할 수 있을지, 그리고 AI가 가져오는 변화 속에서 어떻게 중심을 잡고 영향력을 키워 갈 수 있을지를 다룬다. 이 책은 단지 기술을 소개하는 것을 넘어서, AI 시대 사내변호사로서 '어떻게 살아남을 것인가'에 대한 실질적 전략을 제안한다.

더 중요한 것은 이 책이 '생존'에만 머무르지 않는다는 점이다. 변화를 위기가 아닌 기회로 바라보고, AI 시대에 오히려 더 큰 가치를 창출할 수 있는 사내변호사로 성장하는 방법을 제시한다. 기술에 밀려나는 것이 아니라, 기술을 활용해서 자신의 전문성을 더욱 돋보이게 하는 전략적 접근법을 다룬다.

2) 지금, 당신이 서 있는 자리 - 커리어 중간 지점의 딜레마

5~7년 차는 사내변호사에게 있어서 커리어의 전환점이 되는 시기다. 이 시기에는 업무 능력이나 실무 경험이 일정 수준 이상 축적되어 있지만, 그렇다고 조직 내 리더십 포지션에 올라 있는 것도 아니다. 실무는 누구보다 익숙하지만, 이제 더 이상 '단순히 열심히' 만으로는 커리어가 보장되지 않는다는 불안도 커진다.

특히 회사에서 반복되는 계약 검토, 내부 자문 대응, 분쟁 초기 대응 등의 업무를 하면서 '나는 이 일의 전문가인가, 아니면 반복 기계인가?'라는 질문이 생기기 시작한다. 그리고 이 시기에 많은 사내변호사들이 다음과 같은 딜레마에 직면한다.

- 전략적 프로젝트나 의사결정에 더 깊이 관여하고 싶지만, 그런 기회는 좀처럼 주어지지 않는다.
- 실장이나 CLO의 역할이 궁금해지지만, 아직 조직에서 그런 기대를 받고 있는 것도 아니다.
- 사내에서 법무팀의 위상은 애매하고, 경영진의 기대도 점점 높아지고 있다.

바로 이런 상황에서 AI라는 변수가 등장했다. 어떤 사내변호사에게는 위협이 되고, 어떤 사내변호사에게는 기회가 된다. 그 차이는 변화를 어떻게 받아들이고, 어떤 전략으로 대응하느냐에 달려 있다.

이 책은 바로 이런 '중간 단계'에 있는 사내변호사에게, 스스로를 점검하고 커리어의 다음 단계를 설계할 수 있는 프레임을 제공하고자 한다. 단순히 '잘하는 법'이 아니라, '어떻게 성장할 것인가'에 집중하고자 하는 것이다.

3) 여섯 단계로 완성하는 생존 설계도

이 책은 하나의 질문에서 시작한다. "AI 시대, 사내변호사는 무엇을 해야 살아남을 수 있을까?" 그리고 그에 대한 해답을 6가지 단계로 구조화하여 제시한다.

첫째, 현실 진단과 변화 인식 (PART 1)

AI 기술이 법무팀에 도달하면서 사내변호사는 단순한 실무자에서 변화의 기로에 선 존재가 되었다. 기업의 기대는 높아지고 있지만, 역할은 모호해지고, 반복되는 요청과 흐릿한 권한 사이에서 생존과 성장의 방향을 잃기 쉽다. 이 파트는 지금 사내변호사들이 겪는 혼란의 구조를 진단하고, 경계를 긋는 순간 사라지는 기회들을 인식하며, 왜 지금 변화를 시작해야 하는지를 구체적으로 짚어낸다.

둘째, 법률 생태계를 흔드는 기술의 힘 (PART 2)

법률 AI는 이제 계약 검토, 리스크 탐지, 커뮤니케이션 자동화까지 법무 실무의 핵심에 깊숙이 들어왔다. 이 파트는 기술 변화의 흐름과 실제 적용 사례를 살펴보고, 단순한 도입을 넘어 전략적 활용으로 나아가기 위한 실전 가이드를 제공한다. AI를 잘 다루는 것이 아니라, 어떤 업무에 어떻게 연결해야 조직에 기여할 수 있는지를 설계하는 것이 핵심이다.

셋째, 업무 구조를 재설계하다 (PART 3)

AI를 도입해도 구조가 바뀌지 않으면 반복은 더 빨라질 뿐이다. 이 파트는 업무 흐름을 재정의하고, 데이터 축적과 활용 전략을 통해 효율이 아닌 '기준'을 만드는 방향으로 시스템을 설계하는 방법을 제시한다. 동시에 법무팀의 커뮤니케이션 방식도 점검하여, 조직 내 설득과 협업을 이끌어낼 수 있는 구조로 전환하는 전략을 다룬다.

넷째, 실전으로 들어가는 기술 감각 (PART 4)

기술을 실무에 녹여내기 위해서는 사내 시스템에 대한 이해와 기술 언어의 습득이 필수적이다. 이 파트는 사내변호사가 시스템 구조, 데이터 흐름, 생성형 AI의 위치와 한계를 실무 중심으로 이해하도록 돕고, 조직 내에서 AI 도입과 확산을 실질적으로 주도할 수 있는 기반 역량을 기르는 데 초점을 맞춘다.

다섯째, 커리어, 전략으로 전환하다 (PART 5)

AI 시대, 사내변호사의 정체성은 '일을 잘하는 사람'에서 '일의 구조를 설계하는 사람'으로 이동하고 있다. 이 파트는 전략적 사고와 영향력 있는 커뮤니케이션, 의사결정 테이블에서 목소리를 내는 방식까지, 실무자에서 전략가로 전환하기 위한 커리어 전략을 구체적으로 안내한다.

여섯째, 나의 방향을 설계하는 시간 (PART 6)

모든 변화는 결국 '나'라는 개인의 기준과 방향으로 수렴된다. 이 파트는 기술의 파도 속에서도 흔들리지 않는 법무의 본질을 되짚고, 문제를 정의하고 협업 구조를 설계할 수 있는 내면의 기준과 사고 습관을 정립함으로써, 각자가 자기만의 생존 공식을 구축할 수 있도록 돕는다.

이 책의 여섯 단계를 통해, 독자들은 현실 인식부터 시작해서 기술 활용, 구조 재설계, 영향력 확장, 기술 감각 증진, 그리고 최종적으로 지속 가능한 개인 성장 전략까지 체계적으로 완성할 수 있을 것이다. 변화의 필요성을 인식하는 것과 실제로 변화를 실행하는 것 사이의 간극을 메우는 것, 그것이 바로 이 생존 설계도의 핵심이다.

2장에서는 AI 시대 사내변호사가 직면한 역할 확장의 현실을 구체적으로 살펴본다. "법무팀에서 이런 일까지 해야 하나요?"라는 질문에서 시작해, 기업이 만들어내는 새로운 기대들과 환경에 따라 달라지는 생존 조건을 분석한다. 그리고 경계를 지키려는 순간 놓치게 되는 기회들과, 전략적 경계 확장을 통해 열리는 새로운 가능성을 제시한다. 변화의 필요성을 인식하는 것과 실제로 변화를 실행하는 것 사이에는 큰 간극이 있다. 그 간극을 메우는 것이 바로 다음 장의 주제이다.

2장
사내변호사의 역할은 어디까지인가

"법무팀에서 이런 일까지 해야 하나요?"

이 질문을 해 본 적 없는 사내변호사는 아마 없을 것이다. AI 시대가 도래하면서 기업의 디지털 전환이 가속화되는 상황에서, ESG 보고서 검토 요청이 들어올 때, 신사업 타당성 검토를 부탁받을 때, 조직문화 개선 방안에 대한 의견을 구할 때마다 우리는 이런 의문을 품는다. '이게 정말 법무 일인가?'

하지만 돌이켜 보면, 이런 요청들이 점점 더 자주 들어오고 있다. 1장에서 살펴본 바와 같이 AI 기술의 발전으로 전통적인 법무 업무의 상당 부분이 자동화되고 있는 상황에서, 기업은 사내변호사에게 단순한 법률 검토를 넘어선 새로운 가치를 요구하고 있다. 그리고 그 요청들을 하나씩 처리하다 보니, 어느새 우리의 업무 범위는 예전보다 훨씬 넓어져 있다.

이것은 우연이 아니다. 기업이 사내변호사에게 기대하는 역할 자체가 변하고 있기 때문이다. 문제는 이 변화가 명시적으로 공지되지 않는다는 점이다. 어느 날 갑자기 새로운 업무가 들어오고, 우리는 "이건 법무 일이 아닙니다."라고 말할지, 아니면 "한번 봐 드리겠습니다."라고 할지를 그때그때 판단해야 한다. 그리고 그 선택들이 쌓여서, 결국 AI 시대 사내변호사의 역할과 위상을 결정한다.

2-1. 기업이 만들어내는 새로운 기대들

사내변호사의 역할은 더 이상 과거의 틀 안에 머물러 있지 않다. AI와 디지털 기술의 발전, 규제 복잡성의 증가, ESG 경영과 같은 사회적 기대의 확산은 기업 내부에서 법무팀의 역할을 재정의하게 만들고 있다. 단순한 법률 자문을 넘어, 전략 설계와 의사결정의 초기 단계에서부터 사내변호사가 개입하는 구조가 점점 더 보편화되고 있다.

이러한 변화는 사내변호사의 역량이나 의지와 무관하게, '조직이 만들어내는 외부 압력'에 의해 시작되고 있다는 점에서 주목할 필요가 있다.

1) 'Gatekeeper'에서 'Business Partner'로

과거 사내변호사의 전형적인 모습은 명확했다. 계약서를 검토하고, 법적 리스크를 점검하며, 문제가 생기면 "안 됩니다."라고 말하는 사람. 일종의 '문지기(Gatekeeper)' 역할이었다. 이 역할은 분명하고 예측 가능했다. 법무팀에 무엇을 요청할지, 어떤 답변이 나올지 모두가 어느 정도 예상할 수 있었다.

그런데 지금은 다르다. 특히 AI 기술이 단순 반복적인 계약 검토나 리스크 체크 업무를 대체할 수 있게 되면서, 기업들이 사내변호사에게 기대하는 것은 단순한 위험 차단이 아니라, 사업 전략 수립 과정에서의 적극적 참여다. "이것은 법적으로 문제가 있습니다."가 아니라 "이렇게 하면 법적 리스크를 최소화하면서도 사업 목표를 달성할 수 있습니다."라는 대안 제시를 원한다.

이러한 변화는 왜 일어났을까? 가장 큰 이유는 비즈니스 환경의 복잡성 증가다. 과거처럼 '규제에 맞춰서 사업을 하는' 시대가 아니라, '규제와 사업을 함께 설계해야 하는' 시대가 되었기 때문이다. 데이터 기반 서비스, 플랫폼 비즈니스, AI 활용 서비스, 글로벌 확장 등 새로운 사업 영역들은 기존 법률 프레임워크로는 명확하게 해석되지 않는 경우가 많다.

이런 상황에서 기업이 필요로 하는 것은 "안 된다."고 말하는 사람이 아니라, "어떻게 하면 될까?"를 함께 고민하는 사람이다. 사내변호사는 이제 법률 전문가이면서 동시에 비즈니스 파트너가 되어야 한다.

2) 법무 영역의 확산, 어디까지가 경계인가

기업이 사내변호사에게 기대하는 바는 명시적으로 공지되지 않는다. 사내에서는 어느 순간부터 다양한 요청이 자연스럽게 법무팀으로 향하기 시작하고, 이는 새로운 기대치로 정착되고 있다. 그 시작은 AI 도입 시 개인정보보호 검토일 수 있고, ESG 보고서 초안 검토일 수 있으며, 디지털 전환 과정에서의 리스크 분석 요청일 수도 있다.

기업들이 이런 요청을 법무팀에 하는 이유는 무엇일까? 법무팀이 가진 몇 가지 특성 때문이다.

첫째, 회사 전반을 조망할 수 있는 시야. 둘째, 리스크 중심으로 사고하는 구조화된 접근 방식. 셋째, 객관적이고 논리적인 문서 작성 능력. 넷째, 다양한 부서의 이해관계를 조율할 수 있는 중립적 위치.

즉, 기업이 법무팀에 기대하는 것은 '법률 지식'만이 아니라 '논리적 정돈 능력'이다. 복잡한 문제를 체계적으로 분석하고, 여러 이해관계자의 관점을 종합하여, 의사결정에 필요한 자료를 명확하게 정리하는 능력. 이것이 AI 시대에 법무팀이 조직 내에서 점점 더 다양한 역할을 맡게 되는 이유다.

문제는 이 경계가 계속 확장된다는 점이다. 오늘은 AI 도구 도입 시 컴플라이언스 검토였다가, 내일은 조직 개편안 검토, 모레는 신규 투자의 ESG 리스크 분석이 들어온다. 그때마다 "이건 법무 일이 아닙니다."라고 할 것인가, 아니면 "검토해 보겠습니다."라고 할 것인가? 이 선택이 반복되면서, 결국 AI 시대 법무팀의 역할 범위가 결정된다.

3) 조직이 원하는 것은 '해결사'다

기업이 사내변호사에게 던지는 다양한 요청들을 관통하는 하나의 공통점이 있다. 바로 '문제 해결'에 대한 기대다. 법적 문제든, 비즈니스 문제든, 기술적 문제든 상관없이 "이 문제를 어떻게 해결할 수 있을까?"에 대한 명쾌한 답을 원한다.

이는 사내변호사가 가진 고유한 사고방식과 관련이 있다. 법률가는 본능적으로 문제를 구조화하고, 대안을 비교 검토하며, 최적의 해결책을 찾으려 한다. 이런 접근 방식이 법률문제뿐만 아니라 일반적인 비즈니스 문제에도 유효하다는 것을 조직이 깨달은 것이다.

예를 들어, AI 기반 신규 서비스 론칭을 앞두고 여러 부서에서 각기 다른 우려를 제기했다고 하자. 마케팅팀은 광고 규제 이슈를, 개발팀은 데이터 보안 리스크를, 영업팀은 고객 개인정보 처리 방침을 걱정한다. 이때 필요한 것은 이 모든 우려 사항을 체계적으로 정리하고, 우선순위를 매기며, 각각에 대한 대응 방안을 제시할 수 있는 사람이다.

법무팀이 이런 역할을 맡게 되는 이유는 명확하다. 리스크 관리에 익숙하고, 다양한 변수를 동시에 고려하는 데 훈련되어 있으며, 객관적 판단을 내리는 데 필요한 거리감을 유지할 수 있기 때문이다.

2-2. 환경에 따라 달라지는 생존 조건

사내변호사의 역할은 단순히 직책이나 직무 기술서(Job Description)로 규정되지 않는다. 기업의 규모, 성장 단계, 조직 구조, 그리고 경영진의 법무에 대한 이해와 기대 수준에 따라, 동일한 '사내변호사'라는 직함 아래에서도 전혀 다른 업무 환경과 역할 정체성을 경험하게 된다.

이 절에서는 기업 규모와 조직 구조에 따라 달라지는 사내변호사의 역할을 유형별로 정리하고, 각 상황에서 어떤 전략적 선택이 가능한지 살펴본다.

1) 스타트업: 모든 것을 혼자 해야 하는 1인 법무의 현실

스타트업에서 일하는 사내변호사는 말 그대로 '만능 해결사'가 되어야 한다. 오전에는 투자계약서를 검토하고, 오후에는 AI 개발 과정에서의 개인정보보호법 이슈를 확인하며, 저녁에는 플랫폼 서비스 이용약관을 수정한다. 어떤 날은 상표 출원 절차를 알아보고, 또 어떤 날은 대표이사와 함께 투자자 미팅에 참석하기도 한다.

이런 환경의 장점은 분명하다. 법무 업무의 전 영역을 빠르게 경험할 수 있고, 비즈니스의 핵심 의사결정 과정에 처음부터 참여할 수 있다. 특히 AI나 디지털 기술을 활용한 새로운 비즈니스 모델에서 법이 어떻게 적용되는지를 생생하게 체험할 수 있는 최고의 학습 환경이기도 하다.

하지만 동시에 큰 어려움도 있다. 많은 스타트업은 법무에 대한 이해가 부족하고, 사내변호사의 조언을 형식적으로만 받아들이거나 아예 무시하는 경우도 있다. "일단 빠르게 진행하고 나중에 문제 되면 그때 해결하자."는 식의 접근을 선호하는 조직에서는, 리스크를 지적하는 사내변호사가 '속도를 늦추는 사람'으로 인식되기 쉽다.

따라서 스타트업 환경에서 사내변호사는 단순한 법률 검토자가 아니라, 경영진의 사고를 바꾸는 설득자가 되어야 한다. "이것은 위험합니다."가 아니라 "이렇게 하면 같은 목표를 더 안전하게 달성할 수 있습니다."라는 방식으로 접근해야 한다. 결국 법무 전문성을 비즈니스 언어로 번역하는 능력이 생존의 핵심이다.

2) 대기업: 전문성과 연결성 사이에서 길을 찾기

대기업의 법무 조직은 정교한 분업 체계를 갖추고 있다. 계약, 소송, 공정 거래, 지식 재산권, ESG, 컴플라이언스, 그리고 최근에는 AI 거버넌스나 데이터 보호 같은 새로운 영역까지 각 분야별로 담당자가 구분되어 있고, 일정 수준 이상의 전문성이 요구된다. 이는 한 분야에 집중해 깊은 역량을 쌓을 수 있는 기회가 되며, 복잡한 이슈를 체계적인 자원과 프로세스를 통해 해결할 수 있다는 장점이 있다.

하지만 분업의 함정도 있다. 업무가 세분화되면서 전체적인 비즈니스 맥락을 놓치기 쉽고, 자신의 담당 영역에만 집중하다 보면 '숲'을 보지 못하고 '나무'에만 매몰될 위험이 있다. 특히 AI 시대에는 기술, 데이터, 규제, 비즈니스가 복합적으로 얽혀 있어서, 한 영역만 보는 시각으로는 한계가 있다. 반복적인 업무 처리에 익숙해지면서, 비즈니스 전체 구조나 핵심 전략에 대한 이해 없이 '법무의 일부 기능 수행자'로 머물 가능성도 있다.

대기업 환경에서는 의도적으로 경계를 넘나드는 시도가 필요하다. 자신의 전문 영역을 유지하면서도, 동시에 다른 부서나 다른 법무 영역과의 접점을 만들어 나가야 한다. 예를 들어, 계약 담당자라면 단순히 계약서만 검토하는 것이 아니라, 그 계약이 회사 전체 전략에서 어떤 의미를 갖는지까지 고민하는 시야가 필요하다.

또한 대기업에서는 '연결자' 역할이 중요하다. 다양한 부서와 이해관계자들 사이에서 법무 관점의 조율을 담당하고, 복잡한 프로젝트에서 리스크 관리의 컨트롤 타워 역할을 수행하는 것. 이런 역할을 통해 법무팀의 존재감을 확보하고, 개인의 커리어도 발전시킬 수 있다.

3) 중견기업: 전문성과 범용성의 절묘한 균형

중견기업의 사내변호사는 스타트업과 대기업의 중간 지점에 있다. 스타트업처럼 모든 것을 혼자 해야 하는 것은 아니지만, 대기업처럼 세분화된 전문 영역만 담당하는 것도 아니다. 보통 2~3명의 법무팀이 전체 법무 업무를 나누어 담당하는 구조다.

이런 환경의 특징은 '유연성'이다. 필요에 따라 다양한 역할을 수행할 수 있고, 비즈니스 변화에 빠르게 대응할 수 있다. 동시에 어느 정도의 전문성도 확보할 수 있다. 하지만 그만큼 요구되는 역량의 범위도 넓다. 깊이와 넓이를 동시에 갖추어야 하는 도전이 있다.

중견기업에서는 '멀티플레이어'로서의 역량이 핵심이다. 계약 검토도 할 수 있고, 분쟁 대응도 할 수 있으며, 컴플라이언스 관리도 할 수 있는 종합적 역량. 그리고 이 모든 것을 비즈니스 맥락 안에서 조율할 수 있는 전략적 사고. 이것이 중견기업 사내변호사의 생존 조건이다.

2-3. 경계를 짓는 순간, 기회를 놓친다

사내변호사는 업무량과 책임의 부담 속에서 자신의 역할 범위를 조정하고자 하는 본능적인 전략을 취한다. "이건 법무 일이 아니다."라는 말은 그런 방어적 태도의 표현이지만, 동시에 스스로를 '법률 전문가'라는 고정된 틀에 가두는 시작점이 되기도 한다.

지금은 법무의 경계를 지키는 시대가 아니라, 스스로 정의하고 설계하는 시대다. 조직은 이미 사내변호사에게 다양한 업무를 던지고 있고, 이를 '잡무'로 보느냐, 아니면 '확장 기회'로 보느냐에 따라 AI 시대 사내변호사의 역할 지형은 크게 달라진다.

1) "이건 법무 일이 아닙니다."의 위험성

"이건 법무 일이 아닙니다." 이 말은 사내변호사가 자주 사용하는 방어 기제다. 업무 범위를 명확히 하고, 무분별한 요청으로부터 자신을 보호하려는 본능적 반응이다. 특히 바쁜 상황에서 추가 업무가 들어올 때, 이런 반응은 자연스럽다.

하지만 이 말을 너무 자주, 너무 쉽게 사용하면 위험하다. 조직 내에서 법무팀이 '경직된 부서', '융통성 없는 사람들'로 인식될 수 있기 때문이다. 더 중요한 것은, 이런 태도가 반복되면서 법무팀이 점점 더 좁은 영역에 갇히게 된다는 점이다.

예를 들어, AI 도구 도입 시 개인정보보호 리스크 검토 요청이 들어왔을 때 "이건 IT팀 일이지 법무 일이 아닙니다."라고 거절했다고 하자. 그러면 그 업무는 IT팀으로 가게 되고, AI 거버넌스 관련 의사결정 과정에서 법무팀은 배제된다. 나중에 AI 알고리즘 편향이나 데이터 오남용 이슈가 법적 분쟁으로 발전했을 때, "왜 법무팀에서 미리 검토하지 않았나요?"라는 질문을 받을 수 있다.

결국 '법무 일이 아니다'라는 판단이 미래의 기회를 차단하는 결과를 가져올 수 있다. 특히 AI 시대에는 전통적인 법무 업무의 상당 부분이 자동화되고 있기 때문에, 새로운 영역으로의 확장이 더욱 중요해지고 있다.

2) 법무의 새로운 정의 - 연결과 조율의 전문가

그렇다면 AI 시대 법무팀의 역할을 어떻게 새롭게 정의해야 할까? 핵심은 '연결'과 '조율'이다. 법무팀은 회사의 다양한 부서와 이해관계자들 사이에서 리스크 관점의 조율을 담당하는 전문가 집단이라고 볼 수 있다.

이런 관점에서 보면, AI 도입 시 윤리적 검토도 법무 업무다. ESG 보고서 검토도 법무 업무다. 조직 문화 개선 방안 검토도 법무 업무다. 신사업 타당성 분석도 법무 업무다. 모두 리스크 관리와 이해관계자 조율이 필요한 영역이기 때문이다.

중요한 것은 이런 업무를 '잡무'로 보지 않는 것이다. 오히려 법무팀의 고유한 가치를 발휘할 수 있는 새로운 기회로 봐야 한다. 다른 부서에서는 할 수 없는, 법무팀만의 독특한 시각과 접근 방식을 제공할 수 있는 영역이기 때문이다.

3) 경계 확장의 전략적 원칙

물론 모든 요청을 무조건 수용하라는 것은 아니다. 무분별한 확장은 오히려 법무팀의 정체성을 흐릴 수 있다. 중요한 것은 '전략적 선택'이다. 어떤 영역으로 확장할 것인지, 어떤 방식으로 접근할 것인지에 대한 명확한 기준이 필요하다.

첫째, 리스크 관련성이다. 그 업무가 회사의 리스크 관리와 어떤 연관이 있는가? 직접적이든 간접적이든 리스크 요소가 있다면, 법무팀이 관여할 이유가 있다.

둘째, 조율 필요성이다. 여러 부서의 이해관계가 얽혀 있거나, 복합적인 검토가 필요한 사안이라면, 법무팀의 조율 역량이 유용할 수 있다.

셋째, 장기적 가치다. 단순히 일회성 업무가 아니라, 법무팀의 역량 확장이나 조직 내 위상 강화에 도움이 되는 업무인가?

넷째, AI 시대 대비 차원이다. 해당 업무가 향후 AI가 대체하기 어려운 고부가 가치 영역인가? 창의적 사고, 전략적 판단, 이해관계자 조율 등이 필요한 업무인가?

이런 기준을 바탕으로 선택적으로 영역을 확장해 나가는 것이 바람직하다. 그리고 새로운 영역에 진출할 때는 반드시 '법무적 관점'을 명확히 제시해야 한다. 단순히 다른 부서의 업무를 대신해 주는 것이 아니라, 법무팀만의 독특한 가치를 제공한다는 점을 분명히 해야 한다.

사내변호사의 역할은 이미 변하고 있다. 문제는 이 변화를 위기로 볼 것인가, 기회로 볼 것인가다. 경계를 고수하려는 순간, 우리는 축소되는 영역에 갇힐 수 있다. 하지만 전략적으로 경계를 확장하는 순간, AI 시대에도 대체 불가능한 새로운 가능성이 열린다.

　다음 3장에서는 이런 변화의 필요성을 인지하면서도 왜 많은 사내변호사들이 변화를 주저하게 되는지, 그리고 그 주저함이 어떤 함정으로 이어질 수 있는지 살펴본다. 변화의 기회를 놓치지 않으려면, 먼저 우리 자신이 빠져 있을 수 있는 안주의 함정부터 인식해야 한다.

3장

변화를 주저하는 사내변호사들

AI 시대가 왔다는 것을 알고, 역할 확장에 대한 압박도 느끼며, 과도기적 혼란 속에서 어떤 선택을 해야 할지도 고민해 봤다. 하지만 여전히 많은 사내변호사들이 실질적인 변화로 나아가지 못하고 있다. 이유는 다양하다. 때로는 현재 방식이 충분히 안정적이어서, 때로는 변화의 위험이 너무 커 보여서, 때로는 단순히 변화 자체가 번거로워서이다.

문제는 이런 망설임이 점차 습관이 되고, 그 습관이 구조화되면서 결국 변화 자체를 거부하는 시스템이 만들어진다는 점이다. 개인적으로는 '변화가 필요하다'고 생각하면서도, 실제로는 기존 방식을 고수하는 모순적 상황이 지속된다.

이 장에서는 이런 '변화 저항'이 어떻게 형성되고 지속되는지를 살펴본다. 안주의 함정에 빠지는 개인적 요인부터, 조직이 만드는 변화 저항의 구조까지, 그리고 이런 함정에서 벗어나는 사람들은 어떤 특징을 갖고 있는지를 분석한다.

변화를 주저하는 것은 자연스러운 일이다. 하지만 그 주저함이 영구화되는 순간, 우리는 변화하는 세상에서 점점 더 뒤처지게 된다. 실무에 묶여 있는 것처럼 보이는 일상 속에서도 전략적 사고를 시작할 수 있는 작은 틈은 분명 존재한다. 그 틈을 발견하고 의미를 부여하는 순간이, 결국 다음 단계로 나아가는 출발점이 되어줄 수 있다.

3-1. 안주의 함정에 빠지는 순간들

1) 숙련이 가져온 역설 - 편안함이 성장을 막는다

경험이 쌓일수록 업무 처리는 더욱 효율적이 된다. 계약서를 보는 순간 주요 쟁점이 보이고, 자문 요청을 받으면 유사한 과거 사례가 떠오르며, 대부분의 상황에서 빠른 판단을 내릴 수 있다. 이런 숙련도는 분명 가치 있는 자산이다.

그런데 여기서 함정이 시작된다. 숙련은 '빠른 처리'를 가능하게 하지만, 동시에 '깊은 사고'의 필요성을 줄여버린다. 익숙한 패턴으로 문제를 해결할 수 있다면, 굳이 새로운 접근법을 고민할 이유가 없어진다. 결과적으로 같은 방식의 반복이 계속되고, 새로운 학습이나 도전의 기회는 점차 사라진다.

더 심각한 것은 이런 상태가 '안정적'으로 느껴진다는 점이다. 실수할 위험이 적고, 예측 가능한 결과를 낼 수 있으며, 주변의 평가도 나쁘지 않다. 하지만 이런 안정감이 바로 성장을 멈추게 하는 주요 원인이 된다. 편안함과 성장은 양립하기 어렵기 때문이다.

예를 들어, 5년 차 사내변호사가 계약서 검토를 담당한다고 하자. 처음 1~2년은 매번 새로운 것을 배우고, 모르는 조항이 나올 때마다 선배에게 물어보거나 관련 법령을 찾아보았다. 하지만 이제는 웬만한 계약서는 30분 안에 훑어볼 수 있고, 주요 이슈도 바로 파악할 수 있다.

이런 상황에서 AI 도구나 새로운 방법론을 도입하라고 하면 어떨까? '지금도 충분히 빠르고 정확하게 처리하고 있는데, 굳이 새로운 방법을 배워야 할 이유가 있나?'라는 생각이 든다. 특히 새로운 방법을 익히는 데 시간을 투자해야 하고, 초기에는 오히려 효율이 떨어질 수 있다는 점을 고려하면, 기존 방식을 고수하는 것이 합리적으로 보인다.

하지만 이런 선택이 반복되면서, 점차 새로운 시도 자체를 기피하게 된다.

"변화는 위험하고 번거로운 것"이라는 인식이 굳어지고, 결국 "지금 하는 방식이 최선"이라는 확신으로 발전한다.

2) 검증된 방식의 유혹 - 왜 새로운 시도를 기피하는가

법무 업무의 특성상 '실수하지 않는 것'이 가장 중요한 가치다. 그렇기 때문에 검증되지 않은 새로운 방법보다는 이미 검증된 기존 방식을 선호하게 된다. 이는 매우 합리적인 판단이지만, 동시에 혁신을 가로막는 요인이 되기도 한다.

특히 AI 도구 도입과 관련해서 이런 보수적 성향이 강하게 나타난다. 'AI가 잘못된 결과를 제공하면 어떻게 하나?', '보안 문제는 없을까?', '기존 시스템과 호환이 될까?' 같은 우려들이 끊임없이 제기된다. 이런 우려들은 모두 타당하지만, 결과적으로는 시도 자체를 포기하게 만든다.

더 큰 문제는 이런 보수적 태도가 점차 변화 자체에 대한 거부감으로 발전한다는 점이다. 처음에는 "신중하게 접근하자."였던 것이, 시간이 지나면서 "굳이 바꿀 필요가 있나?"로 변하고, 최종적으로는 "현재 방식이 가장 좋다."는 확신으로 굳어진다.

실제로 많은 사내변호사들이 다음과 같은 생각을 갖고 있다.

> · "우리 회사 계약서는 특수해서 일반적인 AI 도구로는 처리하기 어려울 것이다."
> · "법무 업무는 미묘한 판단이 중요한데, AI가 그런 섬세함을 가질 수 있을까?"
> · "지금까지 큰 문제 없이 일해 왔는데, 굳이 위험을 감수할 필요가 있나?"

이런 생각들은 표면적으로는 합리적으로 보이지만, 실제로는 변화를 회피하려는 심리의 표현인 경우가 많다. 새로운 것을 시도해 보기도 전에 미리 안

될 이유를 찾는 것이다.

3) 질문이 사라진 일상 - 호기심의 소멸

성장하는 사람과 정체된 사람을 구분하는 가장 명확한 기준 중 하나는 '질문의 유무'다. 초보자는 모르는 것이 많아서 자연스럽게 질문을 하게 된다. 그런데 어느 정도 경험이 쌓이면 질문이 줄어든다. 대부분의 상황을 '이미 아는 것'으로 분류하게 되기 때문이다.

하지만 진정한 전문가는 오히려 질문이 더 정교해진다. "이 문제의 본질은 무엇인가?", "다른 접근법은 없을까?", "이 구조 자체가 최선인가?" 같은 근본적 질문을 통해 지속적으로 사고의 깊이를 확장한다.

변화를 주저하는 사내변호사는 이런 질문이 사라진 상태다. 주어진 문제를 기존 지식과 경험으로 해결하는 데만 집중하고, 그 문제 자체나 해결 방식에 대한 의문을 갖지 않는다. 이는 단기적으로는 효율적일 수 있지만, 장기적으로는 사고의 경직화를 가져온다.

예를 들어, 매주 반복되는 NDA 검토 업무를 생각해 보자. 변화하지 않는 사내변호사는 '또 NDA네, 빨리 처리하자.'라고 생각하며 기계적으로 검토한다. 하지만 변화하는 사내변호사는 "이번 NDA에서 새로운 점은 무엇인가?", "우리 회사의 NDA 프로세스를 더 효율화할 방법은 없을까?", "이런 유형의 계약이 자주 반복되는 이유는 무엇일까?" 같은 질문을 던진다.

질문이 사라지는 이유는 여러 가지다. 업무에 쫓겨서 생각할 시간이 없기도 하고, 질문을 해 봤자 달라질 것이 없다는 체념 때문이기도 하다. 또한 '이미 다 알고 있다'는 착각에 빠져 있는 경우도 많다.

하지만 질문이 사라진 순간부터 성장도 멈춘다. 새로운 관점이나 아이디어는 질문에서 시작되기 때문이다. 그리고 AI 시대에는 더욱 그렇다. 기술이 빠르게 발전하고 업무 환경이 계속 변하는 상황에서, 질문 없이는 변화에 적응할 수 없다.

3-2. 조직이 만드는 변화 저항의 구조

1) '케바케'는 만능 방패막이

법무팀에서 가장 자주 듣는 말 중 하나가 "그건 케이스 바이 케이스야."이다. 이 말은 법무 업무의 복잡성과 맥락 의존성을 잘 표현한다. 실제로 계약 조건 하나도 회사의 상황, 상대방과의 관계, 사업의 성격에 따라 달라질 수 있다. 문제는 이 '케바케'가 모든 체계화 노력을 차단하는 만능 방패막이로 작동한다는 점이다.

예를 들어, 매주 비슷한 NDA 검토 요청이 들어온다고 하자. 기밀 정보의 범위, 반환 의무, 손해배상 조항 등에서 반복되는 쟁점들이 있음에도 불구하고, "상대방마다 다르니까", "업종별로 다르니까"라는 이유로 매번 처음부터 검토하게 된다.

더 구체적으로 살펴보면, 다음과 같은 패턴이 반복된다.

> 영업팀의 NDA 요청 → 법무팀 개별 검토 → 유사한 쟁점 발견 → 기존 사례 개인 기억에 의존 → 비슷한 수정 의견 제시 → 다음 NDA에서 같은 과정 반복

이 과정에서 "기밀 정보 정의가 너무 넓다.", "경쟁 업체로의 정보 제공 금지 조항이 필요하다.", "손해배상 한도 설정이 불분명하다." 같은 동일한 검토 의견이 매번 새롭게 작성된다.

왜 이런 일이 반복될까? 핵심은 "예외가 있을 수 있다."는 가능성 때문에 "일반 원칙을 정리하지 않는다."는 사고 구조에 있다. 90%의 경우에 적용되는

기준이 있다면, 나머지 10%의 예외 상황은 별도로 처리하면 된다. 하지만 많은 법무팀에서는 10%의 예외 때문에 90%의 효율성을 포기하는 선택을 한다.

이런 '케바케' 문화는 변화 저항을 정당화하는 논리로도 활용된다. "AI 도구를 도입하자."는 제안이 나오면, "우리 회사 상황은 특수해서 일반적인 도구로는 안 될 것"이라는 반응이 나온다. "업무 프로세스를 표준화하자."고 하면, "법무 업무는 케이스마다 다르기 때문에 표준화가 어렵다."는 대답이 돌아온다.

결국 '케바케'는 현상 유지를 위한 편리한 핑계가 되어 버린다. 변화의 필요성은 인정하지만, 구체적인 실행은 미루는 논리적 근거로 활용되는 것이다.

2) 지식이 축적되지 않는 시스템

법무팀의 또 다른 문제는 개인의 경험과 판단이 조직의 자산으로 축적되지 않는다는 점이다. 5년 차 사내변호사가 특정 계약 조항에 대해 쌓은 노하우는 그 사람의 머릿속에만 존재한다. 문서화되지 않고, 공유되지 않으며, 검색할 수도 없다.

구체적인 예를 들어보자. A 사내변호사가 데이터 처리 관련 계약을 검토하면서 GDPR 준수를 위한 조항을 정리했다고 하자. 이 과정에서 상당한 시간을 들여 관련 법령을 분석하고, 유럽 자회사와 협의하며, 적절한 계약 문구를 만들어냈다. 하지만 이 모든 노하우는 A의 개인 폴더나 메모에만 남아 있다. 몇 달 후 B 사내변호사가 유사한 계약을 검토하게 되면, A가 했던 분석과 검토를 처음부터 다시 해야 한다. A에게 직접 물어볼 수도 있지만, A가 바쁘거나 휴가 중이라면 결국 중복 작업이 발생한다. 더 심각한 것은 A가 퇴사하면 그 모든 노하우가 함께 사라진다는 점이다.

이런 상황이 반복되는 이유는 무엇일까?

첫째, 문서화 문화의 부재다. 많은 법무팀에서 검토 결과는 최종 의견서 형태로만 남고, 검토 과정에서의 판단 근거나 고려 사항은 기록되지 않는다. "계약서 검토 완료"라는 결과만 있을 뿐, "왜 이런 판단을 내렸는지", "어떤 점을 중점적으로 검토했는지", "비슷한 경우에 참고할 만한 사항은 무엇인지" 같은 정보는 사라진다.

둘째, 공유 시스템의 부족이다. 개인이 정리한 자료라도 다른 팀원이 쉽게 찾아볼 수 있는 구조가 없다. 파일 서버에 있더라도 적절한 분류나 검색 기능이 없어서 실질적으로 활용되지 못한다. "분명히 작년에 비슷한 계약을 검토했는데…"라고 기억은 나지만, 정작 그 자료를 찾기는 어렵다.

셋째, 인센티브 구조의 문제다. 자신의 노하우를 정리하고 공유하는 일은 개인의 성과 평가에 직접적으로 반영되지 않는다. 오히려 "그 시간에 다른 업무를 처리하는 게 낫지 않나?"라는 인식이 강하다. 당장 눈앞의 업무를 처리하는 것이 우선이고, 장기적인 지식 축적은 후순위로 밀린다.

이런 시스템에서는 아무리 개인이 뛰어난 역량을 가져도 조직 전체의 발전으로 이어지지 않는다. 매번 같은 문제를 새롭게 해결해야 하고, 과거의 경험은 활용되지 못한다. 결국 조직 전체가 반복적이고 비효율적인 업무에 매몰되게 된다.

3) 변화를 가로막는 조직 관성

조직에는 "이전에 이렇게 했으니까 계속 이렇게 하자."는 관성이 작동한다. 특히 법무팀처럼 리스크에 민감한 조직에서는 변화보다는 안정성을 우선시하는 경향이 강하다. 문제는 이런 관성이 불필요한 반복을 지속시키고, 필요한 변화마저 가로막는다는 점이다.

예를 들어, 매년 작성하는 컴플라이언스 점검 보고서를 생각해 보자. 작년에 30페이지 분량의 보고서를 작성했다면, 올해도 비슷한 형식과 분량의 보고서가 기대된다. 설령 핵심 내용이 5페이지로 요약될 수 있더라도, "작년보다 분량이 적으면 부실하다고 생각하지 않을까?"라는 우려 때문에 불필요한 내용으로 분량을 채운다.

이런 관성은 여러 층위에서 작동한다.

> · 개인 차원: "작년에 이렇게 했는데 문제없었으니까."
> · 팀 차원: "우리 팀은 원래 이런 식으로 해왔어."
> · 조직 차원: "법무팀이라면 이 정도는 해야지."

특히 법무팀의 경우 "실수하지 않는 것"이 가장 중요한 가치로 여겨지기 때문에, 새로운 시도보다는 검증된 방식을 고수하려는 경향이 강하다. 그 결과 효율성이나 효과성보다는 '안전성'이 우선시되고, 개선의 여지가 있어도 기존 방식을 유지하게 된다.

더 문제가 되는 것은 이런 관성이 무의식적으로 작동한다는 점이다. "왜 이렇게 하는가?"라는 질문 자체가 사라지고, 기존 방식이 당연한 것으로 받아들여진다. 결국 조직 전체가 변화 저항의 늪에 빠지게 되고, 개인이 아무리 노력해도 구조적 한계를 넘어서기 어려워진다.

실제로 많은 사내변호사들이 이런 경험을 한다. 개인적으로는 새로운 방법을 시도해 보고 싶지만, 팀 내 분위기나 조직 문화 때문에 포기하게 되는 것이다. '혼자만 다르게 할 수는 없지 않나?'라는 생각이 들고, 결국 다른 사람들과 같은 방식을 따르게 된다.

이런 관성을 깨기 위해서는 의도적이고 지속적인 질문이 필요하다. "이 방식이 정말 최선인가?", "더 효율적인 방법은 없을까?", "이 업무가 꼭 필요한가?" 같은 근본적 의문을 제기하고, 조직 차원에서 이런 질문을 환영하는 문화를 만들어야 한다.

3-3. 함정에서 벗어나는 사람들의 특징

1) 변화 속에서도 의미를 찾는 능력

같은 업무를 반복하더라도 성장하는 사람들이 있다. 이들의 특징은 반복적 업무 속에서도 새로운 의미와 가치를 발견한다는 것이다. 단순히 '처리해야 할 일'이 아니라 '학습과 개선의 기회'로 바라본다.

예를 들어, NDA 검토라는 반복 업무라도 이들은 매번 조금씩 다른 관점에서 접근한다. "이번 계약의 특수성은 무엇인가?", "우리 회사의 협상력을 높일 수 있는 포인트는?", "업계 표준과 비교했을 때 어떤 차이가 있나?" 같은 질문을 통해 단순한 검토를 전략적 분석으로 전환한다.

이런 접근은 결과적으로 업무의 질을 높일 뿐만 아니라, 개인의 전문성도 지속적으로 발전시킨다. 같은 시간을 투입하더라도 훨씬 많은 학습과 성장을 이끌어낸다.

더 중요한 것은 이들이 변화 자체를 두려워하지 않는다는 점이다. AI 도구가 새로 나오면 "위험할 수도 있지만 한번 시도해 보자."는 태도를 보인다. 업무 프로세스 개선 제안이 나오면 "현재 방식의 문제점을 찾아보자."는 자세로 접근한다.

이들에게 변화는 위협이 아니라 기회다. 새로운 기술이나 방법론을 통해 더 나은 결과를 만들어낼 수 있다고 믿는다. 그리고 실제로 그런 기회들을 포착해서 성과로 연결시킨다.

2) 구조적 사고의 습관

함정에서 벗어나는 사람들은 개별 업무를 처리할 때도 구조적 관점을 잃지 않는다. "이 문제가 왜 발생했나?", "비슷한 문제를 예방할 수는 없나?", "이 프로세스 자체를 개선할 방법은?" 같은 질문을 습관적으로 던진다.

이들은 단순히 주어진 문제를 해결하는 데서 그치지 않고, 그 문제가 발생한 배경과 구조까지 함께 고민한다. 결과적으로 개별적 해결책이 아닌 시스템적 개선안을 제시할 수 있게 되고, 이는 조직 내에서의 입지와 영향력 확대로 이어진다.

예를 들어, 같은 유형의 계약 분쟁이 반복해서 발생한다면, 일반적인 사내변호사는 '또 분쟁이 발생했네, 처리하자.'라고 생각한다. 하지만 구조적 사고를 하는 사내변호사는 "왜 이런 분쟁이 반복되는가?", "계약서 작성 단계에서 예방할 수 있는 방법은?", "영업팀 교육이 필요한 것은 아닌가?" 같은 질문을 던진다.

이런 사고 습관은 하루아침에 만들어지지 않는다. 일상적인 업무 속에서 지속적으로 "왜?", "어떻게?", "더 나은 방법은?" 같은 질문을 던지는 연습이 필요하다. 처음에는 번거롭게 느껴질 수 있지만, 시간이 지나면서 자연스러운 사고 패턴으로 정착된다.

특히 AI 시대에는 이런 구조적 사고가 더욱 중요해진다. 단순한 업무 처리는 AI가 대신할 수 있지만, 문제의 구조를 파악하고 시스템적 해결책을 설계하는 일은 여전히 사람만이 할 수 있는 영역이기 때문이다.

3) 능동적 역할 확장의 시도

함정에서 벗어나는 사람들의 또 다른 특징은 자신의 역할을 능동적으로 확장하려 한다는 것이다. 주어진 업무만 처리하는 것이 아니라, 관련된 다른 영역에도 관심을 갖고 참여하려 한다.

이들은 "이건 내 일이 아니다."라고 선을 긋기보다는, "이 일에 내가 어떻게 기여할 수 있을까?"를 고민한다. ESG 이슈가 나오면 법무적 관점을 제시하고, 신사업 검토에서는 리스크 분석을 담당하며, 조직 개편 논의에서는 컴플라이언스 관점을 전달한다.

이런 확장은 단순히 일을 더 많이 하는 것이 아니다. 자신의 전문성을 다양한 영역에 적용해 보면서 새로운 관점과 경험을 쌓는 과정이다. 결과적으로 법무 전문가를 넘어 비즈니스 파트너로 성장할 수 있는 기반을 만든다.

중요한 것은 이들이 역할 확장을 전략적으로 접근한다는 점이다. 무분별하게 모든 일에 개입하는 것이 아니라, 법무 전문성이 가치를 발휘할 수 있는 영역을 선별적으로 선택한다. 그리고 그 과정에서 새로운 역량을 개발하고, 조직 내 네트워크를 확장한다.

예를 들어, 회사에서 새로운 데이터 활용 프로젝트가 시작될 때, 일반적인 사내변호사는 "개인정보보호 이슈만 검토해달라."는 요청을 받으면 그 부분만 처리한다. 하지만 능동적인 사내변호사는 "데이터 거버넌스 전체 구조에서 법적 리스크는 어떻게 관리할 것인가?"라는 관점에서 접근한다. 단순한 법률 검토를 넘어 프로젝트 전체의 리스크 관리 체계를 제안하는 것이다.

4) 지속적 학습과 외부 자극

변화 저항의 함정에 빠지지 않는 사람들은 의도적으로 외부 자극을 찾는다. 업계 동향을 꾸준히 파악하고, 새로운 기술과 트렌드에 관심을 가지며, 다른 회사의 사례를 벤치마킹한다.

이들에게 학습은 선택 사항이 아니라 필수 사항이다. 기존 지식과 경험만으로는 변화하는 환경에 대응할 수 없다는 것을 알기 때문이다. 특히 AI와 디지털 전환 같은 기술적 변화에 대해서는 더욱 적극적으로 학습하고 적응하려 한다.

하지만 이들의 학습 방식은 체계적이다. 무작정 새로운 것을 배우는 것이 아니라, 자신의 업무와 커리어에 어떤 도움이 될지를 먼저 고민한다. 그리고 학습한 내용을 실제 업무에 적용해 보면서 체화시킨다.

> **구체적인 학습 방식들**
> - 리걸테크 컨퍼런스나 세미나 참석
> - 다른 회사 법무팀과의 네트워킹을 통한 정보 교환
> - 온라인 강의나 웨비나를 통한 새로운 기술 학습
> - 관련 서적이나 논문을 통한 이론적 배경 이해
> - 파일럿 프로젝트를 통한 실전 적용

이런 학습 노력은 단기적으로는 추가적인 시간과 에너지를 요구하지만, 장기적으로는 경쟁력의 핵심이 된다. 변화에 앞서 준비하는 사람과 변화에 떠밀려 대응하는 사람 사이의 격차는 시간이 지날수록 더욱 벌어진다.

특히 이들은 학습한 내용을 조직 내에서 공유하는 것을 꺼리지 않는다. 새로운 도구나 방법론을 익히면 동료들에게도 소개하고, 함께 활용할 수 있는 방법을 모색한다. 이런 지식 공유는 개인의 전문성을 인정받는 동시에, 조직 전체의 역량 향상에도 기여한다.

5) 작은 실험을 통한 점진적 변화

함정에서 벗어나는 사람들의 공통점 중 하나는 '작은 실험'을 즐긴다는 것이다. 대규모 변화를 한 번에 시도하는 것이 아니라, 작은 규모의 실험을 통해 가능성을 확인하고 점진적으로 확대해 나간다.

예를 들어, AI 도구를 팀 전체에 도입하기 전에 개인적으로 먼저 사용해 보고, 그 결과를 바탕으로 동료들에게 제안한다. 업무 프로세스를 개선할 때도 전체를 한 번에 바꾸는 것이 아니라, 특정 업무 하나부터 시작해서 효과를 확인한 후 확산시킨다.

이런 접근법의 장점은 위험을 최소화하면서도 지속적인 개선을 이룰 수 있

다는 것이다. 실험이 실패해도 피해가 크지 않고, 성공하면 그것을 바탕으로 더 큰 변화를 시도할 수 있다.

> **작은 실험의 예시들**
> · 특정 유형의 계약서만 AI 도구로 1차 검토해 보기
> · 간단한 자문 요청에 대해서만 템플릿 답변 활용해 보기
> · 월 1회 팀 회의에서 업무 개선 아이디어 공유 시간 만들기
> · 개인 업무에서만 새로운 문서 관리 시스템 적용해 보기

이런 작은 실험들이 누적되면서 개인의 역량이 향상되고, 조직 내에서도 '혁신적인 사람'이라는 이미지를 얻게 된다. 그리고 이런 이미지는 더 많은 기회로 이어진다.

끊임없이 질문하고, 구조를 의심하고, 역할을 넓히려는 태도는 단순히 개인의 성장을 넘어 조직의 미래와도 맞닿아 있다. 우리는 반복적인 업무와 변화 없는 조직 문화 속에서 종종 '무기력'에 익숙해지기 쉽다. 하지만 앞서 살펴본 바와 같이, 변화 저항의 함정을 깨뜨리는 사람들의 특징은 결국 개인의 전략적 사고와 태도에서 비롯된다.

AI 시대는 이미 도래했다. 변화의 압박은 계속 커지고 있고, 과도기적 혼란도 지속되고 있다. 하지만 이런 상황에서 변화를 주저하고 기존 방식에 안주한다면, 결국 변화하는 세상에서 점점 더 뒤처지게 될 것이다.

1장부터 3장까지 우리는 AI 시대 사내변호사가 마주한 현실을 단계적으로 살펴보았다. 1장에서는 기술 변화가 법무 업무의 본질을 어떻게 바꾸고 있는

지, 2장에서는 확장되는 역할 기대 속에서 사내변호사가 겪는 과도기적 혼란을, 그리고 3장에서는 변화를 주저하는 사내변호사들이 빠지기 쉬운 함정과 그 원인을 분석했다. 이 모든 내용은 결국 "변화하는 시대에 사내변호사가 어떻게 생존하고 성장할 것인가?"라는 하나의 질문으로 수렴된다.

그러나 이제는 문제 진단을 넘어 구체적 해결책을 모색할 시점이다. 단지 개인의 자세나 인식 변화를 넘어, 실제로 어떤 기술적 변화가 법률 생태계를 흔들고 있는지, 그리고 AI라는 기술을 어떻게 기회로 전환할 수 있는지를 본격적으로 다뤄 볼 필요가 있다.

PART 2

법률 생태계를
흔드는 기술의 힘

4장

AI가 바꾸는 법률 생태계

ChatGPT의 등장을 계기로 법률 생태계는 빠르게 재편되고 있다. AI는 더 이상 미래의 기술이 아니라, 이미 일상 속에서 법률 서비스를 바꾸고 있는 현실이다. 단순한 문서 작성 도구를 넘어, 리서치, 분석, 커뮤니케이션 등 법무의 여러 영역에 AI가 깊숙이 스며들고 있다. 이는 단순한 업무 방식의 변화가 아니라, 법률 서비스의 본질적 구조와 제공 방식을 다시 정의하는 흐름이라 할 수 있다.

이러한 변화 속에서 법률가들의 반응은 분열되어 있다. 기대와 가능성을 이야기하는 목소리와 함께, 정확성, 신뢰성, 책임 소재에 대한 우려도 함께 커지고 있다. 각국의 법조 단체들 역시 이 변화를 어떻게 받아들일 것인가를 두고 입장이 엇갈린다.

이 장에서는 실제 등장한 혁신 사례들을 통해 AI가 어떤 방식으로 법무 업무에 영향을 주고 있는지 살펴보고, 사내변호사로서 지금 알아야 할 핵심 기술 용어들도 함께 정리한다.

4-1. 법률가들은 지금 무엇을 고민하는가

1) 법률 업계의 기대와 불안 - 생성형 AI 도입을 바라보는 온도 차

신뢰와 우려가 공존하는 현실

2023년 Bloomberg Law의 Legal Ops + Tech 설문 조사에 따르면, 응답자의 절반 이상(50%)이 AI 도입의 윤리적 영향에 대해 "다소" 또는 "매우 우려된다"고 답했다. 생성형 AI의 환각 현상(hallucination), 책임 소재의 불명확성, 기밀 유출 우려 등은 여전히 주요한 리스크 요인으로 받아들여지고 있다.

그러나 이러한 신뢰 격차에도 불구하고, 리걸 AI 기술의 채택은 빠르게 확산되고 있다. 2023년 Wolters Kluwer의 'AI Future Ready Lawyer Survey'에 따르면, 700명 이상의 법률 전문가 중 73%가 향후 12개월 이내에 생성형 AI를 업무에 통합할 것이라고 응답했다. 실제로 법률 사무의 효율성 증대와 비용 절감을 이유로 많은 기업과 로펌이 AI 활용 가능성을 적극 탐색 중이다.

규모별 차이와 실무자 인식 변화

MyCase와 LawPay가 발표한 2024년 법률 산업 보고서에 따르면, 응답자의 73%는 AI에 대해 어느 정도 알고 있으며, 63%는 생성형 AI의 개념에 다소 또는 매우 익숙하다고 응답했다. 특히 1인 변호사들 중 26%가 "AI에 매우 친숙하다"고 답해 중견 로펌(6~20명 규모)의 21%보다 더 높은 친숙도를 보였다. 이 결과는 AI 기술이 소규모 실무자에게도 점점 익숙해지고 있으며, 법률 시장 전반에 걸쳐 AI 수용도가 높아지고 있음을 보여준다.[2]

---

[2] mycase 블로그 (https://www.mycase.com/blog/ai/ai-legal-issues/)

사내 법무팀 vs 법무법인의 태도 차이

2024년 Ironclad의 'State of AI in Legal' 보고서에 따르면, 전체 응답자의 74%가 이미 AI를 법률 업무에 사용하고 있으며, 92%는 AI가 업무 효율을 높였다고 평가했다. 하지만 법무법인과 사내 법무팀 간에는 확연한 태도 차이가 존재했다. 사내 법무팀은 AI에 대한 신뢰와 활용도가 더 높았으며, 법무법인은 정확성과 보안에 대한 우려로 도입에 보다 보수적인 경향을 보였다.

법률 전문가들은 여전히 정보 정확성, 기밀 유출, 책임 소재 등과 관련된 리스크를 우려하고 있으며, 이는 AI 도입의 속도와 범위에 영향을 미치고 있다. 실제로 응답자의 40%는 AI 결과물의 정확성 부족을 가장 큰 우려로 꼽았고, 37%는 보안 문제를 지적했다. 그럼에도 불구하고 응답자의 71%는 향후 12개월 이내에 엔터프라이즈 AI 도입에 투자할 의사가 있다고 답해, 전체적으로는 AI 도입에 대한 긍정적인 기류가 우세한 것으로 나타났다.

2) 국내 AI 법률 서비스 규제 흐름

변협의 강한 견제와 규제 시도

국내에서도 AI 법률 서비스 도입에 대한 기대와 함께, 이를 견제하려는 규제 움직임이 동시에 나타나고 있다. 대표적으로 대한변호사협회(이하 변협)는 2024년, 생성형 AI를 활용해 무료 법률 상담 서비스를 운영한 한 로펌을 징계하며, AI 챗봇을 통한 법률 서비스 제공은 변호사법 위반이라는 입장을 명확히 했다. 이는 AI 활용이 변호사 자격제도의 본질과 취지를 침해할 수 있다는 우려에 기반한 조치다.

2024년 10월, 변협은 '변호사 광고에 대한 규칙'(이하 '변호사광고규칙')을 개정해 인공지능 활용 광고에 대한 제한을 신설했다. 그중 변호사광고규칙 제5조(인공지능 광고의 제한과 기준)은 다음과 같은 내용을 담고 있었다.

> **제5조(인공지능 광고의 제한과 기준)** ① 변호사등은 협회가 인증하고 책임변호사가 감독하는 인공지능 등 프로그램(지능정보화 기본법에 따른 지능정보를 포함한다)외에는 이를 업무에 이용한다는 사실을 광고할 수 없다. (2025.6.30. 자 삭제)
> ② 변호사등은 소비자가 인공지능 등 프로그램을 직접 사용하게 하거나 소비자에게 인공지능 등 프로그램을 연결하는 방식·내용의 광고를 할 수 없다. (유지)
> ③ 제1항에 따른 협회의 인증기준 등은 별도의 규정에 따른다. (2025.6.30. 자 삭제)

규제 완화와 업계 반발

하지만 2025년 7월, 변협은 이 조항 중 협회 인증에 관한 변호사광고규칙 제5조 1항과 3항을 삭제했다. 이에 대해 "협회 차원의 인증 기준이 마련되어 있지 않아 오히려 혼란을 초래할 수 있다."는 점을 이유로 들었다. 다만, 소비자가 AI를 직접 사용하거나 연결되는 방식의 광고를 금지한 제5조 2항은 여전히 유지되고 있다.

이러한 규제는 기술 도입을 늦추는 결과를 초래할 수 있다는 우려도 있지만, 한편으로는 법률 서비스의 공공성과 변호사 자격제도의 근간을 지키기 위한 최소한의 조정 장치로 평가되기도 한다.

실제로 업계에서는 해당 규정이 과도한 규제라는 비판도 제기되었다. 2024년 생성형 AI 기반 무료 법률 서비스를 출시하여 징계를 받았던 법무법인은, 변호사광고규칙 제5조 등의 위헌 여부를 다투며 헌법 소원을 제기한 상황이며, 그 결과가 주목되고 있다.

3) 해외 변호사 윤리 지침과 변호사 역할 재정립

각국의 유연한 접근 방식

해외에서는 국내보다 비교적 유연한 접근을 취하고 있다. 미국 유타주는

'규제샌드박스' 제도를 통해 AI 기반 법률 서비스를 실험적으로 허용하고 있으며, 이에 따라 다양한 새로운 사업모델도 등장하고 있다.

독일에서는 Smartlaw 사건[3]을 통해, 자동화된 계약 생성 소프트웨어가 개별 사안에 대한 법률 평가를 수반하지 않는 한 법률 서비스법(RDG)상 법률 서비스에 해당하지 않음을 연방대법원이 명확히 하였다. 이에 따라 일정 조건하의 Legal Tech 기반 계약 생성 서비스는 비변호사도 제공 가능하다는 판례적 기준이 형성되었다.

미국 변호사협회의 윤리 지침

2024년 7월, 미국 변호사협회(ABA)는 생성형 AI(Generative AI, GAI)의 사용에 관한 첫 번째 공식 윤리 지침(Formal Opinion 512)을 발표하였다. 이 지침은 AI 기술이 법률 서비스에 미치는 영향을 고려해, 변호사가 AI를 사용할 때 반드시 따라야 할 윤리적 기준을 명확히 제시한다. 단순한 기술 활용의 문제를 넘어서, Model Rules of Professional Conduct에 기초한 변호사의 책임과 역할 재정립에 방점을 둔 내용이다.

[미국 변호사협회 공식 윤리 지침(Formal Opinion 512) 주요 내용]

· Model Rule 1.1 (Competence)

변호사는 AI 도구의 이점과 한계를 이해해야 하며, 무분별하게 결과를 신뢰해서는 안 된다. AI의 활용은 충분한 법률적 지식과 준비, 그리고 해당 기술에 대한 합리적인 숙지를 전제로 해야 하며, 필요할 경우 기술 전문가의 도움을 받는 것도 고려되어야 한다.

---

[3] Olaf Meyer, Priscila Luz Barreiros, The German Legal Services Act and the Smartlaw Case: A Precedent for Legal Tech Services in Germany, Studia Prawa Publicznego 1(49), 2025, pp. 31-47

- Model Rule 1.6 (Confidentiality)

AI 도구 사용 시, 고객 정보의 기밀성이 침해되지 않도록 철저한 보안 조치를 강구해야 한다. 클라우드 기반 AI 플랫폼이나 외부 API에 입력되는 데이터가 제3자에 의해 수집·저장될 수 있는 가능성을 고려해, 고객의 사전 동의 없이 정보가 외부로 전송되는 것을 방지해야 한다.

- Model Rule 1.4 (Communication)

변호사는 AI 도구를 사용함으로써 의뢰인의 사건에 어떤 영향이 있을 수 있는지를 명확하게 설명해야 한다. 특히 AI가 생성한 문서가 최종 자문이 아님을 고지하고, 변호사 자신이 내용을 검토한다는 점을 명확히 해야 한다.

- Model Rule 1.5 (Fees)

AI를 활용한 법률 서비스 비용은 합리적(reasonable)이어야 하며, 단순히 AI 툴이 스스로 학습한 시간을 수임료 항목으로 청구할 수는 없다. AI 도구 사용으로 업무 효율이 높아졌다면, 그만큼 수임료의 기준도 재조정되어야 한다는 의미다.

- Model Rule 5.3 (Supervision)

변호사는 법률 보조인(paralegal)이나 사무직원이 AI를 사용할 경우, 그 사용 방식과 결과물에 대한 감독 책임을 져야 한다. 이는 AI를 보조 인력처럼 활용할 때도 동일하게 적용된다.

- Model Rule 3.3 (Candor toward the Tribunal)

법원 등 공식 절차에서 AI를 활용한 경우, 그 사실을 성실하게 공개(candor)해야 한다. 허위 생성 정보(hallucination)를 그대로 제출하거나, 출처 없는 판례를 조작 제출할 경우 중대한 윤리 위반으로 간주될 수 있다.

이 지침은 AI 사용이 기술 활용의 문제를 넘어서, 변호사라는 직업의 윤리적 경계와 책임을 어디까지 확장할 것인가에 대한 일종의 선언이다. 즉, AI가 생성한 결과물이라 하더라도 법적 책임은 여전히 인간 변호사에게 귀속되며, 그에 따른 전문성, 기밀성, 설명 책임, 비용 정당성 등을 모두 충족시켜야 한다는 것이다.

앞으로 AI 기술이 더욱 정교해지고, 다양한 리걸테크 플랫폼에서 응용될수록 이 지침은 계속해서 업데이트될 가능성이 높다. 변호사는 도구를 쓰는 사람에 그치지 않고, 그 도구의 법적 맥락과 조직적 파급 효과까지 고려하는 전략가가 되어야 한다. 윤리 기준은 단지 '하지 말아야 할 일'을 규정하는 것이 아니라, 무엇을 더 고려하고 책임져야 하는지를 요구하는 기준선이 되고 있다.

4-2. 실제로 도입되고 있는 법률 AI 사례들

1) 글로벌 법률 AI 서비스[4] - 변화의 흐름 읽기
글로벌 로펌의 AI 전략

ChatGPT 등장 이후, 글로벌 로펌들도 빠르게 AI 기반 도구를 실무에 통합하며 법률 서비스의 운영 방식을 바꾸고 있다. 단순히 시간을 절약하거나 비용을 줄이는 수준을 넘어, 'AI를 통해 법률 서비스의 본질을 다시 설계하는 흐름'이 시작되고 있는 것이다.

대표적인 사례는 영국계 로펌 Allen & Overy가 도입한 GPT 기반 AI 툴 'Harvey'이다. 이 도구는 계약 초안 작성, 법률 질의응답, 리서치 등 다양한 업무를 지원하며, 실제로 로펌 내 사용률이 80%를 넘어섰다고 보고되고 있다. 특히 Harvey는 단순 반복 업무를 넘어, 조항 간 모순 감지 및 수정 제안 등 판단 보조 역할까지 수행하고 있어, 법률 서비스 전반에 걸쳐 AI의 활용 범위를 넓히고 있다. Allon & Ovory는 이 도구를 통해 국제 소송 문서 검토 시간을 30% 이상 단축했고, 문서 품질과 일관성을 동시에 개선하고 있다고 평가한다.

---

4) 본 절의 사례들은 기사 검색을 통해 가장 최신의 AI 리걸테크 사례를 모았다.

이와 비슷하게, 영국계 로펌인 Clifford Chance는 자체 개발한 법률 AI 도구 'LUCY'를 통해 계약서, 주주 결의안 등 구조화된 문서 생성을 자동화하고 있다. LUCY는 모듈식 구조를 채택해, 프로젝트에 따라 다른 문서를 생성하거나 번역·데이터 분석 툴과 연계하는 등 복합적 AI 통합 기능을 구현하고 있다. 이는 단순 리걸테크 수준을 넘어, 프로세스 전반을 재정의하는 도구로 자리 잡고 있다.

미국계 로펌들도 움직이고 있다. Latham & Watkins, White & Case, Debevoise & Plimpton 등은 자체 개발 솔루션 또는 상용 AI 툴을 테스트하며, 리걸 리서치, e-디스커버리, 교육 자료 자동 생성 등 다양한 영역에서 AI를 적용하고 있다.

법률 서비스 구조의 근본적 변화

한편, AI가 '로펌 밖'의 법률 서비스 구조까지 바꾸고 있는 사례도 등장하고 있다.[5] 2025년 5월, 영국 파이낸셜타임스(FT)는 단돈 2파운드(약 3,700원)에 채권 추심 서류를 작성해 주는 AI 기반 로펌 '가필드 AI(Garfield AI)'가 영국 법률 규제 당국의 공식 승인을 받았다고 보도했다. 이 스타트업은 소송 전문 변호사 필립 영(Philip Young)과 양자물리학자 대니얼 롱(Daniel Long)이 공동 창업했으며, 변호사 개입 없이 AI 챗봇이 직접 법률 서비스를 제공한다는 점에서 주목받고 있다. 가필드 AI는 영국 민사 소송 규칙을 학습한 챗봇을 통해 소액 채권 추심 절차를 안내하고, '정중한 독촉장(polite chaser)'부터 법원 제출 서류, 법적 주장 구조까지 자동으로 작성해 준다. 사용자는 2파운드에서 50파운드 사이의 금액만으로 원하는 수준의 법률문서를 받을 수 있다. SRA(영국 변호사 규제 당국)는 이 서비스를 통해 중소기업과 개인의 법률 접

---

5) "단돈 3700원에 독촉장 써줘"… 세계 첫 'AI로펌' 출범, <조선일보>, 안상현, 2025.5.8.

근성이 크게 개선될 것이라며 역사적인 허가라고 평했다.

경쟁 구조의 변화와 시사점

이처럼 글로벌 로펌과 AI 로펌 스타트업들은 AI를 단순한 효율화 수단으로 보지 않는다. AI는 업무 처리 방식뿐 아니라, 법률 서비스의 가치 구조 자체를 재설계하는 도구로 작용하고 있다.

향후 법률 시장에서의 경쟁력은 단순한 법률 역량을 넘어, AI를 어떻게 받아들이고 활용하느냐에 따라 크게 달라질 가능성이 크다. 그리고 이 변화는 결코 로펌만의 이야기가 아니다. 기업 법무팀 역시, 지금 이 흐름을 직시해야 한다.

2) 국내 legal AI와 legal Tech 현황

리걸테크 서비스의 빠른 확산

국내에서도 리걸테크 기업들이 제공하는 생성형 AI 기반 서비스가 빠르게 확산되고 있다. 앞서 말한 바와 같이 '슈퍼로이어'와 같은 서비스는 법률 리서치, 서면 초안 작성, 서면 분석 및 요약, 문서·사건 기반 대화 등 다양한 기능을 갖추고 있으며, 1만 2천 명 이상의 변호사 회원을 확보한 상태다.

대형 로펌의 경우, 자체적으로 AI 기술을 시범적으로 도입해 자료 리서치, 판례 검색, 업무 이력 자동 기록화 등의 업무에 활용 중이다. 예컨대 법무법인 태평양은 국내 로펌 중 최초로 생성형 AI를 문서 작성에 적용한 사례를 공개한 바 있다.[6]

사내 법무팀에서도 일부 기업을 중심으로 계약 검토 자동화, 법무 FAQ 챗봇, 문서 요약 기능 등의 활용 가능성을 실험하고 있다. 다만, 현재로서는 AI

---

[6] "법무법인 태평양, 생성형 AI로 문서작성 지원…국내 로펌 중 첫 도입", <AI타임스>, 2024.2.28., https://www.aitimes.com/news/articleView.html?idxno=146503

의 신뢰성, 기밀 유지, 법적 검증 절차 부족 등에 대한 우려로 인해 제한적인 도입에 머무는 경우가 많다.

한편, 국내 주요 리걸테크 기업들은 각기 다른 방식으로 생성형 AI 기술을 활용한 서비스를 제공하고 있으며, 기업 고객의 니즈에 맞춰 다양한 솔루션을 제시하고 있다. 아래에서는 대표적인 AI 기반 서비스들과 각 리걸테크 기업이 중점을 두고 있는 활용 전략을 소개한다. 기업의 업무 성격과 도입 여건에 따라, 적절한 기술 선택과 비교 활용이 가능할 것이다.[7]

슈퍼로이어
- 국내 실정에 특화된 법률 AI 플랫폼, 정확성과 근거 기반 답변이 강점

슈퍼로이어는 2024년 7월 정식 출시된 생성형 AI 기반 법률 서비스로, 출시 1년 만에 약 1만 2천 명의 가입자를 확보하였다.

현재 슈퍼로이어는 국내 최대 규모의 500만 건의 판례 데이터를 포함해 법령·결정례·행정심판례·행정 규칙·유권 해석과 국내 1위 법률 출판사인 박영사의 650여 권에 달하는 법률 서적을 답변에 활용하고 있다. 최신의 AI 에이전트 기술과 어드밴스드 검색증강생성(RAG) 기술을 적용해 일회적 데이터 검색이 아닌, 탐색적 검색 과정을 통해 최적화된 답변을 제공한다.

슈퍼로이어의 생성형 답변에는 출처가 되는 법령·판례 등의 하이퍼링크가 포함되어 있으며, 사용자가 해당 출처를 직접 확인할 수 있도록 '팩트체커' 기능이 함께 제공된다. 또한 생성된 문장에 인용된 판례나 조문의 취지를 AI가 자동으로 평가하는 '인용 적절성 평가' 기능도 포함돼 있어, 답변 활용 시 신뢰도를 높이는 데 도움을 준다.

2025년 제14회 변호사시험 선택형 시험 150문항 중 123문항의 정답을 기

---

7) 각 리걸테크 기업의 활용 전략은 해당 기업과의 서면인터뷰 및 자료 확인을 통해 작성하였다.

록하며, 법률 지식의 정확도와 범용성을 수치로 입증한 바 있다.[8]

2025년 7월에는 길고 복잡한 법률서면을 완성도 있게 작성할 수 있는 '롱폼(LongForm)'을 출시하였다. 롱폼은 대화형 인터페이스를 통해 이용자가 요청한 법률문서를 자동 생성하고, 단락별 수정 요청 및 직접 편집도 가능하도록 지원한다.

주요 이용자는 로펌 및 개인 변호사를 포함해 다양한 산업의 기업 법무팀이며, 대학, 중앙정부기관, 지방자치단체, 공공기관 등도 슈퍼로이어를 도입해 활용 중이다. 지방변호사회와의 협력도 활발히 진행되고 있다.[9]

로앤컴퍼니는 자체 구축한 독자적인 아키텍처를 기반으로 세계 어디서도 통할 수 있는 기술적 유연성을 강화해 국내 시장을 넘어 일본 및 아시아로 본격적인 글로벌 시장 확대에 나설 계획이다.

엘박스

- 데이터 주도형 법률 AI 플랫폼, 국내 최대 법률 DB와 공공기관 확장 전략이 강점

2019년 설립한 엘박스는 판결문 및 법률문서 검색 시스템으로 출발해, 2024년 '엘박스 AI' 출시를 통해 국내 법률 AI 시장에서 입지를 다졌다. '엘박스 AI'의 핵심 경쟁력은 방대한 법률 데이터베이스에 있다. 420만 건에 달하는 판결문과 함께, 주석서, 결정례, 유권 해석 등 국내 최대 규모의 법률 데이터를 기반으로 사용자 질의에 정확하고 섬세한 답변을 제공한다. 사법행정학회 주석서를 독점적으로 제공하는 점도 큰 차별점이다.

최근 엘박스는 단순 검색을 넘어 정교한 AI 답변과 서면 자동 생성 기능까지 서비스 범위를 확장하고 있다. 특히 '문서 작성' 기능은 변호사, 기업 법무

---

[8] "로톡 슈퍼로이어, 변시 상위 5% 기록…서면 특화 기능 '롱폼' 출시", <전자신문>, 손지혜, 2025.7.1.
[9] "로앤컴퍼니, 경기중앙지방변호사회와 법률 업무 AI 전환 위해 협력", <전자신문>, 손지혜, 2025.7.3.

팀, 공공기관 사용자들이 필요로 하는 법률문서 초안을 자동 생성해 주며, 이를 통해 사용자들은 약 30초~1분 내에 실질적인 내용을 담은 서면을 빠르게 완성할 수 있다. 엘박스는 AI서비스에 실제 사용자 피드백을 반영해 품질을 지속적으로 고도화하고 있다.

2025년 7월 엘박스의 총 가입자 수는 15만 6천여 명이며, 이 중 변호사 회원은 2만 2천 명 이상에 달하며, 변호사 회원의 절반 이상은 엘박스 AI를 적극적으로 활용 중이다.

엘박스는 앞으로 공공기관과 대형 로펌, 기업 법무팀에 특화된 온프레미스형 AI 솔루션을 본격적으로 확대할 계획이다. 각 기관이 보유한 데이터를 엘박스 플랫폼과 연동하여 맞춤형 서비스를 제공하는 전략으로, B2G·B2B 시장 확대에 속도를 내고 있다. 최근에는 대법원이 추진 중인 법원 업무 특화 AI 모델과 지능형 검색 및 리서치 서비스를 개발하는 '재판업무 지원용 AI 플랫폼 구축 사업'의 우선협상대상자로 선정되었다. 재판지원 AI 플랫폼이 도입되면 법관과 직원의 업무 생산성을 높여 재판 지연을 해소할 수 있을 것으로 기대된다.[10]

BHSN 앨리비(allibee)

- 자체 LLM 기반 리걸 AI 솔루션, 계약 관리와 기업 법무에 특화된 올인원 SaaS

앨리비(allibee)는 법률 AI 기술 전문기업 BHSN이 개발한 리걸 AI 솔루션으로, 계약관리·기업 법무·법률 리서치를 통합 지원하는 클라우드 기반 SaaS 플랫폼이다. 기존 리걸 AI 서비스들이 오픈소스 AI(GPT, Claude 등)에 의존하는 것과 달리, 앨리비는 변호사가 직접 참여해 공동 개발한 법률 특화

---

[10] "엘박스·KT, 대법원 '재판지원 AI 사업' 우선협상대상자 선정", <법률신문>, 한수현, 서하연, 2025.6.20.

대형언어모델(LLM) '앨리비 아스트로(allibee astro)'를 기반으로 하며, 법률 문서 해석과 생성의 정밀도를 크게 향상시켰다.[11]

앨리비의 계약관리솔루션(CLM)은 계약의 작성부터 검토, 체결, 보관, 검색까지 전 과정을 AI로 자동화해 기업의 계약 프로세스를 비약적으로 효율화한다. 한·영 계약서 모두에 대해 AI가 내용을 분석하고 요약해 주며, 사용자의 입장(예: 매수인·매도인 등)에 따라 체크리스트 기반 가이드라인 검토도 가능하다. 계약서를 업로드하기만 하면, AI가 자동 분류, 자동 번역, 수정이 필요한 조항 추출, 레드라인 문구 제안까지 수행하며, 과거 체결 계약서도 BHSN의 OCR 특허 기술을 통해 빠르게 검색하고 재활용할 수 있다.

이러한 계약관리 기능과 함께, 앨리비의 핵심 기능 중 하나인 '비즈니스에이전트'는 기업 법무팀의 법률 리서치 업무를 자동화한다. 국내 300만 건 이상의 판례, 법령, 행정 지침 데이터를 통합 보유하고 있으며, 공정위원회, 금융위원회, 개인정보보호위원회 등 주요 정부 기관의 자료까지 포함돼 있어 컴플라이언스 및 리스크 대응에 유용하다.

또한 기업 내부에서 운용하는 사규, 가이드라인, 리스크 매뉴얼 등의 문서를 직접 업로드하면, AI가 이를 이해하고 실시간 질의응답에 활용할 수 있도록 설계돼 있다. AI가 생성하는 모든 답변은 검색증강생성(RAG) 기술을 통해 근거 기반의 문서(판례·조문·행정해석 등)를 함께 제시하여, 실무자가 신뢰 가능한 정보에 근거한 의사결정을 할 수 있도록 돕는다.

BHSN은 국내외 법무팀, 해외 컴플라이언스 조직까지 아우를 수 있는 글로벌 공통 리걸 AI 어시스턴트로서의 성장을 목표로 하고 있다. 현재 BHSN은 일본 법인을 설립하고, 이를 시작으로 한국에서 나아가 일본을 포함한 아시아 시장에 본격 진출할 계획이다.

---

11) "100장 분량 도급계약서도 1분만에 리뷰…'앨리비 아스트로' 출시", <머니투데이>, 최태범, 2025.7.10.

법틀

- SaaS 기반 법무관리 시스템의 선구자, 실무 중심 AI 확장

법틀은 2017년 국내 최초로 SaaS(Software as a Service) 기반의 기업용 법무관리 시스템을 선보인 리걸테크 스타트업으로, 현재까지 100개 이상의 고객사와 5만 명 이상의 사용자를 확보하며 B2B 법무 플랫폼 시장에서 빠르게 성장해 왔다. 국내에서 가장 널리 활용되는 기업 법무 관리 솔루션 중 하나로 평가받는 법틀은, 초창기부터 사내 법무팀의 실무 환경에 최적화된 서비스 구조를 강조해 왔다.

초기에는 계약서 관리, 승인 절차, 법률 자문 기록 등 사내 법무팀의 기본적인 업무 흐름을 디지털화하고 중앙에서 통합 관리할 수 있는 기능에 집중했으며, 매년 고객사의 피드백을 바탕으로 사용자 편의성과 실무 적합성을 지속적으로 개선해 왔다.

2025년부터는 본격적으로 생성형 AI 기술을 도입해 플랫폼 고도화에 나섰다. 단순한 외부 API 연동 수준을 넘어서, 기업 법무 업무에 특화된 자체 AI 서비스 레이어를 개발하여 실질적인 업무 보조 기능을 제공하고 있다. 법틀의 AI 전략은 '인간 대체'가 아닌 실무 보조와 업무 효율화에 초점을 맞추고 있으며, 법무팀의 문서 작성·이력 관리·자문 답변 등에 실제로 활용 가능한 납득 가능한 품질의 응답을 목표로 한다.

앞으로는 축적된 실사용 데이터를 기반으로 예측형 리스크 분석, 비정형 질의응답 시스템 등으로 기능을 확장해 나갈 계획이다.

로폼

- 자동화된 계약 생애주기 관리, 중소기업부터 대기업까지 아우르는 법률 AI 플랫폼

로폼은 법률 정보 스타트업 아미쿠스렉스가 운영하는 AI 기반 법률문서 자

동화 플랫폼으로, 현재 20만 명 이상의 회원과 700만 건 이상의 법률문서 처리 데이터를 기반으로 폭넓은 이용자층을 확보하고 있다. 개인·중소기업·스타트업뿐 아니라 대기업까지 활용 가능한 계약 자동화 솔루션으로 시장에서 입지를 넓혀가고 있다. 일반 사용자를 위한 '로폼' 서비스 외에도, 기업 대상 서비스인 '로폼 비즈니스(LawForm Business)'는 계약서 작성부터 검토, 승인, 서명, 이행 관리까지 계약의 전 과정을 하나의 시스템에서 처리할 수 있는 통합 플랫폼을 지향한다.

로폼의 핵심 기능은 2가지다. 첫째, 사용자가 자연어로 사례나 상황을 입력하면 AI가 자동으로 법률문서를 생성해 주는 생성형 문서 작성 기능. 둘째, 기존 법률문서나 상대방 계약서를 분석하여 쟁점 추출, 변경 조항 비교, 필수 조항 누락 여부 등을 확인해 주는 분석 기능이다. 특히 과거 계약과의 비교를 시각화해 보여주는 '법률문서 비교 분석'과 기업별 가이드에 기반한 체크리스트 분석은 실무자의 효율성을 실질적으로 향상시킨다.

기술적으로는 자체 구축한 700만 건의 리걸 데이터를 활용해 법률 특화 AI를 학습시켰으며, 생성형 AI 기반 문서 생성 시스템 'ChatGLD'를 통해 높은 정확도의 결과물을 제공하고 있다. 단순한 생성이나 요약을 넘어, 기업 맞춤형 검토 체계에 AI를 통합하고 있는 점이 큰 강점이다.

로폼은 빠르게 성장하는 CLM/ELM 시장에서, 법률 검토 시스템이 부족한 중소기업과 소상공인, 그리고 체계적 계약 관리를 필요로 하는 대기업 모두를 포괄할 수 있는 구조를 갖추고 있다. AI 기술을 기반으로 계약 리스크를 줄이고 문서 처리 비용과 시간을 절감함으로써, 기업의 법무 프로세스를 혁신하고 시장에서의 확장성을 지속적으로 확보해 나가고 있다.

위 사례 외에도, 최근 다양한 리걸테크 스타트업들이 계약서 분석, 송무 문서 자동화, 내부 준법 모니터링 시스템 등에 AI를 적용하며 시장을 확대 중이다. 2025년 LTAS(Legal Tech AI Special)특별관에서는 위 업체들 외에도 삼성SDS를 비롯하여 렉시스넥시스(글로벌 리걸테크기업), A2D2(법률문서분석서비스), 넥서스AI(형사사건진단서비스), 더존비즈온(AI업무플랫폼) 등이 AI 기반 판례 검색, 법무 관리, 문서 자동화, 계약 관리, 법률 번역 등 다양한 AI 기술을 선보였다.[12] 이처럼 국내에서도 법무 업무의 AI 활용이 초기 도입 단계를 지나 점차 본격적인 실무 적용 단계로 이행되고 있다.

4-3. 지금 당장 알아 두어야 할 핵심 기술 3가지

앞서 본 다양한 AI 서비스들을 이해하려면, 최소한 3가지 핵심 기술은 알아둬야 한다. 복잡한 기술적 세부 사항은 나중에 다루더라도, 이 정도는 알고 있어야 "우리에게 맞는 도구가 무엇인지" 판단할 수 있다.

1) 생성형 AI (Generative AI: Generative Artificial Intelligence)

ChatGPT, Claude, Gemini처럼 질문을 하면 사람처럼 답변을 생성해 주는 기술이다. 법무 영역에서는 계약서 초안 작성, 법률 자문서 초안, 보고서 작성 등에 활용할 수 있다.

장점은 사용법이 간단하고 범용성이 높다는 것이다. 별도 교육 없이도 누구나 쉽게 쓸 수 있고, 웬만한 업무에는 다 써볼 수 있다. 하지만 바로 이 점이 함정이다.

법률 업무에서는 '그럴듯하지만 틀린 답변'이 가장 위험하다. 생성형 AI는 때로 존재하지 않는 판례를 만들어내거나, 법률 해석을 잘못할 수 있다. 미묘한 법적 뉘앙스를 놓치는 경우도 많다. 따라서 초안 작성이나 아이디어 정리

---

[12] "AI 시대 법조 미래가 한자리에…LTAS 2025 개막", <법률신문>, 우빈, 2025.6.18.

용도로는 유용하지만, 반드시 전문가의 검토가 필요하다.

2) 검색 증강 생성(RAG: Retrieval-Augmented Generation)

RAG(Retrieval-Augmented Generation)는 생성형 AI의 한계를 보완하기 위한 기술이다. 답변을 생성하기 전에 먼저 관련 자료를 검색하고, 그 자료를 바탕으로 답변을 만든다.

슈퍼로이어가 "500만 건의 판례 데이터 기반"이라고 하고, 엘박스가 "420만 건의 판결문 기반"이라고 하는 것이 바로 이 방식이다. 특정 법률 질문에 대해 관련 판례나 법령을 먼저 찾아보고, 그것을 근거로 답변을 생성하는 것이다.

범용 생성형 AI보다 정확성이 높고 법률 전문성을 갖추고 있지만, 데이터 품질에 따라 성능이 크게 좌우된다. 또한 구축 비용이 높고, 지속적인 데이터 업데이트가 필요하다. 그래서 전문 리걸테크 업체들이 주로 이 방식을 채택하고 있다.

3) 자연어 처리(NLP: Natural Language Processing)

NLP(Natural Language Processing, 자연어 처리)는 텍스트를 분석하고 이해하는 기술이다. 계약서에서 특정 조항을 찾거나, 문서를 자동으로 분류하거나, 리스크 요소를 식별하는 등의 작업에 활용된다.

생성형 AI만큼 화려하지는 않지만, 실제 법무 업무에서는 매우 유용하다. 특히 대량의 문서를 처리해야 하는 상황에서 위력을 발휘한다. M&A 법률 실사에서 수백 개의 계약서를 검토해야 할 때, NLP 기술을 활용하면 특정 조항이나 리스크 요소를 자동으로 식별하고 분류할 수 있다.

다만 문맥을 이해하는 능력은 제한적이다. 단순한 키워드 매칭이나 패턴 인식에는 강하지만, 복잡한 법률 논리나 예외 상황을 판단하기는 어렵다. 따라서 스크리닝 도구로 활용하되, 최종 판단은 반드시 사람이 해야 한다.

이 3가지 기술 모두 완벽하지 않다. 각각 장단점이 있고, 적합한 활용 영역이 다르다. 중요한 것은 "AI가 모든 것을 해결해 줄 것"이라는 환상을 버리고, 현실적으로 접근하는 것이다.

당장 시작할 수 있는 것은 생성형 AI를 활용한 문서 초안 작성이나 업무 보조 정도다. 좀 더 전문적인 RAG 기반 서비스는 예산과 필요성을 고려해 신중하게 선택해야 한다. NLP 기반의 문서 분석 도구는 대량 처리가 필요한 특정 상황에서 고려해 볼 만하다.

무엇보다 중요한 것은, 어떤 기술을 선택하든 "사람의 전문성"이 여전히 핵심이라는 점이다. AI는 도구일 뿐, 법적 판단과 책임은 결국 사람의 몫이다.

법무 업무 혁신의 시작, AI의 전략적 활용법

AI 기술은 이제 법무 업무의 중심부까지 파고들고 있다. 계약서 검토, 리서치, 커뮤니케이션과 같은 핵심 업무들이 AI 도입으로 새롭게 정의되고 있다. 하지만 AI의 효율적인 활용을 위해서는 기술 그 자체보다도, 해당 기술이 조직의 고유한 환경과 프로세스에 맞게 통합되는 것이 중요하다.

법무 업무에서 AI 도입의 핵심은 단순한 자동화를 넘어 업무 자체를 전략적으로 재설계하는 데 있다. 계약 검토는 리스크 발견에서 리스크 관리 체계 구축으로, 리서치는 정보 수집에서 지식 큐레이션으로, 커뮤니케이션은 설명에서 맞춤형 메시지 전달로 진화해야 한다. 이 장에서는 법무팀이 AI를 실무에 성공적으로 활용하기 위한 3가지 핵심 영역별 전략을 살펴본다.

5-1. 계약 업무의 전략적 전환: 검토에서 관리까지

1) AI 도입 전 필수 체크포인트

글로벌 SaaS 기반 계약 분석 툴들이 국내 기업에도 빠르게 도입되고 있다. 대표적으로 Ironclad, Luminance, Kira Systems 등이 있으며, 이들 솔루션은 계약서를 업로드하면 조항을 분석하고, 리스크를 감지하며, 요약과 협상안 제안까지 자동으로 수행한다.

그러나 대부분 미국식 계약 문화와 영어 문서를 기반으로 설계되었기 때문에, 그대로 K-기업에 적용하기에는 여러 제약이 따른다. 국내 기업의 법무 환경은 단순히 언어가 한글이라는 점만 다른 것이 아니다. 문서 포맷, 계약 구조, 의사결정 방식, 리스크 감수 성향 등 전반적으로 고유한 특성을 갖고 있다.

따라서 AI 도입 전 반드시 확인해야 할 체크리스트가 필요하다.

> **[AI 도입 전 핵심 체크포인트]**
> (1) 언어 적합성: 한글 계약서의 복문 구조, 추상적 표현, '갑을 관계' 중심의 문장 구조를 AI가 정확히 해석할 수 있는가?
> (2) 표준 조항 연동: 우리 조직이 사용하는 계약 템플릿과 리스크 기준표, 자주 등장하는 협상 포인트 등을 AI가 학습하고 기준화할 수 있는 구조인가?
> (3) 보안 요건 충족 여부: 사내 보안 정책과 충돌하지 않으며, 온프레미스 실행이 가능한가?
> (4) 검토 책임 구조: AI 결과에 대한 최종 판단은 누구의 몫인가? AI는 참고 자료일 뿐이며, 책임은 사람에게 있다는 점을 전제로 프로세스를 설계해야 한다.

이와 같은 조건을 고려하지 않고 "해외에서 유명하다"는 이유만으로 솔루션을 도입하면, 현장에서는 오히려 검토 품질에 대한 불신이 생기거나 기존 업무 흐름을 방해하는 장애 요소로 전락할 수 있다.

2) 실전 사례: LG화학의 Luminance 활용 전략

LG화학은 글로벌 계약 검토의 효율화와 법무 지식의 중앙화라는 2가지 전략 목표를 달성하기 위해, 영국 케임브리지 기반 리걸테크 기업인 Luminance의 "Corporate" 솔루션을 국내 최초로 도입했다. 이 솔루션은 단순한 계약서 분석 도구를 넘어, 계약의 전체 라이프사이클을 지원하는 AI 기반 계약 관리 플랫폼이다.

> **[주요 활용 기능]**
> - 신호등 분석 기능: 계약서 내 핵심 조항들을 AI가 자동 분석해 위험도에 따라 빨간색(주의 필요), 노란색(비표준), 녹색(표준)으로 분류하고 시각적으로 표시
> - 지식 중앙화 기능: 과거 계약 검토 결과와 사용자 피드백을 AI가 학습하여, 위험 유형 및 수정 권고 문구를 내부 DB화함으로써 전사적인 계약 검토 기준을 통일
> - 협상 대응 자동화: AI가 제시한 수정 권고 문안을 바탕으로, 실무 부서가 빠르게 대응 문안을 작성하고 협상에 활용할 수 있도록 지원하여 계약 체결까지의 리드타임을 단축

LG화학은 이를 통해 약 50명 규모의 법무팀이 글로벌 58개 사업장에서 발생하는 계약을 보다 일관되고 신속하게 처리할 수 있는 시스템 기반을 마련했다. 해당 솔루션 도입 후 LG화학의 계약 검토 및 협상 프로세스는 평균 30% 이상 단축된 것으로 보고되었다.[13]

---

13) "LG화학, 루미넌스 AI 도입으로 계약 처리 30% 단축", <글로벌이코노믹>, 홍정화, 2024.2.21.

3) 자동화에서 전략화로의 발전 방향

AI 기술의 진정한 가치는 계약 검토 속도 향상에 그치지 않는다. 핵심은 계약이라는 반복적이고 고위험의 프로세스를 '전사적 흐름'으로 재정의하고, 전략적으로 통제 가능한 구조로 전환하는 데 있다.

[자동 템플릿 학습 프로세스]

(1) 위험 조항 자동 감지: 사전에 설정된 리스크 기준에 따라 AI가 계약서 내 주요 리스크 요소를 자동으로 탐지한다.

(2) 수정 문구 추천: 내부 계약 가이드라인, 과거 유사 계약, 사업부 피드백 등을 바탕으로 현실적인 수정 문구를 제안한다.

(3) 확정 문안의 템플릿화: 사용자가 최종 선택한 수정 문안은 '검토 완료 조항 DB'에 누적되어, 이후 유사 검토에 자동 적용될 수 있도록 저장된다.

(4) 반복 업무의 자동 축소: 동일한 유형의 계약에서 유사한 리스크가 다시 등장하면, 이미 확정된 문구를 즉시 재사용하거나 자동 반영할 수 있어 반복 대응이 현저히 줄어든다.

이런 구조가 정착되면 계약 검토는 반복 작업 중심에서 예외 상황과 전략적 조율 중심으로 전환된다. 궁극적으로 사내변호사의 역할을 계약서 검토자에서 '계약 구조 설계자'로 확장시키는 기반이 된다.

5-2. 리서치 업무의 재정의
: 정보 수집자에서 지식 큐레이터로

1) 한국어 법률문서의 현실적 제약과 해결책

AI 활용의 가장 큰 걸림돌은 한국어 법률문서의 복잡성이다. 복문 구조, 추상 표현, 판시사항의 모호성 등은 글로벌 AI 모델이 처리하기 어려운 부분이다. 대부분의 글로벌 AI 모델이 영어 데이터 중심으로 학습되어 있어, 한국어 판결문이나 법령의 복잡한 문장 구조를 제대로 이해하지 못하는 경우가 많다.

[한국어 법률문서의 구조적 특징]
· 한 문장 안에 여러 논리가 중첩된 복문 구조
· 사건별로 상이한 판결문 서술 방식
· 판시사항과 이유의 구분이 모호한 경우
· 관용적 표현과 추상적 개념의 빈번한 사용

이러한 한계를 극복하기 위해서는 단순히 해외 기술을 도입하는 것만으로는 부족하다. 법무팀 내부의 경험과 콘텐츠를 활용해 AI의 응답 품질을 높일 수 있는 구조를 만들어야 한다.

이러한 문제의식을 바탕으로 많은 국내 리걸테크 기업들이 한국어 특화 솔루션을 개발하고 있다.

[국내 리걸테크의 사례]
· BHSN - Allibee 사례: BHSN은 자체 법률 특화 LLM을 기반으로 계약, 법령, 판례, 심결례, 행정규칙 등 풍부한 리걸 데이터를 학습시켜 '앨리비(Allibee)'를 선보였다. 앨리비는 SaaS 형태로 제공되며, 국문 계약서와 판례에 대해 GPT-4 대비 22% 더 높은 정확도와 5배 빠른 처리 속도를 보인다고 자체 발표했다.[13]

14) BHSN, "챗GPT보다 법률문서 검토 잘 해"…아시아 리걸AI 시장 선도, <전자신문>, 김명희, 2024.7.3.

- 로앤컴퍼니 슈퍼로이어(SuperLawyer) 사례: 슈퍼로이어는 대형 LLM에 방대한 법률 데이터를 연결하고, 자체 RAG 구조와 프롬프트 엔지니어링을 정교화하는 방식으로 AI 응답 품질을 높이고 있다. 특히 실제 변호사시험 선택형 문항을 통한 응답 정확도 실험에서 상위 5% 수준의 성과를 기록하며 법률문제 해결력까지 입증한 바 있다.[14]

이러한 사례들이 보여주는 것은 단순히 해외 기술을 도입하는 것이 아니라, 한국의 법무 환경에 맞는 데이터 구축과 모델 튜닝이 필수라는 점이다.

2) 새로운 리서치 방식 - 검색에서 큐레이션으로

기존 리걸 리서치는 키워드 검색 → 문서 수집 → 수동 정리의 선형적 과정이었다. 하지만 생성형 AI의 등장으로 이 구조가 완전히 재편되고 있다. 이제 법무 담당자는 '정보 수집자'에서 '정보 큐레이터'로 역할이 전환되고 있다.

[새로운 리서치 프로세스]
- 맥락적 질의: "하자담보책임 관련 최근 5년간 판례에서 책임 제한 조항의 효력 인정 기준"과 같은 구체적이고 맥락적인 질문을 AI에게 제시
- 구조화된 분석: AI가 관련 판례들을 자동으로 분석해 ①인정된 사례의 공통점 ②불인정 사례의 특징 ③실무 적용 시 주의점을 정리된 형태로 제공
- 전략적 활용: 법무팀은 이를 바탕으로 자사 계약서 개선 방안이나 리스크 대응 전략을 수립

---

15) "변시 상위 5% 기록한 슈퍼로이어, AI 법률서면 특화 '롱폼' 출시", <머니투데이>, 남미래, 2025.7.1.

더 나아가 AI는 법률 전문가와 비전문가 사이의 커뮤니케이션 격차를 줄이는 역할도 한다. 복잡한 법률 해석을 사업 부서가 이해할 수 있는 언어로 번역하거나, 임원진 보고용 핵심 요약을 자동 생성하는 등 다층적 커뮤니케이션을 지원한다.

3) 법률 실사 업무와 판례 분석의 스마트화
M&A 실사의 혁신

M&A나 투자 검토 과정에서 수행되는 법률 실사는 AI 활용 효과가 가장 극명하게 드러나는 영역이다. 수백, 수천 건의 계약서와 문서를 제한된 시간 내에 검토해야 하는 실사 업무의 특성상, AI의 문서 분석 능력이 큰 위력을 발휘한다.

AI는 ①중요 문단 우선 추출 ②데이터 기반 리스크 태깅 ③실사 보고서 초안 생성 등의 기능을 통해 수작업으로 진행되던 문서 탐색, 구조화, 요약 작업을 대체한다. 특히 전통적으로 로펌에 의존하던 실사 업무를 내부에서 일정 수준까지 수행하려는 기업에는 AI 기반 실사 도구가 큰 전략적 무기가 될 수 있다.

판례 분석의 지식 자산화

판례 요약 자동화는 단순한 시간 절약을 넘어 조직 차원의 지식 관리 혁신을 가능하게 한다. AI가 생성한 판례 요약은 일회성 참고 자료가 아니라 지속적으로 활용할 수 있는 지식 자산이 된다.

판례별로 쟁점, 판단 기준, 결론을 구조화하여 데이터베이스에 축적하고, "우리와 유사한 상황에서 법원은 어떻게 판단했는가."라는 맥락적 질의에 대한 정확한 답변을 제공한다. 나아가 축적된 판례 데이터를 기반으로 특정 쟁점에 대한 법원의 판단 경향성까지 분석할 수 있다.

5-3. 커뮤니케이션의 재정의
: 설명에서 전략적 메시지 전달로

법무팀은 단순히 법률적 사실을 전달하는 조직이 아니다. 경영진 보고, 실무 가이드, 외부 자문과의 협업 등 모든 대화는 결국 전략적 메시지를 설계하는 일이다. AI는 이 과정을 자동화함으로써, 법무의 커뮤니케이션 품질을 끌어올릴 수 있다.

1) 대상별 맞춤 보고서 자동화

법무팀이 작성하는 대부분의 보고서는 '쟁점 정리 → 리스크 분석 → 대응 방안 제안'의 유사한 패턴을 갖는다. 문제는 이 같은 내용이라도 보고 대상에 따라 완전히 다른 언어와 형식으로 가공되어야 한다는 점이다.

AI는 이런 '번역' 작업을 자동화할 수 있다. 하나의 기본 분석 내용을 입력하면, 경영진용 1페이지 요약본, 실무 부서용 상세 가이드, 외부 자문사 공유용 자료를 각각 다른 톤앤매너와 구성으로 자동 생성할 수 있다.

[대상별 보고서 자동화 전략]
- 경영진용: 핵심 리스크와 의사결정 포인트만을 1~2페이지로 압축, 수치와 그래프 중심
- 실무 부서용: 구체적인 실행 방안과 체크리스트 제공, 실무자가 바로 적용할 수 있는 가이드 형식
- 외부 자문사용: 전문 법률 용어와 상세한 근거를 포함한 기술적 분석 자료

이런 맞춤형 보고서 생성은 단순한 편의가 아니라 전략적 커뮤니케이션의

핵심이다. 같은 리스크라도 누구에게 어떻게 설명하느냐에 따라 조직의 대응 속도와 품질이 달라진다.

2) 정례 업무와 질의응답 시스템의 통합

정례 소통 업무의 스마트화

주간 리스크 브리핑, 월간 계약 현황 정리, 분기별 분쟁 동향 분석 등 정기적으로 반복되는 업무들을 AI가 자동화할 수 있다. 정형화된 데이터 소스에서 정보를 추출하고, 기존 포맷에 맞춰 문서를 구성하는 작업은 AI가 가장 잘하는 영역이다.

중요한 것은 이런 자동화가 단순히 시간을 절약하는 데 그치지 않는다는 점이다. 정례 보고의 품질과 일관성이 높아지면서, 수신자들의 신뢰도도 함께 상승한다.

스마트 질의응답 시스템

법무팀에게 가장 큰 부담 중 하나는 유사한 질문에 대한 반복 응답이다. AI 기반 질의응답 시스템을 구축하면 이런 반복 질문에 대한 부담을 크게 줄일 수 있다.

FAQ 챗봇이 자주 묻는 질문에 실시간으로 답변하고, 질문 내용을 분석하여 관련 양식이나 가이드 문서를 자동으로 연결한다. AI가 답변하기 어려운 복잡한 질문은 적절한 담당자에게 자동 전달되며, 사용자 피드백을 통해 답변 품질을 지속적으로 개선한다.

이러한 자동화 시스템은 법무팀의 시간과 역량을 단순 응답 업무에서 벗어나 고위험 계약 검토, 전략적 판단이 필요한 사안, 경영진 보고 등 더 높은 가치의 업무에 배분할 수 있도록 해준다.

[커뮤니케이션 자동화의 주요 적용 영역]

구분	적용 대상	AI 활용 방식	기대 효과
맞춤형 보고서	리스크 분석, 계약 검토 결과, 의사결정 지원	대상별 자동 번역, 톤앤매너 조정	커뮤니케이션 효율성 극대화, 수신자별 이해도 향상
정례 소통 업무	주간 브리핑, 이슈 추적, 법령 변경 알림	데이터 자동 집계, 포맷 표준화	정기 보고 품질 일관성, 신뢰도 향상, 작업 시간 절약
질의응답 시스템	FAQ, 절차 문의, 양식 요청	챗봇 자동 응답, 문서 추천	반복 질문 부담 해소, 즉시 응답 가능

지금까지 AI가 법무 업무의 3가지 핵심 영역에서 어떤 혁신을 가져올 수 있는지 살펴보았다. 하지만 이 모든 기능과 가능성이 실현되기 위해서는 1가지 전제가 반드시 충족되어야 한다.

AI 도입은 궁극적으로 법무팀이 '우리는 무엇을 어떻게 하고 있는가'를 다시 점검하는 계기이기도 하다. 업무 구조, 기준, 문서 체계가 정리되지 않은 상태에서 AI를 도입하면, 오히려 'AI에 의해 혼란이 가속화되는 구조'가 될 수 있다.

AI 도입의 전제는 기술에 대한 이해보다 업무에 대한 이해와 조직 시스템에 대한 통찰이 우선되어야 한다. 특히 법무팀은 조직 내 리스크를 감지하고 해석하는 센터 역할을 수행하기 때문에, AI 도입을 통해 무엇을 얻고자 하는지, 어떤 성과 지표를 설정할 것인지, 그리고 어떻게 위험을 통제할 것인지에 대한 전략적 프레임이 명확해야 한다.

결론적으로 AI 도입은 단순한 시스템 설치가 아니라 법무 전략, 보안 설계, 업무 기준 정비, 기술 신뢰도 확보라는 여러 전제를 함께 구축할 때 비로소 실질적인 성과를 낼 수 있다. 'AI를 잘 쓰는 법무팀'은 결국 '자기 업무를 가장 잘 이해하고 구조화한 법무팀'이다.

AI는 정답을 제공하지 않는다. 다만, 정답을 스스로 만들어낼 수 있는 준비가 된 조직만이 AI의 진정한 도움을 받을 수 있다.

이제 6장에서는 이러한 준비를 어떻게 구체적으로 해나갈 것인지, 그리고 실제 조직에서 AI를 성공적으로 도입하고 운영하기 위한 실전 가이드를 살펴본다.

6장

AI 활용
실전 가이드

앞 장에서 AI가 법무 업무에 제공할 수 있는 구체적 기능들을 살펴보았다면, 이 장에서는 그러한 기능들을 실제 조직에 어떻게 도입하고 운영할 것인지에 대한 실전 방법론을 다룬다. AI는 단순히 '업무를 대체하는 기술'이 아니라 '전략적 파트너'로서 법률가의 일하는 방식을 근본적으로 바꾸고 있다.

법무 업무는 통상적으로 복잡하고 정성적인 요소가 많다고 여겨지기 때문에, AI를 '사용해 보기는 했지만 결국 사람이 다 해야 한다'는 식의 허무함으로 끝나는 경우가 많다. 그러나 이는 AI의 한계라기보다, 업무 구조를 분석하지 않고 도구를 얹은 결과다. 핵심은 기술의 수준이 아니라, 사람이 기술을 어디에, 어떻게 위치시키는지를 결정하는 구조 설계 능력에 달려 있다.

성공적인 AI 도입을 위해서는 도입 전략 수립, 업무 흐름 내 위치 설계, 실전 적용 사례 구축, 운영 체계화라는 체계적 접근이 필요하다. 이 장을 통해 AI가 단순한 도구를 넘어서 법무팀의 전략적 역량을 강화하는 파트너로 자리 잡을 수 있는 실행 로드맵을 제시한다.

6-1. AI 도입 전략과 체크포인트

성공적인 AI 도입을 위해서는 기술 자체보다 도입 전략이 더 중요하다. 체계적인 접근 없이는 아무리 뛰어난 AI도 조직에 정착하기 어렵다.

1) 단계적 도입을 위한 전제 조건

AI 도입은 단순히 새로운 기술을 업무에 추가하는 것이 아니다. 오히려 기존 업무 체계를 되짚고 정비하는 과정이 선행되어야 AI의 효과가 제대로 발휘된다. 특히 법무 업무는 조직마다 계약 방식, 리스크 기준, 보고 문화가 상이하기 때문에, 내부 구조가 정리되지 않은 상태에서 AI를 도입할 경우 그 장점이 오히려 혼란 요인으로 작용할 수 있다. 따라서 법무팀 내에서는 반복성과 규칙성이 있는 영역부터 AI를 도입하고, 점차 적용 범위를 확장해 나가는 전략이 바람직하다. 이를 위해 다음과 같은 준비 작업이 필요하다.

[AI 도입 전 필수 준비 사항]

준비 영역	핵심 내용	구체적 방법
계약 템플릿 정비	표준 계약서 조항별 목적과 허용 범위 문서화	손해배상: '직접 손해 허용, 간접 손해 제외' 등 기준 명시
위험 조항 분류	문제 조항 유형별 분류 및 대응 방안 구축	무제한 배상, 자동 갱신, 단독 해지권 등 위험 조항별 수정 예문 준비
AI 활용 가이드	AI 결과물 활용 기준 설정	그대로 사용 가능한 경우 vs 수정 필수 경우 구분
업무 우선순위	AI 적용 순서 결정	반복성 높은 업무(계약 초안, 보고서 요약) → 고난도 업무순
단계적 확산	파일럿 → 정식 도입 체계	제한 업무 테스트 → 정확도·보안성 검증 → 확대 적용

2) 보안 우선 - 내부 정보 보호 설계

법무팀이 다루는 정보는 대부분 기업의 핵심 기밀이다. 계약서, 분쟁 대응 자료, 내부 전략 문서 등이 외부로 유출될 경우 막대한 손실이 발생할 수 있다. 따라서 AI 도입에서 가장 우선적으로 고려해야 할 것은 보안 설계다.

> **[핵심 보안 체크포인트]**
> - 데이터 흐름 통제: 문서가 외부 서버를 거치지 않고 내부에서만 처리되는 구조인가?
> - 접근 권한 관리: 누가 어떤 문서를 AI에 입력했는지 추적할 수 있는 로그 시스템이 있는가?
> - 자동 마스킹: 개인정보나 중요 계약 조건을 자동으로 식별하고 보호하는 기능이 있는가?
> - 데이터 보존 정책: AI 처리 후 데이터가 어떻게 저장되고 삭제되는지 명확한 정책이 있는가?

보안 설계는 법무팀의 업무를 보호하는 차원을 넘어, 조직 전반의 컴플라이언스 대응 체계와도 밀접하게 연결된다. 특히 GDPR[16]과 같은 해외 데이터 규제를 함께 적용받는 경우, AI 도입 초기 단계부터 보다 정교한 법적 검토가 필요하다.

3) 맞춤형 모델의 필요성

범용 AI 모델로는 조직의 고유한 법무 환경을 제대로 반영하기 어렵다. 각 조직마다 계약서 양식, 리스크 기준, 용어 사용, 의사결정 과정이 다르기 때

---

[16] GDPR(General Data Protection Regulation)은 유럽연합(EU)의 일반 개인정보 보호 규정으로, EU 시민의 개인정보를 처리하는 모든 기업과 조직에 적용된다.

문에 조직 특화형 AI 모델이 필요하다.

　핵심은 조직 내부 데이터를 기반으로 지속적으로 학습할 수 있는 커스터마이징이다. 단순 GPT 활용이 아닌, '우리 조직 기준'을 반영한 언어 모델을 구축해야 한다. 이를 통해 일반적인 법률 답변이 아닌, 회사의 과거 판단과 리스크 기준에 기반한 실제적인 조언을 생성할 수 있다.

[조직 맞춤형 모델 구축 전략]

구성 요소	목적	구체적 방법
조직 맞춤형 학습	내부 기준 반영	계약서, 검토 의견, 분쟁 자료 기반 학습
실시간 정보 연결(RAG)	근거 기반 조언	과거 사례, 정책 문서 실시간 연결
업무별 특화 모델	성능 최적화	계약 검토, 리스크 보고, 법령 추적 등 업무별 모델
기존 시스템 연동	워크플로 통합	전자결재, 문서 관리 시스템과 자연스러운 연결
지속적 개선	모델 진화	법무팀 피드백 반영한 모델 업데이트

　맞춤형 AI는 단순한 자동화 도구가 아닌, 조직 문맥을 읽는 법률 어드바이저로 진화한다. 축적된 데이터는 조직의 법무 기준을 디지털 자산으로 전환하며, 반복 업무를 줄이고 전략 업무에 집중할 수 있는 기반이 된다.

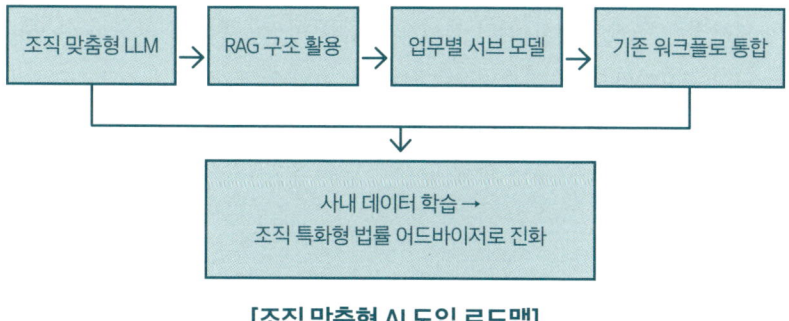

[조직 맞춤형 AI 도입 로드맵]

4) AI 정확성·신뢰성 검증 포인트

AI의 가장 큰 장점은 폭넓은 응답 가능성과 빠른 처리 속도지만, 이는 정확성과 신뢰성을 희생하는 방식으로 작동할 위험이 있다. 특히 '할루시네이션(hallucination)'이라고 불리는 현상 즉, AI가 실제 존재하지 않는 정보를 매우 그럴듯하게 만들어내는 오류는 법무 분야에서는 치명적인 문제가 될 수 있다. 따라서 AI를 법무에 도입할 경우, 다음과 같은 검증 체계를 반드시 병행해야 한다.

[필수 검증 체계]

검증 영역	목적	구체적 방법
근거 제시 의무화	할루시네이션 원천 차단	응답 시 출처 표시 의무, 근거 없음 경고 시스템
인간 검토 단계	최종 책임 체계 구축	AI 초안 → 법무 담당자 검토 → 승인 절차 필수화
품질 모니터링	응답 품질 정기 점검	계약서 조항별 정답지, 판례 요약 정확도 평가
신뢰도 표시	응답 신뢰성 판단 지원	신뢰도 수치, 불확실성 태그 함께 제공

검증되지 않은 AI는 업무 효율을 높이기보다 오히려 조직의 법적 리스크를 증폭시키는 요인이 될 수 있다. 초기 도입 단계에서는 반드시 "AI가 제시한 응답을 사람이 검증한다."는 원칙을 고수해야 하며, 궁극적으로는 AI가 조직의 의사결정 구조 안에서 '의견 제시자' 역할을 하도록 위치를 명확히 설정하는 것이 중요하다. 신뢰할 수 있는 AI는 법무팀의 연장선에 있는 보조 도구이지만, 신뢰할 수 없는 AI는 새로운 리스크 발생 장치가 될 수 있다는 점을 항상 유념해야 한다.

6-2. AI 업무 배치 설계
: 어디에 어떻게 위치시킬 것인가

AI는 모든 업무를 자동으로 처리해 주는 만능 도구가 아니다. 오히려 반복 구조와 정형화된 흐름이 있는 작업에서 가장 뛰어난 성능을 발휘한다. 따라서 법무 업무에 AI를 효과적으로 적용하려면, 전체 업무 흐름 속에서 어떤 단계에, 어떤 방식으로 AI가 협업할지에 대한 '위치 설계'가 선행되어야 한다.

1) 반복성과 구조화를 기준으로 AI 친화적 업무 선별

AI를 효과적으로 활용하기 위해서는, 법무 업무 전체를 하나의 흐름으로 바라보고 그 안에서 '기계가 처리할 수 있는 반복 구조'와 '사람이 개입해야 하는 해석 지점'을 명확히 분리해야 한다.

[AI가 잘 작동하는 업무 영역의 특징]
- 반복적이고 규칙 기반인 업무: 결과물이 일정한 형태로 반복되며, 입력 기준이 비교적 명확할수록 AI가 잘 작동한다.
- 정형 데이터를 기반으로 정보 추출이 가능한 업무: 법령·사내 규정 등 고정된 자료에서 특정 정보를 추출하는 작업은 AI의 강점이다.
- 이력 기반의 유사성 분석이 필요한 업무: 이전 사례와의 비교 기반 판단은 AI의 검색·분류 능력을 활용하기 좋다.
- 문서화가 빈번하고 기록이 중요한 업무: 커뮤니케이션을 위한 구조화 문서 작성은 AI가 초안을 만들고 사람이 다듬는 방식이 이상적이다.

어디에 AI를 배치할지 결정하는 일은 '어떤 지점을 자동화할 수 있는가'보다 '어떤 지점은 자동화해서는 안 되는가'를 구분하는 것이다.

2) 사전 단계와 사후 단계의 구분

'사전'과 '사후'라는 구분은 AI가 인간의 의사결정을 보조하는 방식이 어떻게 달라지는지를 보여주는 전략적 구획이다. 업무 흐름 전체를 사전/사후 구분을 바탕으로 조망하면, AI를 삽입할 수 있는 포인트가 보다 구체적으로 보이기 시작한다.

· 사전 단계에서의 AI - 정보를 정리하고 방향을 제시하는 역할

이 단계의 핵심은 '초안'과 '탐색'이다. AI는 방대한 정보를 빠르게 정리하고, 실무자가 판단할 수 있는 기반을 만들어준다. 계약서 위험 조항 자동 태깅, 의견서 초안 작성, 이슈 발생 후 정보 수집 및 정리, 사내 가이드라인 기반 질의응답 등이 가능하다.

· 사후 단계에서의 AI - 흐름을 기록하고 조직의 자산으로 남기는 역할

사후 단계의 핵심은 '정리'와 '축적'이다. 이미 결정된 이슈를 요약하고, 다음 업무나 보고로 이어질 수 있도록 문서화하는 것이 중요하다. 이슈 종료 후 브리핑 문서 작성, 정기적인 리스크 리포트 자동화, 의사결정 히스토리 기록 및 정리 등이 해당된다.

> **[핵심 정리]**
> AI는 업무 위치에 따라 다른 역할을 수행한다.
> 업무 전에는 AI가 "무엇을 할 수 있는가"를 보여주고,
> 업무 후에는 AI가 "무엇을 했는가"를 정리해 준다.
> 그 사이, 중요한 판단은 여전히 사람이 맡는다.

3) 위치별 기능 설계 예시

AI는 조직의 '중심'이 아니라, 업무 흐름 속 적절한 위치에 배치된 도구로 설계되어야 한다. 어떤 지점에서 어떤 방식으로 개입하느냐에 따라 성과는 크게 달라진다.

[업무 단계별 AI 활용 방안]

- **기안 단계** - AI가 초안을 작성하고 사람은 메시지를 다듬는다.
  계약 초안 작성, 자주 쓰이는 문구 자동 완성, 유사 문서 사례 추천
- **검토 단계** - 반복 확인 작업은 AI가, 최종 판단은 사람이 담당한다.
  유사 사례 기반 리스크 포인트 표시, 관련 판례·사내 기준 요약 제공
- **협상 단계** - 변경점 추적과 비교 분석에 특화된다.
  수정 문서 분석, 과거 협상 사례와 비교, 위험한 표현 하이라이트
- **보고 단계** - 요약과 정량 정보 첨부로 설득력을 강화한다.
  리스크 요약, 개선 포인트 정리, 정량적 수치나 유사 사례 첨부
- **사후 기록 단계** - 반복적 정리 업무로 지식 자산화를 촉진한다.
  교육자료 작성, 감사 대응용 정리, 법령 개정 사항 요약

이러한 구조 설계의 핵심은 단순 도입이 아니라, '어디서 AI를 쓰고 어디서 사람이 판단할 것인가'를 명확히 나누는 기준 설정에 있다. AI 1차 작성 → 사람의 판단 보완이라는 하이브리드 협업 모델을 전사적으로 정착시키고, 업무별 가이드라인을 마련해야 한다.

AI는 설계된 도구일 뿐이며, 법무팀은 기술의 위치를 설계하고 책임 구조를 정의하는 역할을 수행해야 한다. 이것이 진정한 의미의 AI 협업이다.

6-3. 실전 적용 사례 : 위험 조기 감지 시스템 구축

1) 분쟁 전조를 파악하는 데이터 기반 분석

AI를 법무 업무에 도입할 때, 가장 큰 잠재적 가치 중 하나는 '리스크를 사후 대응하는 것'이 아니라 '리스크를 사전에 감지하고 예측하는 것'이다. 특히 사내 법무팀은 계약, 클레임, 분쟁, 민원, 감사 대응 등 다양한 이슈의 최전선에 있으며, 이 모든 이슈는 사전에 징후가 나타나는 경우가 많다. 하지만 지금까지는 그 징후를 사람이 눈으로 파악하거나, 사건이 발생한 이후에야 대응을 시작하는 경우가 대부분이었다.

AI는 과거 데이터를 기반으로 특정 사건이나 분쟁의 전조 징후를 감지할 수 있다. 단순 반복 검색이 아니라, 내부 데이터 흐름을 분석해 신호를 감지하는 기능으로서 다음과 같은 데이터를 활용할 수 있다.

- 계약 변경 이력의 빈도나 특정 키워드 등장 패턴
  계약 초안부터 최종본까지 수차례 수정된 문서에서 반복적으로 등장하는 위험 표현, 예컨대 '정산 조정', '불가항력', '귀책 불문' 등의 키워드가 증가하고 있다면 위험 신호일 수 있다.
- 거래처별 분쟁 빈도와 클레임 유형, 클레임 발생 소요 시간 평균
  특정 거래처에서 반복적으로 클레임이 발생하거나, 클레임 처리 소요 시간이 길어지고 있다면 그 거래처는 향후 분쟁 리스크가 높은 상대일 수 있다. 이를 통해 거래처 리스크 스코어링도 가능하다.
- 사내 메일/보고 문서에서의 리스크 표현 분석
  최근 메일에서 '지연', '문제', '책임 소재', '사전 협의 없이 변경' 등의 표현이 자주 등장한다면, 프로젝트 내 갈등 요소가 높아지고 있다는 의미다. AI는 메일 및 회의록 내 표현 빈도를 기반으로 이상 신호를 감지할 수 있다.

- 프로젝트별 리스크 발생 히스토리와 구조적 유사성 분석
  과거에 분쟁이 발생했던 프로젝트와 유사한 조건(외주 비중, 공급자 변경 횟수, 계약 기간 변경 이력 등)을 가진 신규 프로젝트는 사전 리스크 모니터링 대상으로 설정할 수 있다.

예를 들어 "납품 지연 가능성", "추가 비용 발생 가능성" 같은 표현이 반복적으로 등장하거나, 결재 지연이 유독 잦은 프로젝트는 AI가 자동 감지해 '주의 알림'을 생성하도록 설정할 수 있다. 이러한 신호는 단순 예측에서 끝나는 것이 아니라, 실제로 조직의 대응 우선순위를 조정하고, 법무 리소스를 선제적으로 배분하는 전략적 기반이 된다.

위험 조기 감지 시스템을 도입하면 다음과 같은 효과를 기대할 수 있다.

(1) 선제적 대응 체계 구축
리스크가 수면 위로 드러나기 전에 탐지함으로써, 계약 조건 조정, 클레임 사전 협의, 이슈 보고 체계 강화 등의 조치를 취할 수 있다.

(2) 리스크 기반 자원 배분
모든 프로젝트를 동일하게 대응하는 것이 아니라, 리스크가 높은 구간에 집중적으로 리소스를 배치할 수 있어 업무 효율성이 높아진다.

(3) 데이터 기반 커뮤니케이션 강화
단순한 감(感)이 아닌, 정량 데이터 기반이 보고 및 설득이 가능해지며, 법무팀이 단순 지원 조직에서 리스크 인텔리전스를 제공하는 전략 파트너로 포지셔닝할 수 있다.

이러한 시스템은 단순히 기술의 문제가 아니다. 데이터 축적 체계, 업무 흐

름의 정형화, 사내 용어 통일 등 기초 인프라가 갖춰져 있어야 효과를 발휘할 수 있다. 따라서 위험 조기 감지 시스템은 AI 기술 자체보다, 이를 가능하게 만드는 업무 구조와 데이터 생태계 설계가 먼저라는 점을 기억해야 한다.

2) 내부 민원과 리스크 통합 보기

법무팀은 단순한 계약 검토 부서가 아니라, 조직 내 다양한 리스크 신호가 모이는 허브다. 각 부서에서 들어오는 내부 문의, 법무 요청 티켓, 클레임 보고, 컴플라이언스 이슈 등은 단편적인 사건처럼 보이지만, AI가 이 데이터를 통합적으로 분석하면 리스크의 '패턴'과 '구조'를 파악할 수 있다. 이는 개별 요청을 넘어서 조직의 시스템 오류, 정책 미비, 특정 부서의 반복적 실수 등을 식별하는 데 큰 도움이 된다.

· 특정 사업부의 반복 민원 유형 분석

AI는 동일한 부서에서 반복적으로 유사한 법무 문의가 들어오는 패턴을 분석할 수 있다. 예를 들어 A부서에서 매달 '지연 배상 책임 조항' 관련 문의가 지속된다면, 이는 그 부서의 업무 구조나 계약 템플릿에 문제가 있음을 의미할 수 있다. 이러한 분석 결과는 해당 부서의 계약 템플릿을 개선하거나, 반복 이슈에 대한 사내 프로세스를 매뉴얼화하는 근거가 된다.

· 특정 유형의 클레임이 반복 발생하는 계약 식별

유사한 분쟁이나 클레임이 반복적으로 발생하는 계약 유형은, 표준조항 자체의 문제가 있을 가능성이 높다. 예컨대 B사와의 계약에서 매번 대금 지급 지연이나 정산 조항 해석 이슈가 발생한다면, 그 계약서의 해당 조항은 구조적 개선이 필요하다는 신호로 해석할 수 있다.

· 다양한 부서의 리스크 데이터를 통합 분석

법무팀뿐 아니라, 준법 감시, 인사, 운영팀 등에서도 리스크와 관련된 데이터를 수집하고 있다. 이들을 AI가 통합 분석하면, 기존에는 파편적으로만 보이던 조직 내 리스크 사각지대를 명확히 드러낼 수 있다. 예를 들어, 인사팀에서 계속되는 성희롱 민원이 있고, 동시에 법무팀에는 관련 계약 해지 문의가 빈발한다면, 이 두 데이터를 연결해 더 큰 구조적 이슈를 파악할 수 있다.

· 법무 요청 티켓 시스템 분석

AI는 사내 법무 요청 시스템에서 수집된 데이터를 바탕으로, 특정 시기나 특정 유형의 요청이 급증하는 경향을 포착할 수 있다. 예컨대 회계 마감 시즌마다 NDA 요청이 급증하거나, 특정 프로젝트 시작 시 특정 리스크 관련 자문이 반복된다면, 그 타이밍에 맞춘 사전 교육이나 리스크 안내 자료를 배포하는 등 전략적 사전 대응이 가능해진다.

이러한 분석 결과는 단지 내부 공유에 그치지 않고, 정기적인 리스크 인텔리전스 리포트 형태로 경영층에 보고될 수 있다. 이는 법무팀이 단순 대응 조직을 넘어, 조직 전체의 리스크 컨설팅 기능을 수행하는 데 결정적인 역할을 한다. 또한 이 같은 분석 기반 보고는 법무의 존재 가치를 수치와 구조로 설명할 수 있게 해주며, 경영진의 신뢰를 얻는 데 중요한 수단이 된다.

나아가 이러한 통합 분석은 조직 내 '예방 중심의 리스크 관리 문화'를 조성하는 데 기초가 된다. 리스크는 항상 발생 후가 아니라, 발생 '이전'에 존재한다. AI는 이 전조를 식별하고, 법무팀은 그것을 경영 언어로 해석해 리더십에 전달할 수 있어야 한다. 이때 중요한 것은 단순히 데이터를 수집하는 것이 아니라, 각 데이터를 업무 흐름과 연계해 '해석 가능한 구조'로 통합하는 역량이다. 이것이야말로 AI 시대 법무팀의 핵심 역량이자, 사내 전략 조직으로 진화하는 관문이 될 것이다.

6-4. 사내 AI 활용 가이드라인 구축

1) Prompt Guide for Legal

AI 도구의 활용도는 결국 '프롬프트(prompt)를 얼마나 정교하게 다루는가'에 따라 결정된다. 특히 법무 업무는 업무 목적과 맥락, 문서 구조에 따라 원하는 결과물이 매우 다양하고 복잡하기 때문에, 단순한 질문 방식으로는 AI의 성능을 끌어올리기 어렵다. 이에 따라 사내 법무팀 전용의 'Prompt Guide'를 체계적으로 구축하는 것이 필수적이다. 이 가이드는 단순한 사용법 매뉴얼이 아니라, 팀 전체의 AI 협업 문화를 결정하는 핵심 프레임워크로 기능한다.

· 업무 목적 구분

먼저 프롬프트는 사용 목적에 따라 구분되어야 한다. 예를 들어 계약 초안 작성, 계약 리스크 요약, 회신 초안 생성, 사내 보고서 자동화, 유사 판례 검색 등 업무 유형별로 프롬프트 목적을 명확히 정의해야 한다. 목적이 명확하지 않으면 AI의 응답도 흐릿해지고, 오히려 사후 보정에 더 많은 시간이 소요된다.

· 입력할 내용 설계 가이드

프롬프트를 설계할 때 어떤 정보를 AI에게 제공해야 하는지도 매우 중요하다. 계약 초안 작성이라면 기존 템플릿 문장, 회사 고유의 리스크 기준, 선호 문체 등을 정리해 함께 입력해야 하며, 분쟁 보고 요약이라면 사건 개요, 관계자 이름, 진행 상황 요약 등이 포함되어야 한다. 이처럼 입력 정보의 구조화가 AI 응답의 품질을 좌우한다.

· 기대 응답 형태 지정

AI에게 원하는 응답 형식을 명확히 지정하는 것도 핵심이다. 리스트 형태, 단락별 요약, 테이블, SWOT 분석, 시나리오 비교표 등 다양한 형식 중에서 상황에 맞는 출력을 미리 정해두면 AI가 더 정밀한 결과를 제시할 수 있다.

· 참고 예시와 금지 프롬프트 병기

잘 구성된 프롬프트 예시와 함께, 피해야 할 부적절한 프롬프트 예시도 함께 제시해야 한다. 예를 들어 "이 계약이 괜찮은가요?" 같은 모호한 프롬프트는 지양하고, "이 계약의 7조 손해배상 조항에서 '귀책 불문 배상' 문구가 리스크인 이유와 대안 문안 2가지 제안"처럼 구체적이고 제한된 질문 구조를 권장해야 한다.

· 검토 책임 연계 구조 설계

프롬프트 결과는 곧 문서의 초안이 되며, 이 결과물을 누가 어떻게 검토하고 최종 승인할 것인지의 책임 구조도 함께 설계되어야 한다. 프롬프트 → 결과물 생성 → 내부 검토자 확인 → 저장 및 전파의 순환 구조를 매뉴얼화하고, 문서 검토 이력을 로그로 남길 수 있는 체계를 병행해야 한다.

· 용도별 프롬프트 매트릭스 구성

단순 보고서 요약, 이메일 회신 초안, 정기 리스크 리포트, 계약 조항 비교, 법령 검색 결과 요약 등 용도별로 표준 프롬프트 템플릿을 구성한 매트릭스를 사내에서 공유한다면, AI를 처음 사용하는 실무자도 빠르게 실전에 투입할 수 있다. 각 프롬프트에는 용도, 입력 예시, 기대 출력, 주의 사항이 함께 표기되어야 한다.

· 자체화 및 업데이트 관리

프롬프트 가이드는 단발성 문서가 아니라, 살아 있는 지식 자산이다. 사내에서 새로운 업무 유형이 생기거나, AI 모델이 개선될 경우 이에 따라 프롬프트도 주기적으로 보완되어야 한다. 이를 위해 AI 활용 담당자 혹은 리걸옵스 전담자가 정기적으로 프롬프트 효과성 리뷰 및 업데이트를 수행할 수 있어야 한다.

Prompt Guide는 단순히 '어떻게 물어보는가'의 가이드를 넘어서, 사내 AI 활용 문화의 수준을 정의하는 기준이 된다. 특히 법무팀이 중심이 되어 이를 선도할 경우, AI 활용의 품질뿐 아니라, 조직 전체의 업무 구조화 수준도 함께 높아질 수 있다. 결국 프롬프트 설계 능력은 디지털 시대의 새로운 법률 커뮤니케이션 역량이며, 법무팀의 지식이 AI를 통해 재현될 수 있도록 만드는 핵심 도구다.

2) 사용 목적에 맞는 프롬프트 예시

AI를 법무 업무에 실질적으로 활용하기 위해서는, 반복되는 사용 목적에 따라 표준화된 프롬프트 예시를 구축해 두는 것이 매우 효과적이다. 이러한 템플릿을 미리 정형화하면 누구나 AI를 빠르게 실전에 투입할 수 있고, 결과물의 품질도 일정하게 유지된다. 특히 사내에서 자주 발생하는 실무 시나리오에 최적화된 프롬프트는 AI 협업의 문턱을 낮춰 주며, 조직 전반의 AI 적응도를 크게 끌어올릴 수 있다.

다음은 실무에서 자주 활용할 수 있는 프롬프트 예시들이다.

[법무 업무용 프롬프트 예시]

계약 검토용

- "이 계약서에서 손해배상 관련 위험이 있는 조항을 3가지 추출하고 그 이유를 설명해 줘."
- "해당 계약서의 '귀책 불문 해지 조항'이 어떤 리스크를 포함하는지 2가지 관점에서 설명해 줘."
- "이 계약이 회사의 기본 가이드라인과 얼마나 일치하는지 평가해 줘. 항목별로 분석 결과를 알려 줘."

문서 작성용
- "다음 이메일 스레드를 요약하고, 핵심 쟁점 2개를 정리해 줘."
- "이 분쟁 관련 회신안을 3문단으로 써줘. 문체는 격식 있고 간결하게."
- "표준 NDA 문서를 기반으로, 이번 거래 조건에 맞는 수정 초안을 생성해 줘."

분석 및 보고용
- "이슈 요약과 주요 법적 포인트를 이해관계자에게 설명할 수 있는 언어로 바꿔 줘."
- "사내 보고서에 포함될 수 있도록 다음 리스크를 표 형태로 정리해 줘."
- "다음 분쟁 사례를 기반으로 유사 판례 2건을 요약하고, 자사에 유리한 논거를 구성해 줘."

외부 커뮤니케이션용
- "법률 자문 요청 메일 초안을 작성해 줘. 받는 사람은 외부 로펌이고, 논점은 계약 해지 사유다."

이러한 예시들은 업무 시나리오에 따라 구분하여 템플릿 형태로 배포할 수 있으며, 예를 들어 다음과 같이 카테고리화할 수 있다.

- 계약 검토: 조항 분석, 리스크 감지, 표준 문안 대체
- 리포트/요약: 이슈 정리, 핵심 쟁점 도출, 표/테이블 생성
- 회신/메일 초안: 외부 회신 문안, 자문 요청, 내부 커뮤니케이션
- 비교/분석: 계약 간 비교, 회사 가이드라인과의 정합성 검토
- 판례/법령 리서지: 유사 판례 요약, 법령 변화 요약, 조항별 비교

프롬프트 예시는 단지 편의를 위한 것이 아니라, 조직 내에서 AI를 활용하는 기준이 되는 '작업 명세서' 역할을 한다. 이러한 템플릿이 축적되고 활용될

수록 결과물의 재사용성과 신뢰도가 높아지고, AI가 만든 문서도 검토 및 승인 과정을 통해 더 빠르게 실무에 반영될 수 있다.

특히 Onboarding 매뉴얼에 포함시키면 신입 구성원도 빠르게 AI 기반 업무 방식에 적응할 수 있으며, 교육 비용을 절감하고 조직 전체의 AI 활용 역량을 균일하게 끌어올릴 수 있다. 결과적으로, 프롬프트 예시의 정형화는 단순한 효율 개선을 넘어서 법무팀의 업무 품질을 지식 자산으로 전환하는 시작점이 된다.

3) 실제 적용 방식: 템플릿 기반 AI 협업 시스템 구성

사내 AI 협업 시스템을 실제로 적용하기 위해서는 프롬프트 템플릿 구성, 입력 환경 구축, 결과물 처리 및 검토 프로세스, 기술 스택 선정까지 고려한 실행 전략이 필요하다. 아래는 이를 구체화한 실제 적용 방식이다.

(1) 프롬프트 템플릿 등록 및 관리
- 법무팀은 반복되는 계약 검토, 리스크 요약, 보고서 작성 등의 업무별로 프롬프트 템플릿을 사전에 설계한다.
- 각 템플릿은 업무 목적, 입력 정보 예시, 기대 출력 결과, 주의 사항, 응답 형식 설정을 포함한다.
- 이 템플릿은 사내 위키 또는 GPT 기반 프롬프트 포털 시스템에 등록되어야 하며, 구성원 누구나 검색 및 복사하여 활용할 수 있도록 한다.

(2) 사용 환경 및 AI 기술 도입 구조
- 외부 GPT 툴을 활용하는 경우: ChatGPT, Claude 등 SaaS 기반 툴에서 템플릿 복사 → 결과 복붙 → 사내 문서화
- 사내 구축형 시스템: 내부 서버에 GPT API 또는 프라이빗 LLM을 연동한 자체 챗봇 시스템 (ex. Azure OpenAI, 프롬프트 탑재형 Notion,

GPT 기반 전자결재 플러그인 등)
- 보안을 고려할 경우 사내망 기반 RAG(Retrieval-Augmented Generation) 구조를 활용해 민감 데이터를 외부 전송 없이 처리하는 방식이 효과적이다.

(3) 결과물 검토 및 승인 프로세스
- 1차 생성자는 프롬프트 결과를 문서 초안으로 저장하고, 해당 업무의 담당 검토자에게 전달한다.
- 검토자는 리스크 평가, 문체 보정, 조직 기준 충족 여부 등을 확인하고 승인한다.
- 승인된 결과물은 문서관리시스템(DMS)에 버전 관리되어 저장되며, 재활용 가능한 지식 자산으로 전환된다.

(4) 이력 관리 및 품질 피드백 루프
- 프롬프트 사용 로그는 자동 저장되며, 분기별로 리뷰를 실시해 품질이 낮았던 프롬프트나 AI 오답률이 높은 유형을 추적한다.
- 실사용자의 피드백을 수집하여 템플릿을 지속적으로 보완하고, 신규 업무 유형에 맞는 템플릿을 추가 구성한다.

이처럼 사내 AI 협업 시스템은 단순히 도구를 제공하는 차원이 아니라, 프롬프트 관리 체계와 기술 인프라, 결과 검토 책임 구조가 함께 작동할 때 효과를 발휘한다. AI는 질문만으로 결과를 줄 수 있는 존재가 아니라, 명확한 입력과 일관된 운영 체계가 뒷받침되어야 실무에 안전하게 활용할 수 있다. 따라서 구축 이후에도 지속적인 모니터링과 책임 체계 강화가 병행되어야 하며, 관리 주체(리걸옵스, AI 운영팀 등)를 명확히 설정하는 것이 핵심이다.

4) 운영 체계 및 지속적 개선

AI 협업 가이드는 단발성 문서가 아닌, 조직의 변화와 업무 진화에 따라 지속적으로 개선·보완되어야 하는 실시간 업무 자산이다. 따라서 이를 안정적이고 체계적으로 유지하기 위한 운영 구조를 명확히 해야 한다. 다음과 같은 체계를 갖추는 것이 바람직하다.

- **가이드 소유 부서/관리자 지정**
  문서의 일관성과 책임 있는 운영을 위해 법무팀 또는 리걸옵스 담당자가 소유권을 가지며, 각 부서 실무자와 협력하여 신규 템플릿 요청, 프롬프트 검수, 오류 수정 등을 조율한다.
- **정기 업데이트 주기**
  단순한 연례 점검이 아닌, 분기 1회 이상 정례 리뷰를 통해 주요 변경 사항(예: 업무 프로세스 변경, AI 모델 버전 업데이트 등)을 반영하고, 필요시 특정 업무 라인 중심의 긴급 보완도 병행한다.
- **피드백 루프 운영**
  템플릿 활용 후 사용자에게 간단한 만족도 조사 또는 기능 오류 피드백을 받는 구조를 마련하고, 수렴된 의견은 분기별 품질 관리 회의에서 반영 여부를 판단한다. 프롬프트 예시와 결과물 간 괴리가 발생한 유형은 별도 추적 관리하여 오류를 줄인다.
- **온보딩 반영 및 실시간 교육 자료화**
  가이드라인은 단순히 문서에 머무르지 않고, 신입 구성원이 입사 즉시 AI 업무에 자연스럽게 익숙해질 수 있도록 온보딩 커리큘럼에 통합해야 한다. 또한 GPT 활용 사례, 잘된 프롬프트 예시, FAQ를 지속적으로 갱신하여 업무 현장에서 바로 찾을 수 있도록 사내 위키나 Notion 형태로 상시 제공한다.

이러한 운영 체계를 통해 AI 협업은 단순한 단기 효율화 수단을 넘어서, 법무팀이 선도하는 조직 차원의 전략적 역량으로 자리 잡게 된다. 결국 프롬프트는 '기술을 활용하는 방식'의 축적이며, 그 구조화된 노력이야말로 AI를 단순한 도구가 아닌 실질적 파트너로 만드는 출발점이 된다.

※ 이 가이드라인에 기반한 실제 프롬프트 템플릿과 사용 예시는 별도 부록에 정리함.

PART 3

업무 구조를 재설계하다

7장
도구가 아닌 구조를 설계한다

AI가 계약 초안 작성, 판례 검색, 정형화된 회신 등 다양한 반복 업무를 대신 처리할 수 있게 되었다. 하지만 많은 법무팀이 AI 도입을 통해 업무 효율성을 높이려 시도했음에도 불구하고, 결과는 예상과 다른 경우가 많다. 계약서 검토용 AI를 도입했지만 여전히 검토 시간이 줄지 않고, 자동화 시스템을 구축했지만 오히려 더 많은 예외 상황이 발생하며, 생성형 AI로 초안을 작성해도 결국 처음부터 다시 써야 하는 상황이 반복된다.

이는 AI 기술 자체의 한계 때문이 아니라, AI가 작동할 수 있는 '구조'가 준비되지 않았기 때문이다. AI는 개별 업무는 대신해 줄 수 있지만, 업무가 발생하는 구조적 문제까지 해결해 주지는 않는다. 비정형 요청, 일관되지 않는 기준, 축적되지 않는 지식 등 조직 차원의 구조적 문제가 그대로 남아 있다면, AI는 이러한 혼란을 더 빠르게 반복할 뿐이다.

AI는 정형화된 입력과 명확한 기준이 있을 때 가장 효과적으로 작동한다. 그런데 현재 대부분의 법무팀에서는 업무 요청이 "이거 한번 봐주세요." 수준의 비정형적 메시지로 전달되고, 동일한 업무라도 작성자마다 문서 구조와 판단 기준이 달라 일관성이 없으며, 처리 결과가 체계적으로 축적되지 않아 AI가 학습할 수 있는 데이터가 부족한 상황이다. 이런 환경에서 아무리 뛰어난 AI를 도입해도 기존의 혼란을 더 빠르게 순환시킬 뿐이다.

이 장에서는 AI 도입에 앞서 반드시 선행되어야 할 업무 구조화 방법을 다룬다. 업무를 AI가 이해할 수 있는 단위로 분해하고, 요청과 결과물을 표준화하며, 판단 기준을 명확히 하는 4가지 설계 원칙을 제시하고, 나아가 AI가 반복 업무를 대신 처리하게 될 때 사내변호사의 역할을 어떻게 재정의해야 하는지 구체적인 실행 전략을 제시한다.

7-1. 현재 상황 진단: AI를 써도 효율이 오르지 않는 이유

1) 비정형 요청이 만드는 악순환

AI가 개별 작업은 빠르게 처리해 줄 수 있지만, 사내 법무팀이 받는 업무 요청 자체가 비정형적이라면 결국 같은 문제가 반복된다. 메신저, 이메일, 전화 등으로 전달되는 요청은 형식도 없고, 필요한 배경 설명도 없이 핵심만 언급된 채 전달되는 경우가 많다. "이거 한번 봐주세요." 수준의 요청이 허다하며, 이러한 요청은 AI 처리에 앞서 '다시 정리하는 데' 많은 시간이 들고, 결국 사람 중심의 맥락 파악과 선별이 계속해서 발생한다.

[비정형 요청의 구조적 원인]

문제 영역	현재 상황	결과
요청 양식 부재	어떤 정보를 어떤 순서로 전달할지 기준 없음	계약 검토 시 거래 상대방·목적·파일·마감일 등이 파편적 전달
업무 목적 불명확	내부 참고용 vs 외부 회신용 vs 경영진 보고용 구분 안 됨	판단 기준 혼재로 사후 보정 반복, 불필요한 재작업 발생
커뮤니케이션 단편성	메신저 중심 빠른 소통으로 맥락 분리	업무 전체 흐름 파악 불가, '빠진 정보' 재확인 반복

핵심: 이 비정형성은 단순한 '불친절함'이나 '소통 부족'이 아니라 기업 내부 커뮤니케이션의 구조적 특징에서 비롯된다.

2) 문서 혼재가 불러오는 비효율

AI는 문서 패턴을 인식하고 비교하는 데 강력하지만, 그 전제는 입력 데이터의 일관성과 구조화. 기업 내에서 사용되는 계약서, 회신안, 의견서 등의 법무 문서는 작성자마다 스타일, 용어, 문단 구성이 다르기 때문에 AI가 인식하고 학습하기 어려운 대표적 비정형 데이터다.

계약서의 구조적 불일치가 대표적 문제다. 같은 계약서라도 조항 번호나 순서, 제목, 정의 조항의 위치가 일관되지 않는다. A계약서는 제10조에 손해배상 조항이 있지만, B계약서는 제18조에 존재하거나 부속 문서로 별도 구성되기도 한다. 동일한 개념이 계약서마다 '위약금', '지체 상금', '손해배상' 등으로 혼용되며 정의도 일관되지 않아 AI가 동일 개념을 다른 것으로 인식하게 만든다.

의견서나 회신문은 더욱 심각하다. 작성자에 따라 문단 구성, 핵심 주장 제시 순서, 결론 작성 방식이 달라 구조적 패턴이 존재하지 않는다. '귀책 사유가 있는 경우에만 해지 가능하다'는 문장과 '상대방의 중대한 계약 위반이 있을 때에만 해지할 수 있다'는 문장은 사람 눈에는 비슷하지만, AI에겐 전혀 다른 문장이다.

3) 리소스 분산의 근본 원인

앞서 살펴본 비정형 요청과 문서 혼재 문제는 결국 리소스 분산이라는 더 근본적인 문제로 이어진다. 사내 법무팀이 반복적으로 바쁘고 일이 많다고 느끼는 이유는 단순히 인력이 부족해서가 아니라, 업무 요청의 흐름과 조직의 일 처리 방식이 리소스를 흐트러뜨리는 구조를 갖고 있기 때문이다.

업무 우선순위 부재로 인해 대부분의 요청이 '긴급'으로 분류되며, 중요도에 관계없이 동일한 레벨의 주의가 요구된다. 이로 인해 정작 전략적으로 중요한 검토나 리스크 분석은 반복적으로 뒤로 밀리고, 단기적이고 반복적인 대응에 과도한 리소스가 투입된다.

병렬적 요청으로 인해 여러 부서에서 비슷한 성격의 요청이 동시에 들어오지만, 이를 통합하거나 우선순위를 조정할 수 있는 시스템이 없어 실무자가 중복 대응을 하게 된다. 특히 동일 거래처와의 계약, 유사 사안의 자문이 시차를 두고 연속적으로 발생할 때 이 문제가 더 두드러진다.

맵핑되지 않은 업무 흐름 문제도 심각하다. 계약 검토 요청 하나도 실제로는 초안 확인 → 질문 주고받기 → 수정안 작성 → 상대방 전달 → 재협상 후 재검토 → 결재 문서 준비 등 최소 4~5단계를 거치게 된다. 그러나 이러한 흐름은 요청 단계에서 명확히 정의되어 있지 않고, 대부분 실무자의 기억과 책임에만 의존된다.

이러한 구조하에서 AI를 적용하는 것은 사실상 불가능하다. 생성형 AI는 정형화된 입력과 명확한 목표가 있을 때 가장 정확한 응답을 생성한다. 따라서 요청 자체가 AI가 '읽을 수 있는 방식'으로 정리되어야 한다.

7-2. 해결 설계: AI 협업을 위한 4가지 설계 원칙

1) 원칙 1: 업무 단위 분해 - AI가 개입할 수 있는 최소 단위로 나누기

AI를 업무에 효과적으로 적용하기 위한 첫 출발점은, 우리가 수행하는 일들을 'AI가 이해하고 개입할 수 있는 단위'로 나누는 것이다. 단일한 '검토', '보고', '자문'이라는 뭉뚱그린 개념으로 접근하는 것이 아니라, 이 안에 포함된 개별 행위를 쪼개고 정의하는 과정이 필요하다.

예를 들어 '계약 검토' 업무는 다음과 같이 세분화될 수 있다.

- 계약서 업로드 → 조항 자동 분류
- 손해배상 조항에서 리스크 표현 탐지
- 자주 쓰이는 기준 문구와의 비교 분석
- 주요 쟁점 요약 및 대체 문안 제시
- 검토 결과 요약표 자동 생성

이처럼 하나의 업무를 구성하는 여러 단계 중, AI는 '정리 · 추출 · 비교 · 요약' 등 하위 기능에 집중하고, 실무자는 '판단 · 조율 · 설득' 같은 고차원 작업에 집중할 수 있게 된다.

이것이 바로 AI 협업의 첫 원칙이다. 사람이 해야 할 일과 기계가 도와줄 일을 구분하는 것. 이를 위해 조직 차원에서는 다음과 같은 질문을 던지며 업무를 구조화할 필요가 있다.

- 이 업무는 몇 단계로 구성되어 있는가?
- 각 단계에서 판단이 필요한가, 정리가 필요한가?
- 과거에 유사한 업무가 반복되었는가? 어떤 패턴이 있었는가?
- 특정 유형의 업무에서 문서나 커뮤니케이션 형태는 어떻게 달라지는가?

2) 원칙 2: 입출력 정형화 - 요청과 결과물의 표준화

AI가 제대로 작동하기 위해서는 '입력값'과 '출력값' 모두가 명확해야 한다. 업무 요청이 추상적이고 파편적으로 들어오는 현재 구조에서는 AI가 유효한 답변을 생성하기 어렵고, 결과물이 제각각의 형식으로 전달된다면 재사용은 물론이고 AI가 학습할 수 있는 기반도 마련되지 않는다.

요청 정형화 전략

업무 유형별로 요청 양식을 마련하고, 이를 그룹웨어, 티켓 시스템, 슬랙봇 등과 연계하여 자동화한다. 요청 시 반드시 포함되어야 할 정보 항목(문서 파일, 계약 금액, 목적, 요청 기한, 요청 목적)을 정하고, 누락 시 제출되지 않도록 시스템 설정을 강화한다.

특히 요청자가 "외부 전달용", "내부 참고용", "의견 초안용" 중 하나를 선택하도록 하여 AI 또는 실무자가 판단의 기준을 명확히 하게 한다. 요청 양식이 정형화되면, GPT 기반 AI가 자동으로 초안을 생성하거나 과거 유사 사례를 찾아주는 구조를 설계할 수 있다.

산출물 정형화 전략
업무 유형별 산출물 구조를 아래와 같이 고정할 수 있다.

- 계약 검토 결과: 요약표(검토 항목 / 리스크 설명 / 대체 문안 제안 / 의견)
- 분쟁 대응 보고서: 개요 / 사실관계 요약 / 쟁점 / 법적 해석 / 대응 방안
- 사내 회신 초안: 문단 수 제한, 첫 문장은 요약, 두 번째 문단은 근거, 세 번째 문단은 제안 순으로 구성

결과물 출력 방식을 고정화하여 표, 리스트, 시나리오 비교표 등 시각적으로 읽기 쉬운 형식을 활용하고, 서술형 문장은 1~2문단 내로 압축한다. 프롬프트 단계에서 "결과는 표 형태로, 각 항목은 2문장 이내로 작성" 등 출력 구조를 미리 설계한다.

3) 원칙 3: 기준점 명확화 - 판단의 일관성 확보

AI는 데이터를 기반으로 판단하지만, 그 데이터가 무엇을 기준으로 작성되었는지를 모르고선 일관성 있는 응답을 생성할 수 없다. 특히 리스크 해석이 중요한 계약 검토 업무에서는, 조직의 리스크 수용 기준이 반영된 명확한 '기준점'이 있어야 한다.

계약서 템플릿 기준 구조화
계약서를 단일 템플릿으로 운용하지 않고, 리스크 수준에 따라 구분한다.

> #일반형(거래 관계 안정, 표준 조항 중심)
> #중위험형(신규 파트너, 과거 클레임 이력 있음)
> #고위험형(대형 계약, 핵심기술 이전 포함 등)

주요 조항별로 해설 가이드를 포함하여 조항의 목적과 기능, 과거 분쟁 사례에서 이 조항이 쟁점이 되었던 이유, 예외적으로 수정 가능한 범위, 회사의 기본 허용 기준과 협상 한계선을 주석 형태로 포함시킨다.

업무 분류와 태깅 시스템
법무팀이 수행하는 업무를 다음과 같은 태깅 체계로 분류한다.

> · 업무 목적 태그: #검토, #보고, #회신초안, #리스크정리, #계약초안작성
> · 요청 유형 태그: #계약서, #광고문안, #개인정보, #지재권, #하도급, #소송, #준법감시
> · 우선순위 태그: #긴급, #보통, #정기보고용, #백업용
> · 활용 목적 태그: #외부회신, #내부보고, #임원자료, #정기브리핑

4) 원칙 4: 흐름 구조화 - 요청부터 축적까지의 전체 설계

AI를 실무에 제대로 활용하기 위해서는 개별 업무 단위뿐 아니라, 그 업무가 어떻게 요청되고, 어떤 방식으로 처리되며, 어떤 결과로 이어지는지까지

'요청 – 처리 – 보고' 흐름을 전체적으로 설계해야 한다.

업무 흐름 설계의 핵심 원칙

요청 목적에 따른 흐름을 나누어 외부 회신/내부 참고 여부에 따라 검토 방식을 분리한다. 같은 계약 검토 요청이라도 '외부 전달용'과 '내부 참고용'은 구조가 다르다. 요청 단계에서 이를 구분하도록 하고, 그에 맞는 검토 방식과 산출물 포맷을 자동 연결한다.

AI – 사람 협업 흐름을 도식화하여 AI는 요약, 사람은 판단, 각 역할을 시각화한다. AI는 초안과 요약을 생성하고, 사람은 판단과 결론을 내리는 식의 역할 구분이 명확해야 한다. 이 흐름은 시각화하여 팀 전체가 공통 기준을 공유할 수 있도록 한다.

응답 방식을 구조화하여 회신 초안은 항상 '요약 → 근거 → 권고' 순서로, 검토 리포트는 '쟁점 → 해석 → 대안'의 구조로 고정해 둔다. AI가 생성한 결과물도 이 구조에 따라 생성되도록 한다.

[한눈에 보기 - AI 협업을 위한 4가지 설계 원칙 요약]

원칙	핵심 내용	실행 포인트
1원칙 업무 단위 분해	AI가 개입할 수 있는 최소 단위로 업무를 나누기	정리·추출·비교·요약 → AI 담당 판단·조율·설득 → 사람 담당
2원칙 입출력 정형화	요청과 결과물의 표준화로 일관성 확보	업무별 요청 템플릿 구축산출물 구조 통일 (표/문단/순서)
3원칙 기준점 명확화	판단의 일관성을 위한 명확한 기준 설정	리스크 수준별 계약 템플릿업무 분류 태깅 시스템
4원칙 흐름 구조화	요청부터 축적까지 전체 프로세스 설계	목적별 흐름 분기AI-사람 역할 분담 명시

- 핵심 메시지: 구조 없는 AI 도입은 혼란만 가속화한다. 사람과 AI가 협업할 수 있는 명확한 체계를 먼저 설계하라.

7-3. 실행 전략: 단계적 시스템 구축법

앞서 제시한 4가지 설계 원칙을 실제로 조직에 적용하려면, 한 번에 모든 것을 바꾸려 하지 말고 단계적으로 접근해야 한다. 많은 법무팀이 AI 도입에 실패하는 이유는 기존 업무 방식을 정리하지 않은 채 새로운 기술을 덧씌우려 하기 때문이다. 여기서는 혼란을 최소화하면서도 실질적 변화를 만들어낼 수 있는 3단계 구축법을 제시한다.

1) 1단계: 요청-응답 체계 정비

첫 번째 단계에서는 가장 빈번하게 발생하는 업무 요청 3~5가지를 선정하여 정형화 작업을 시작한다. 예를 들어 계약 검토, 회신 초안 작성, 법률 자문 요청 등이 될 수 있다.

각 업무 유형별로 요청 템플릿을 만들고, 필수 입력 항목을 정의한다. 이때 중요한 것은 처음부터 완벽한 시스템을 구축하려 하지 않는 것이다. 가장 자주 반복되는 업무부터 시작하여 점진적으로 확장하는 방식이 효과적이다.

[구체적 실행 체크리스트]
- ☑ 주요 업무 유형 3가지 선정 및 현재 요청 방식 분석
- ☑ 업무별 필수 정보 항목 5~7개 정의
- ☑ 사내 시스템(그룹웨어/슬랙)과 연계한 요청 양식 구축
- ☑ 1개월 시범 운영 후 피드백 수집 및 개선
- ☑ 전체 팀 확산 및 교육

2) 2단계: 문서-지식 축적 시스템

두 번째 단계에서는 생성되는 문서와 판단 결과를 체계적으로 축적할 수 있는 시스템을 구축한다. 이는 단순한 파일 저장이 아니라, AI가 학습하고 재활용할 수 있는 형태의 지식 관리 체계를 의미한다.

지식 축적을 위한 핵심 전략

판단의 축적을 위한 구조화된 기록을 남긴다. 단순 결과물이 아닌, "왜 이런 판단을 했는가."에 대한 맥락이 포함된 기록을 남긴다. 회신 초안에 근거 조항, 판단 기준, 대체 논리 등 부속 설명을 함께 저장한다.

자주 쓰이는 표현, 문장, 대응 논리를 정리한다. 특정 문장을 반복 검색하거나 카피-붙여넣기 한다면, 그것은 사내 표현 자산이다. 이를 정형화하여 카테고리화(예: 손해배상 관련 문구 / 계약 해지 관련 회신 등)하고 AI 프롬프트에 연동한다.

> **[구체적 실행 체크리스트]**
> ☑ 문서 유형별 메타데이터 정의 (작성자/유형/목적/날짜)
> ☑ 자주 사용하는 표현 100개 수집 및 카테고리화
> ☑ DMS 연계 자동 저장 및 검색 시스템 구축
> ☑ 월간 지식 업데이트 프로세스 정의
> ☑ 신규 입사자 온보딩 자료 자동 생성 체계 구축

3) 3단계: 자동화 기반 프로세스 완성

세 번째 단계에서는 앞서 구축한 요청—응답 체계와 지식 축적 시스템을 바탕으로 AI가 실질적으로 업무에 개입할 수 있는 자동화 프로세스를 완성한다.

자동화 기반 프로세스 설계 포인트

자동화 가능한 판단을 명시화한다. 자주 반복되는 문구 추천, 초안 작성 등은 AI가 처리하도록 정의하고, 예외적 판단은 사람이 담당한다. 전체 업무 흐름 중 일정 기준 이상 위험도나 불확실성이 감지된 건만 사람이 검토하도록 필터링한다.

AI가 생성한 초안에 대해 사람이 수정·확정한 이력을 남겨, 후속 학습과 책임 분산이 가능하도록 한다. 리걸옵스나 AI 담당자가 사내 자동화 시스템을 지속적으로 업데이트하고, 프롬프트 및 검토 기준을 보완하는 체계를 갖춘다.

[구체적 실행 체크리스트]
- ☑ AI 1차 필터링 기준 설정 (위험도/복잡도 기준)
- ☑ 사람 개입 필요 상황 정의 및 에스컬레이션 프로세스
- ☑ AI 학습 데이터 주기적 업데이트 프로세스
- ☑ 성과 측정 지표 정의 (처리 시간/정확도/만족도)
- ☑ 지속적 개선을 위한 피드백 루프 구축

7-4. 변화의 완성: 사내변호사의 새로운 정체성

앞서 논의한 4가지 설계 원칙과 3단계 구축법을 통해 업무 구조를 재설계했다면, 이제는 그 구조 위에서 사내변호사의 역할 자체를 재정의해야 할 시점이다. AI가 반복 업무를 줄여준다고 해서 저절로 더 나은 법무팀이 되는 것은 아니다. 기술이 만들어준 여유 시간과 효율성을 어떻게 활용하느냐에 따라 법무팀의 미래가 결정된다.

1) 구조화된 환경에서의 역할 재정의

"리소스 분산의 근본 원인"을 기억해 보자. 업무 우선순위 부재, 병렬적 요청, 맵핑되지 않은 업무 흐름 등이 사내변호사를 단순한 '반응형 업무 처리자'로 만들었다. 하지만 4가지 설계 원칙을 통해 이런 구조적 문제들이 해결되었다면, 사내변호사는 근본적 전환이 가능해진다.

[전환의 핵심 방향]

전환 영역	과거	현재	미래
업무 방식	"이거 한번 봐주세요." 식 비정형 요청에 반응	표준화된 요청으로 우선순위·목적 명확화	축적된 데이터로 리스크 예측하여 선제적 대응
처리 범위	각 계약서마다 개별적으로 검토·수정	AI 1차 검토 후 핵심 리스크만 선별 검토	계약 유형별 패턴 분석으로 조직 정책 개선

AI가 초안을 작성하고 위험 항목을 식별해 주는 환경에서는 사내변호사의 역할도 근본적으로 재정의되어야 한다. 이제는 '누가 더 빨리 검토하느냐'보다, '무엇을 검토하고 왜 그렇게 판단하는가'가 더 중요한 역량이 되었다.

앞으로는 다음과 같은 질문을 중심으로 사고의 축을 이동시켜야 한다.

- 이 계약서의 핵심 리스크는 무엇인가?
- 우리 조직이 감내 가능한 수준은 어디까지인가?
- 이 조건이 향후 전략에 어떤 영향을 미치는가?
- 경영진은 이 리스크를 어떻게 받아들일 준비가 되어 있는가?

이러한 질문에 스스로 답할 수 있어야, AI가 대신할 수 없는 역할이 생긴다. 중요한 것은 이런 전략적 판단을 할 때 개인의 직감이 아니라, 앞서 구축한 체계적 기반을 활용할 수 있다는 점이다.

2) 새로운 정체성이 요구하는 4가지 핵심 역할

4가지 설계 원칙이 제대로 작동한다면, AI 도입 이후 사내변호사의 역량은 다음과 같은 방향으로 전환되어야 한다. 각 역량은 앞서 구축한 구조적 기반 위에서만 제대로 발휘될 수 있다.

① 핵심 리스크의 선별자 (Risk Prioritization Specialist)
AI가 감지한 리스크 중 조직의 전략과 실무에 실질적 영향을 주는 항목을 선별하는 능력
구체적 예시: AI가 계약서에서 10개의 리스크 포인트를 식별했을 때
#고위험 "계약 해지 사유의 모호성" → 즉시 협상 테이블 의제
#일반 "손해배상 조항의 문구 수정" → 표준 가이드라인 적용으로 충분
② 조직 맞춤형 대안 설계자 (Customized Solution Architect)
자사의 리스크 감내 수준과 과거 사례를 바탕으로 실현 가능한 대안을 구조화하는 능력
구체적 활용: 상대방이 무제한 손해배상을 요구할 때
"직접 손해에 한정하되, 고의·중과실의 경우 예외를 인정하는 방식으로, 지난 3건의 유사 계약에서 모두 합의된 조건입니다. 단, 이번 계약 규모를 고려할 때 배상 한도를 계약 금액의 200%로 설정하는 것을 추가 제안합니다."
③ 전략과 계약을 연결하는 해석자 (Strategic Contract Interpreter)
단일 계약서의 조건들이 회사 전체 전략에 어떤 영향을 미치는지 해석하고 조율하는 능력
④ 실질적 판단의 제안자 (Practical Decision Facilitator)
축적된 데이터를 바탕으로 가장 현실적인 방안을 논리와 근거를 들어 설명

하는 능력

데이터 기반 의사결정의 예시:

"지난 2년간 유사한 조건의 계약 15건 중 3건에서 분쟁이 발생했고, 모두 이 조항과 관련된 해석 차이였습니다. 법률적으로는 2가지 선택지가 모두 가능하지만, 분쟁 예방 효과와 협상 성공률을 고려할 때 B안을 선택하는 것이 현실적입니다."

3) 시간 확보 이후의 전략적 재설계

기존의 "리소스 분산" 문제가 해결되면 사내변호사에게는 상당한 시간적 여유가 생긴다. 하지만 여기서 함정이 있다.

많은 조직에서 경험하는 문제다. AI로 계약 검토 시간이 50% 단축되었다고 하자. 그러면 경영진은 자연스럽게 "그럼 이제 2배 많은 계약을 검토할 수 있겠네."라고 생각한다. 또는 "법무팀에 여유가 생겼으니 이런 추가 업무도 맡아 달라."고 요청한다.

이런 상황을 방지하려면, 시간을 확보한 이후 그 시간을 어떻게 재설계하느냐에 대한 명확한 전략이 필요하다. 법무팀은 AI로 인해 생긴 여유를 단지 '다른 업무'로 채우는 것이 아니라, 다음과 같은 근본적 질문을 던져야 한다.

> · 지금까지 우리가 해 오던 방식은 본질적으로 옳았는가?
> · 줄어든 반복 작업 대신, 우리는 무엇에 더 집중해야 하는가?
> · 이 여유 시간을 활용해 어떤 구조적 투자를 할 수 있는가?

이런 질문들에 대한 답으로, 다음과 같은 변화 전략이 필요하다. 중요한 것은 이 모든 전략이 앞서 구축한 구조적 기반 위에서만 제대로 실행될 수 있다는 점이다.

> **[전략적 활용을 위한 4가지 방향]**
>
> (1) 업무 목적의 재정의
> AI로 반복을 줄인 만큼, 법무팀이 존재하는 이유를 다시 묻고, 그 정체성을 재정의해야 한다. 과거의 법무는 '리스크 차단자'였다면, 앞으로의 법무는 '리스크 구조 설계자', '내부 협업 촉진자', '조직 전략 파트너'가 되어야 한다.
>
> (2) 장기 전략 업무로의 전환
> 단기 대응을 줄인 만큼, 기존에는 하지 못했던 장기적이고 구조적인 일에 투자할 수 있다. 리스크 리뷰 체계 구축, 계약서 구조 개선, 데이터 기반 분쟁 예측 모델링, 내부 교육 콘텐츠 기획 등이 그 예다.
>
> (4) 팀 철학과 문화 정비
> 반복 업무가 줄었다면, 남은 시간은 단지 '비는 시간'이 아니라, '의도된 여백'이 되어야 한다. 그 여백은 조직의 철학을 정비하고, 팀의 비전을 다시 세우는 시간이어야 한다. 법무팀이 이제 단순한 실행 부서가 아니라, 변화 설계 부서가 되어야 한다는 메시지를 전파해야 한다.
>
> (5) 일의 질 향상에 집중
> AI가 해주는 초안 작업, 자동화된 보고서, 반복 업무 제거는 '시간을 벌어 준다'. 이 시간을 어디에 쓰는지가 조직의 방향성을 결정한다. 보다 깊은 법률 해석, 복잡한 사업 구조에 대한 전략적 해법, 경영진과의 커뮤니케이션 품질을 높이는 데 써야 한다.

결국 AI는 반복을 줄이고, 속도를 높이며, 실수를 줄여주는 데 효과적이다. 하지만 아무리 뛰어난 AI라도, 구조 없는 조직에서는 방향을 잃는다. 일이 정리되지 않으면, AI는 그 정리되지 않은 상태를 더 빠르게, 더 넓게 확산시킬 뿐이다.

7장에서 다룬 핵심 메시지는 명확하다. 일을 줄이지 않으면, AI는 오히려 더 많은 일을 만드는 도구가 될 수 있다. 그리고 반복을 줄인 이후에도 목적을 재설계하지 않으면, 그 여유는 곧 새로운 반복으로 채워진다.

진정한 변화는 기술이 아니라, 우리가 무엇을 위해 일하는가에 대한 집단적 사고의 전환에서 출발해야 한다. 반복을 제거하고, 구조를 만들고, 철학을 정비하는 것. 그것이 AI 시대, 법무팀이 진짜로 해야 할 일이다.

법무팀의
데이터 전략 수립

AI를 통해 반복을 줄이고 구조를 정비했다면, 이제 다음 단계는 데이터를 기반으로 리스크를 예측하고 선제적으로 대응하는 체계를 갖추는 것이다. 법무팀은 여전히 많은 조직에서 '문제가 생긴 후 움직이는 부서'로 인식되지만, AI 시대의 법무팀은 문제가 생기기 전에 움직이는 조직이 되어야 한다.

이를 위해 필요한 것은 '데이터 기반의 리스크 감지와 대응력'이다. 단순히 데이터를 수집하는 것을 넘어서, 어떤 데이터를 축적하고, 어떤 방식으로 해석하며, 조직 내에서 어떤 행동으로 연결할지를 설계하는 일이 중요하다.

하지만 현실적으로 많은 법무팀이 '데이터 기반 업무'라는 말 앞에서 막막함을 느낀다. 고도화된 시스템을 구축할 예산도, 데이터 분석 전문가도 없는 상황에서 어디서부터 시작해야 할지 명확하지 않기 때문이다. 8장에서는 이러한 현실적 제약을 고려하여, 법무팀이 단계적으로 데이터 역량을 구축하고 실질적인 성과를 만들어낼 수 있는 구체적인 로드맵을 제시한다.

8-1. 현황 진단과 목표 설정: 우리 팀은 어디에 있는가?

1) 법무팀 데이터 성숙도 자가 진단

데이터 전략을 수립하기 전에, 먼저 현재 팀의 데이터 활용 수준을 객관적으로 파악해야 한다. 많은 법무팀이 '우리는 이미 충분히 체계적으로 일하고 있다.'고 생각하지만, 실제로는 개인의 경험과 직감에 의존하는 경우가 대부분이다. 다음 체크리스트를 통해 현재 위치를 정확히 진단해 보자.

[법무팀 데이터 성숙도 체크리스트]

Level 1: 기초 단계
- ☐ 계약서 검토 시 발견한 리스크를 표준화된 형태로 기록하고 있다
- ☐ 분쟁이나 자문 사례를 체계적으로 파일링하고 있다
- ☐ 월별/분기별로 법무 업무량을 수치로 집계하고 있다

Level 2: 정리 단계
- ☐ 리스크 유형별로 분류 체계를 갖추고 있다
- ☐ 계약서 검토나 자문 내역을 엑셀 등으로 관리하고 있다
- ☐ 경영진 보고 시 정량적 데이터를 일부 포함하고 있다

Level 3: 분석 단계
- ☐ 과거 데이터를 바탕으로 리스크 발생 패턴을 파악하고 있다
- ☐ 사업부별, 계약 유형별 리스크 분포를 분석하고 있다
- ☐ 법무팀의 성과를 KPI로 측정하고 관리하고 있다

Level 4: 예측 단계
- ☐ 축적된 데이터를 바탕으로 리스크를 사전에 예측하고 있다
- ☐ AI나 BI 도구를 활용해 데이터를 시각화하고 있다
- ☐ 데이터 분석 결과를 조직의 전략적 의사결정에 활용하고 있다

대부분의 법무팀이 Level 1~2 사이에 위치할 것이다. 이는 결코 부끄러운 일이 아니다. 중요한 것은 현재 위치를 정확히 파악하고, 다음 단계로 나아가기 위한 구체적인 계획을 세우는 것이다.

2) 6개월-1년-2년 로드맵 설계

데이터 전략은 하루아침에 완성되지 않는다. 현실적으로 달성 가능한 목표를 단계별로 설정하고, 각 단계에서 필요한 자원과 예상되는 성과를 명확히 해야 한다.

6개월 목표: 기초 인프라 구축
- 핵심 데이터 항목 3~5개 선정 (예: 계약 검토 건수, 주요 리스크 유형, 대응 시간)
- 엑셀 기반 데이터 수집 체계 구축
- 팀 내 데이터 입력 및 관리 역할 분담
- 월 1회 데이터 리뷰 미팅 정착

1년 목표: 분석과 활용
- 분기별 법무 성과 리포트 정착 (정량 데이터 포함)
- 리스크 예측을 위한 기초 통계 분석
- 경영진 대상 데이터 기반 제안 월 1회 이상
- 사업부별 맞춤형 리스크 피드백 체계 구축

2년 목표: 고도화 및 AI 연동
- BI 도구 도입을 통한 실시간 대시보드 구축
- AI 기반 리스크 예측 모델 시범 적용
- 조직 전체의 리스크 관리 중추 역할 수행
- 외부 벤치마킹 데이터와의 비교 분석

3) ROI 계산과 경영진 설득 논리

데이터 전략 투자를 위해서는 경영진의 승인이 필요하다. 이때 가장 강력한 설득 도구는 구체적인 ROI 계산이다. 법무팀의 데이터 전략이 가져올 수 있는 정량적 효과를 다음과 같이 제시할 수 있다.

[예상 비용 절감 효과]

반복 업무 효율화
· 계약서 리스크 검토 시간 20% 단축 (연간 약 200시간 절약)
· 유사 자문 요청 30% 감소 (외부 자문비 연간 3,000만 원 절약)

리스크 사전 예방
· 분쟁 발생률 25% 감소 (연간 분쟁 대응 비용 5,000만 원 절약)
· 계약서 수정 횟수 40% 감소 (협상 시간 단축, 기회비용 절약)

의사결정 지원 강화
· 경영진 리포트 신뢰도 향상으로 전략적 파트너 역할 강화
· 사업부와의 협업 효율성 증대

이러한 효과를 종합하면, 초기 투자비 대비 1년 내 투자 회수가 가능하며, 2년 차부터는 순수익이 발생한다는 논리로 접근할 수 있다.

8-2. 기초 인프라 구축: 엑셀로 시작하는 데이터 전략

1) 최소 필수 데이터 항목 선정

데이터 전략의 첫걸음은 '무엇을 측정할 것인가'를 정하는 것이다. 하지만 처음부터 너무 많은 항목을 설정하면 오히려 지속성을 해칠 수 있다. 따라서 가장 핵심적이면서도 측정 가능한 항목 3~5개를 선정하여 시작하는 것이 현실적이다.

> **[핵심 데이터 항목 (우선순위별)]**
>
> **1순위: 업무량 지표**
> - 계약서 검토 건수 (월별)
> - 자문 제공 건수 (유형별)
> - 분쟁 대응 건수 및 소요 시간
>
> **2순위: 리스크 지표**
> - 계약서 내 고위험 조항 발견 건수
> - 리스크 유형별 분포 (손해배상, 지재권, 종료 조건 등)
> - 사전 개입을 통한 리스크 완화 건수
>
> **3순위: 성과 지표**
> - 평균 검토 소요 시간
> - 반복 자문 요청 감소율
> - 경영진/사업부 만족도

각 항목은 입력이 간단하고, 측정 기준이 명확하며, 실제 성과 개선으로 연결될 수 있는 것들로 구성되어야 한다. 복잡한 해석이 필요하거나 주관적 판단에 의존하는 항목은 추후 시스템이 안정화된 후에 추가하는 것이 바람직하다.

2) 엑셀 기반 실전 템플릿 구축

고급 BI 도구를 도입하기 전에, 엑셀을 활용한 기초 시스템부터 구축해야 한다. 다음은 실제로 활용 가능한 엑셀 템플릿의 구체적인 구성이다.

[계약 검토 로그 엑셀 템플릿]

날짜	계약 유형	상대방	계약금	주요 리스크	리스크 등급	소요 시간	담당자
2024.01.15	공급계약	A사	5억	납기 지연 위험	High	3시간	김○○

| 2024.01.16 | NDA | B사 | - | 정보 범위 모호 | Medium | 0.5시간 | 이○○ |

입력 원칙:

계약 유형: 드롭다운 리스트로 표준화(공급계약, 용역 계약, NDA, 라이선스 등)

리스크 등급: High/Medium/Low 3단계로 단순화

소요 시간: 0.5시간 단위로 기록

[월별 요약 대시보드]

=== 2024년 1월 법무팀 성과 요약 ===

총 검토 건수: 47건
평균 소요 시간: 2.3시간
고위험 계약: 12건 (25.5%)

주요 리스크 TOP 3:
1. 손해배상 조항 불명확: 8건
2. 지재권 귀속 모호: 6건
3. 계약 기간 조항 누락: 4건

이 템플릿은 피벗 테이블과 조건부 서식을 활용해 자동으로 월별 통계를 생성하고, 위험 신호를 시각적으로 강조할 수 있도록 설계되어야 한다.

3) 팀 내 역할 분담과 지속성 확보

데이터 시스템이 실패하는 가장 큰 이유는 지속적인 관리 부족이다. 특히

법무팀처럼 긴급한 업무가 많은 조직에서는 데이터 입력이 뒷전으로 밀리기 쉽다. 이를 방지하기 위해서는 명확한 역할 분담과 부담을 최소화하는 시스템 설계가 필요하다.

> **역할 분담 예시:**
> · 팀장: 월별 데이터 리뷰 및 개선 방향 결정
> · 시니어 변호사: 리스크 등급 기준 정립 및 품질 관리
> · 주니어 변호사: 일일 데이터 입력 (교대제 운영)
> · 법무행정 담당자: 엑셀 템플릿 관리 및 월별 통계 생성
>
> **지속성 확보 방안:**
> · 루틴화: 매일 오후 5시, 당일 업무 완료와 함께 데이터 입력
> · 최소화: 입력 시간을 5분 이내로 제한
> · 자동화: 가능한 항목은 드롭다운과 수식으로 자동 완성
> · 피드백: 월별 리뷰에서 데이터 활용 성과를 팀원들과 공유

8-3. 분석과 활용 체계: 데이터를 인사이트로 전환하기

1) 법무팀 맞춤형 KPI 설계

기존의 '계약 검토 건수', '자문 제공 횟수'와 같은 양적 지표로는 법무팀의 진짜 가치를 설명하기 어렵다. AI가 반복 업무를 대체하기 시작한 지금, 법무팀의 KPI는 '일의 양'이 아닌 '일의 가치' 중심으로 재설계되어야 한다.

[새로운 법무 KPI 체계]

1. 리스크 예방 지표

사전 개입률: 전체 계약 중 체결 전 법무팀이 검토한 비율

목표: 80% 이상

측정: (사전 검토 계약 수 ÷ 전체 계약 수) × 100

리스크 완화율: 법무 검토 후 실제 수정된 조항의 비율

목표: 60% 이상

측정: (수정 반영 건수 ÷ 리스크 지적 건수) × 100

2. 효율성 지표

평균 검토 시간 단축률: 전년 동기 대비 검토 시간 개선도

목표: 연간 15% 단축

측정: (전년 평균 시간 - 올해 평균 시간) ÷ 전년 평균 시간 × 100

반복 자문 감소율: 동일 유형 질의의 재발생 빈도 감소

목표: 연간 30% 감소

측정: FAQ 정착률, 자체 해결 비율 증가

3. 영향력 지표

경영진 제안 채택률: 법무팀 제안 중 실제 정책 반영된 비율

목표: 70% 이상

측정: 분기별 제안서 트래킹

사업부 협업 점수: 내부 만족도 조사 결과

목표: 5점 만점 중 4.0 이상

측정: 반기별 내부 고객 서베이

2) 실시간 모니터링을 위한 간단한 대시보드

복잡한 BI 도구 없이도 엑셀과 구글 시트를 활용해 효과적인 모니터링 시스템을 만들 수 있다. 핵심은 '실시간성'보다는 '정기성'과 '가독성'이다.

[주간 모니터링 대시보드 (엑셀 기반)]

· 이번 주 법무팀 현황 (2024.1.15~1.19)

· 검토 현황
 - 완료: 12건 | 진행 중: 3건 | 대기: 1건
 - 평균 소요 시간: 2.1시간 (목표: 2.5시간)

· 리스크 알림
 - High 등급: 4건 (33%)
 - 주요 이슈: 손해배상 조항 불명확 (3건)

· 이번 달 누적
 - 목표 대비 진척: 73% (목표: 70%)
 - 사전 개입률: 82% (목표: 80%)

이 대시보드는 매주 금요일 팀 미팅에서 5분 내로 리뷰할 수 있도록 간단명료하게 구성되어야 한다. 색상 코딩(빨강: 주의, 노랑: 경고, 초록: 양호)을 활용하면 한눈에 상황을 파악할 수 있다.

3) 경영진을 위한 리스크 대시보드 설계

주간 모니터링 시스템이 안정화되면, 다음 단계는 경영진이 법무팀의 성과와 조직의 리스크 현황을 한눈에 파악할 수 있는 전략적 대시보드를 구축하는 것이다. 경영진은 추상적인 법률 자문보다는 구체적인 수치와 시각화된 정보를 통해 리스크를 이해하고, 이를 기반으로 전략적 의사결정을 내리기를 원한다.

① 월별 계약서 검토 현황과 주요 리스크 유형

계약 건수뿐 아니라 해당 월에 자주 등장한 리스크 유형(예: 손해배상, 지재권, 종료 조건 등)을 함께 시각화함으로써, 조직 내 계약 리스크 흐름을 파악할 수 있다.

[월별 계약 검토와 주요 리스크]

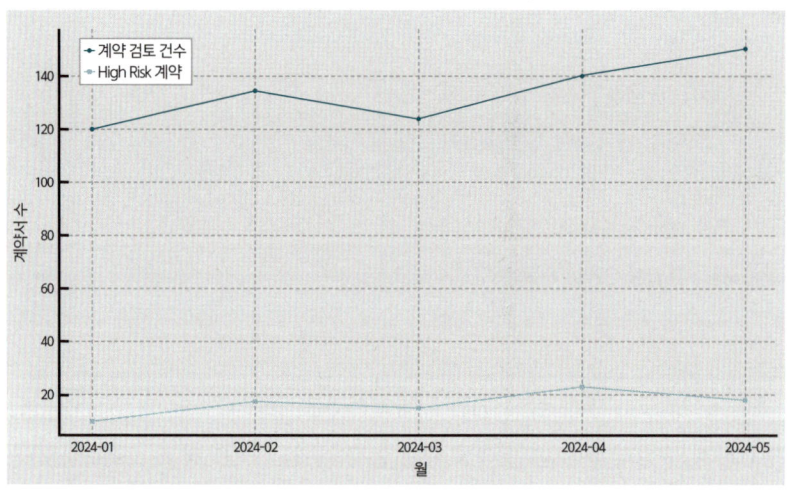

분석 코멘트:
최근 5개월간의 계약 검토 데이터를 기반으로 분석한 결과, 전체 검토 건수는 꾸준히 증가 추세에 있으며, 고위험 계약(리스크 지적 3건 이상 포함 계약) 비율도 함께 상승하는 경향을 보입니다. 특히 4월에는 검토 건수 140건 중 고위험 계약이 22건으로 전체의 15.7%에 달했습니다.

활용 포인트:
분기별 계약 리스크 집중 구간 도출
계약서 표준화 개선 시기 결정

② 분쟁 발생 건수와 평균 대응 기간

분쟁의 발생 원인별 통계와 함께, 접수부터 종결까지 소요된 평균 시간을 제공함으로써, 리스크 관리 체계의 대응력을 진단할 수 있다.

[분쟁 발생 건수와 평균 대응 시간]

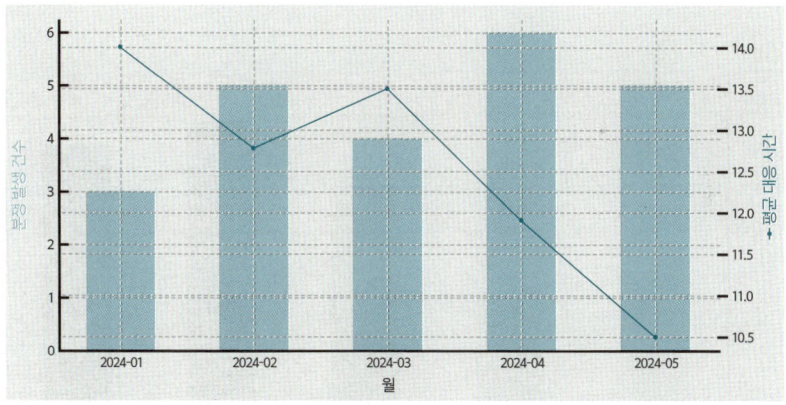

분석 코멘트:
월별 분쟁 발생 건수와 법무팀의 평균 대응 기간을 병렬 비교한 결과입니다. 4월에는 분쟁이 6건으로 가장 많았으나, 대응 시간은 11.9일로 점차 단축되고 있습니다. 1월 대비 5월 평균 대응 시간은 약 26% 단축되었습니다.

활용 포인트:
대응 효율성의 KPI로 활용
분쟁 증가 시 조기 경보 시스템 설정 기준 마련

③ 자문비 추이 및 주요 사용 사안

외부 자문에 사용된 비용의 월별/분기별 변화와 함께, 비용이 투입된 주요 사안을 분류해 표시하면, 경영진 입장에서는 법무 예산의 전략적 활용 여부를 판단하기 용이하다.

[월별 자문비 추이]

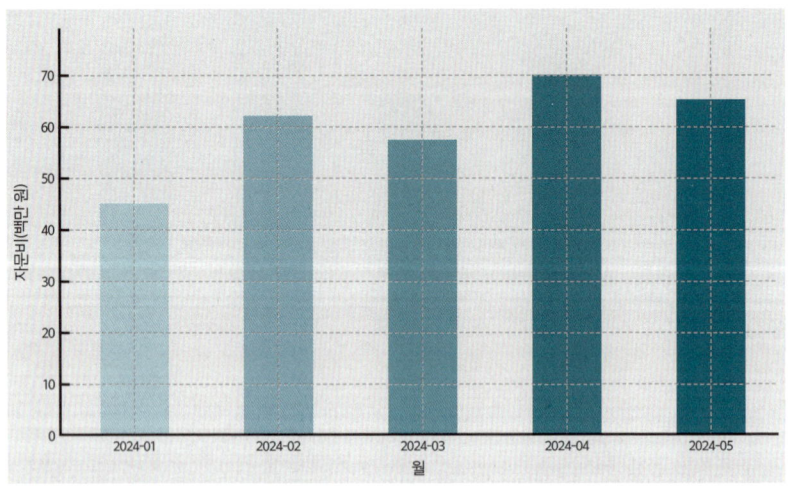

분석 코멘트:
2024년 상반기 외부 자문비 지출 추이를 나타낸 데이터입니다. 4월에 자문비가 가장 높았으며, 주요 사용 사안은 손해배상 소송 대응입니다. 이 데이터를 통해 특정

월, 특정 사안에서 자문 의존도가 높아지는 시점을 파악할 수 있으며, 유사 사안의 내부 대응 가능성 또는 사전 자문 계약 전략 검토가 필요합니다.

활용 포인트:
자문비 절감 전략 수립
내부 역량 구축 대상 사안 식별

대시보드 활용 전략

이러한 대시보드는 Tableau, Power BI 같은 시각화 도구를 활용하거나, 사내 인트라넷 기반의 맞춤형 보고 시스템과 연계하여 구축할 수 있다. 중요한 것은 시각화 요소가 단순히 보기 좋게 만드는 데에 그치지 않고, 의사결정에 실질적으로 기여할 수 있는 구조로 설계되어야 한다는 점이다.

특정 리스크 유형이 지속적으로 증가하는 추세를 보인다면 이를 경영진이 인지하고 사전에 조직 차원의 대응을 설계할 수 있게 도와야 한다. 또한 동일한 데이터를 활용하되, 사업부별 리스크 분포나 계약 유형별 이슈 등 세분화된 분석도 함께 제공하면 보다 깊이 있는 리스크 커뮤니케이션이 가능하다.

결과적으로, 법무 리스크 대시보드는 단지 데이터를 모아 보여주는 것이 아니라, 법무팀이 조직 내에서 어떤 역할을 수행하고 있으며, 앞으로 어떤 방향으로 리스크를 통제할 수 있을지를 '수치로 설득하는 도구'다. 이는 법무팀이 정보 중심 조직에서 전략 파트너로 변화하는 데 있어 가장 중요한 기반이 된다.

4) 사업부별 맞춤형 리스크 리포트

법무팀이 조직 내에서 진정한 전략 파트너가 되려면, 각 사업부의 특성에 맞는 차별화된 정보를 제공해야 한다. 동일한 데이터라도 사업부별로 관심사와 우선순위가 다르기 때문이다.

사업부별 리포트 차별화 전략

<영업팀 대상 리포트>
- 계약 체결 속도에 미치는 영향 분석
- 고객사별 리스크 패턴 정리
- 계약 조건 협상 시 주의 사항 요약

> **[(예시) 영업팀을 위한 1월 계약 리포트]**
>
> **빠른 체결이 가능한 계약 유형:**
> 표준 공급계약: 평균 1.2일
> 단순 용역 계약: 평균 0.8일
>
> **주의가 필요한 고객사:**
> C사: 손해배상 조항 까다로움 (추가 2~3일 소요)
> D사: 지재권 조건 복잡 (법무 사전 협의 필요)

<개발팀 대상 리포트>
- 기술 개발 관련 IP 리스크 분석
- 오픈소스 라이선스 준수 사항
- 기술 유출 방지를 위한 체크포인트

<마케팅팀 대상 리포트>
- 광고/마케팅 관련 법령 변화
- 개인정보보호 이슈 점검 사항
- 브랜드 사용 관련 주의 사항

이러한 맞춤형 접근을 통해 법무팀은 '규제하는 부서'에서 '지원하는 파트너'로 인식을 전환할 수 있다.

8-4. 고도화 로드맵: AI와 함께하는 미래 법무

1) BI 도구 도입 전략

엑셀 기반 시스템이 안정화되면, 다음 단계는 전문 BI(Business Intelligence) 도구의 도입이다. 하지만 무작정 고급 도구를 도입하기보다는, 현재 시스템의 한계점을 명확히 파악하고 그에 맞는 도구를 선택하는 것이 중요하다. 이하 판단 기준과 각 BI 도구를 비교해보고 적절한 도구를 선택하길 바란다.

[BI 도구 도입 시점 판단 기준]
- 월 처리 데이터가 1,000건 이상으로 증가
- 엑셀 파일 크기가 10MB를 초과하여 속도 저하 발생
- 실시간 공유와 협업 필요성 증대
- 복잡한 교차 분석 요구 증가

[법무팀 적합 BI 도구 비교]

도구	장점	단점	추천 상황
Power BI	MS Office 연동 우수, 상대적 저비용	학습 곡선 존재	기존 Office 환경
Tableau	강력한 시각화, 직관적 인터페이스	높은 라이선스 비용	고급 분석 필요시
Google Data Studio	무료, 클라우드 기반	기능 제한적	예산 제약이 큰 경우

2) AI 기반 리스크 예측 모델 설계

2년 이상의 데이터가 축적되면, AI를 활용한 리스크 예측 모델 구축을 고려할 수 있다. 이는 단순한 기술 도입이 아니라, 법무팀이 '사후 대응'에서 '사전 예방'으로 패러다임을 전환하는 핵심 도구가 된다.

[예측 모델 구축 단계]
1단계: 데이터 준비
· 최소 24개월 이상의 계약 검토 데이터
· 실제 분쟁 발생 여부와 연결된 결과 데이터
· 계약 조항, 상대방, 금액 등 변수 정리
2단계: 모델 설계
· 분쟁 발생 확률 예측 모델
· 리스크 등급 자동 분류 모델
· 검토 소요 시간 예측 모델
3단계: 실무 적용
· 신규 계약서 업로드 시 자동 리스크 스코어링
· 우선 검토 대상 자동 추천
· 과거 유사 사례 자동 검색 및 참고 자료 제공

3) 조직 차원의 리스크 관리 중추 역할

궁극적으로 법무팀의 데이터 전략은 개별 팀의 효율성 향상을 넘어, 조직 전체의 리스크 관리 체계를 선도하는 것을 목표로 해야 한다. 이를 위해서는 법무팀이 단순한 서비스 제공자에서 전략적 의사결정 파트너로 진화해야 한다.

리스크 조기 경보 시스템
· 업계 동향과 법령 변화를 선제적으로 모니터링
· 사내 데이터와 외부 정보를 결합한 리스크 예측
· 경영진과 사업부에 정기적인 리스크 브리핑 제공
전사 리스크 관리 정책 수립
· 각 부서별 리스크 프로파일 작성 및 관리

> - 리스크 허용 기준과 대응 매뉴얼 수립
> - 정기적인 리스크 평가 및 개선 방안 제시
>
> **데이터 기반 의사결정 지원**
> - M&A, 신사업 진출 시 리스크 분석 리포트 제공
> - 계약 협상 전략 수립을 위한 데이터 분석
> - 분쟁 예방을 위한 프로세스 개선 제안

이러한 역할을 수행하기 위해서는 법무팀 자체의 역량 향상뿐만 아니라, 조직 내 다른 부서와의 긴밀한 협업 체계 구축이 필요하다. 특히 IT, 기획, 영업 등 핵심 부서와의 정기적인 데이터 공유와 분석 협업을 통해 보다 정교하고 실용적인 리스크 관리 시스템을 만들어갈 수 있을 것이다.

법무팀의 데이터 전략은 하루아침에 완성되는 것이 아니다. 현재의 역량과 자원을 정확히 파악하고, 단계적으로 발전시켜 나가는 것이 중요하다. 완벽한 시스템을 기다리기보다는 지금 당장 시작할 수 있는 작은 변화부터 만들어 가는 것이 성공의 열쇠다.

데이터 기반 법무 운영은 단순히 효율성을 높이는 도구가 아니라, 법무팀이 조직 내에서 전략적 파트너로 자리매김하기 위한 필수 전략이다. 지금 시작한다면, 2년 후에는 완전히 다른 차원의 법무팀을 만들어갈 수 있을 것이다.

9장

AI 시대, 사내변호사의 전략적 커뮤니케이션

AI와 데이터 기반 법무로 나아가기 위해 반드시 함께 갖추어야 할 것이 있다면, 그것은 바로 '조직과의 소통 구조'다. 아무리 정교하고 정확한 리스크 분석 결과라 해도, 경영진과 사업부가 그 내용을 '이해하고 납득하지 못한다면' 실질적인 변화는 일어나지 않는다. 즉, 분석의 완성은 커뮤니케이션에서 비로소 이루어진다.

많은 법무팀이 기술적 역량 강화에는 힘을 쏟지만, 내부 커뮤니케이션의 전략성을 고민하는 경우는 드물다. 그러나 법무팀이 조직의 전략 의사결정에 실질적으로 관여하려면, 단순히 자문을 '잘하는 것'만으로는 부족하다. 정보의 흐름, 메시지의 구조, 보고의 형식까지 이 모든 것이 전략적 판단과 연결되도록 설계되어야 한다. 이제는 단순한 전달이 아니라, '전략적 개입'을 가능하게 하는 구조를 갖추는 것이 필요하다.

이 장에서는 법무팀이 조직 내 전략적 존재감을 갖기 위해 커뮤니케이션 방식을 어떻게 바꿔야 하는지에 대해 다룬다. 특히 AI 시대에 맞는 효율적인 소통 체계를 구축하면서도, 보고의 방식과 구조가 어떤 방식으로 판단을 유도하고 영향력을 창출하는지를 중심으로 살펴본다.

9-1. 경영진을 움직이는 전략적 보고

1) 설명형 보고의 한계 - '무엇이 문제인가'만 말하는 보고의 함정

많은 법무팀의 보고서는 탁월한 분석과 정확한 리스크 인식을 담고 있다. 보고서 작성 시 사안의 쟁점과 사실관계, 관련 규정 등을 중심으로 문제의 본질을 명확히 설명하는 데 초점을 두기 때문이다. 이는 보고의 기초로서 필수적인 요소다. 그러나 단순한 설명만으로는 실질적인 의사결정이 일어나지 않는다.

보고의 진짜 목적은 문제를 설명하는 것이 아니라, 그 문제에 대해 조직이 어떤 결정을 내릴 수 있도록 도와주는 데 있다. 경영진이 보고서를 통해 궁극적으로 알고자 하는 것은 "그래서 어떻게 해야 하는가?"에 대한 방향성과 실행 가능한 선택지다. 그들은 정보 수집자가 아니라 판단자이며, 단순한 사실 설명을 넘어 전략적 해석과 선택지를 필요로 한다.

예를 들어, 다음과 같은 문장으로 끝나는 보고서를 생각해 보자.

"본 조항은 계약 해지 사유를 지나치게 포괄적으로 규정하고 있어 일방의 자의적 해지 가능성이 존재합니다."

이 문장은 사실 설명으로는 정확하다. 그러나 이것만으로는 실무적으로 아무것도 결정할 수 없다. 이 계약을 그대로 체결해도 되는가? 수정을 한다면 어느 수준까지 조정할 수 있을까? 상대방과의 협상 여지는 있는가? 이처럼 실무 판단에 필요한 요소는 빠져 있다.

이러한 설명 중심 보고는 오히려 불확실성과 우려만 증폭시키고, 법무팀의 조언을 경영진이 회피하거나 보류하게 만드는 원인이 될 수 있다.

2) 선택지를 설계하라 — 전략 보고의 핵심 구조

전략 보고는 경영진이 실제로 '결정할 수 있도록' 설계되어야 한다. 이를 위해 보고서는 다음의 4가지 요소를 반드시 포함해야 한다.

① 요약 (Summary)

핵심 쟁점을 한 문단으로 명확히 정리한다. 바쁜 경영진은 10줄짜리 설명보다, 정확하게 정제된 3줄 요약을 더 신뢰한다. 이 요약은 단순한 줄이기 기술이 아니라, 사안의 본질을 꿰뚫는 통찰력의 결과다.

② 핵심 리스크 (Key Risks)

'무엇이 문제인가'를 구체적으로 시각화한다. 서술형 설명보다 표 또는 번호 리스트 형태로 리스크를 나열하는 것이 효과적이다. 이는 리스크를 일목요연하게 비교하고, 핵심 판단 기준을 명확히 하는 데 유리하다.

③ 대안 (Options)

보고서에는 반드시 최소 2가지 이상의 현실적인 대안이 명확히 구분되어 제시되어야 한다. 각 대안은 단순히 '법적으로 가능한가'를 넘어, 조직 상황에서 실행 가능성이 있는가, 현 사업 전략과 정합성을 가지는가, 상대방(계약 상대, 거래처 등)의 수용 가능성은 어떤가를 모두 고려해 구체화되어야 한다.

④ 권고 (Recommendation)

법무팀은 모든 선택지를 종합해 판단을 내려야 한다. 이때 중요한 것은 '정답'을 말하는 것이 아니라, 현실적인 최적안을 제시하는 것이다.

3) 실제 사례로 보는 전략 보고의 힘

기존 보고:
"해지 조항이 불리하게 규정되어 있음."

전략 보고서형 보고:
[요약]
현행 공급계약서 제15조의 해지 조항이 귀책사유(잘못 유무)와 관계없이 어느 한

쪽의 일방적인 통지로 계약을 종료할 수 있도록 되어 있어, 거래 상대방이 별다른 이유 없이 계약을 종료해도 이를 막을 수 없는 구조임.

[핵심 리스크]
상대방이 공급 가격 재협상 또는 납품량 축소 목적 등으로 일방 해지를 통보할 경우, 법적으로 이를 제지하거나 손해배상을 청구할 근거가 미흡함.
계약 관계 안정성 저하로 협상력 약화 가능성 존재.

[대안]
방안 1. '귀책사유 있는 경우에 한해 해지 가능'으로 조항 수정
장점: 정당한 사유 없는 일방 해지 차단 → 거래 안정성 확보
단점: 분쟁 발생 시 귀책 여부 판단을 둘러싼 해석 다툼 가능성 존재
방안 2. 중재 조항 추가 및 해지 조건 사전 조율 절차 도입
장점: 분쟁 시 소송으로 직행하지 않고 조율 기회를 가짐 → 리스크 완화
단점: 중재 절차가 오히려 전체 프로세스를 지연시킬 수 있음

[권고]
계약 상대방이 주도권을 갖고 있는 상황에서는 해지 조항 전면 재구성이 어려울 수 있음. 그러므로 실무 현실성과 리스크 완화 수준을 모두 고려할 때, 방안 1(귀책사유 한정) + 방안 2(조율 절차 병행) 병합 적용을 우선적으로 협상안으로 제시하는 것을 권장함.

이러한 보고서 구조는 경영진이 "그래서 무엇을 결정해야 할까?"에 명확한 답을 준다. 보고서의 목적은 정보를 요약하는 것이 아니다. 조직의 다음 행동을 '설계하는' 일이다.

그리고 그 설계는 오로지 '선택지'를 통해서만 가능하다. 문제 상황을 요약하는 것으로는 판단은 일어나지 않는다. 선택지를 설계하고, 그 장단점을 구조화해 보여줄 때, 조직은 움직인다. 경영진은 판단한다. 법무팀은 영향력을 가진다.

> **[전략적 보고의 효과]**
> · 경영진의 의사결정 속도 향상
> · 법무팀에 대한 신뢰도 증가
> · 단순 자문에서 전략 파트너로 위상 변화
> · 조직 내 법무팀의 존재감과 영향력 확대

단순한 자문 조직에서 전략 파트너로 법무팀의 위상을 바꾸고 싶다면, '문제를 설명하는 능력'보다 '선택지를 설계하는 능력'을 훈련해야 한다. 이것이야말로 내부 커뮤니케이션을 '재설계'하는 첫 번째 출발점이다.

9-2. 부서별 맞춤 커뮤니케이션 전략

1) 기술 부서, 영업 부서, 기획팀의 언어 차이

법무팀이 아무리 논리적이고 명확하게 설명하더라도, 이를 받는 상대 부서가 사용하는 '언어'가 다르다면 커뮤니케이션은 쉽게 어긋날 수밖에 없다. 여기서 말하는 언어란 단순히 말투나 단어 선택의 문제가 아니라, 각 부서가 사안을 바라보는 '프레임'의 차이를 의미한다.

같은 이슈라도 기술 부서는 기술적 구현 가능성과 안전성을, 영업 부서는 고객 반응과 매출 영향을, 기획팀은 전략적 정합성과 장기 영향을 중심으로 해석한다.

부서	주요 관심사	법무 보고 시 표현 방식 예시
기술 부서	구현 가능성, 기술 리스크	"이 조항은 기능 구현 시 API 제한 조건에 해당할 수 있음."
영업 부서	고객 반응, 매출 영향, 성사율	"이 조건은 영업 타결률을 떨어뜨릴 수 있으나, 대안 조항 제시 가능."

기획/전략	전략적 정합성, 장기 영향	"향후 자산 가치에 영향을 미칠 수 있는 소유권 귀속 조항."

예를 들어, "계약서에 손해배상 한도가 없다."는 문제를 각 부서에 어떻게 전달할지는 다음과 같이 달라질 수 있다.

> · 기술 부서 대상: "장비 결함이 발생했을 때 손해 전액을 물게 될 수 있습니다. 기술적 위험이 비용으로 환산될 수 있는 구조입니다."
> · 영업 부서 대상: "서비스 중 장애 발생 시, 고객이 요구하는 손해배상 금액을 제한할 수 없습니다. 판매 리스크가 직접적으로 증가합니다."
> · 기획팀 대상: "현재 조건은 손해배상 예산 예측이 불가능합니다. 유사 계약 대비 리스크 프로파일이 과도하게 높습니다."

이처럼 같은 계약 조항이더라도, 그 리스크를 해석하고 받아들이는 관점은 부서마다 전혀 다르다. 따라서 법무팀은 하나의 리스크를 다르게 번역해 설명하는 '멀티 프레이밍' 스킬을 가져야 하며, 이를 체계화하는 것이 매우 중요하다.

2) 반복 설명을 줄이는 사전 세팅

법무팀은 하루에도 수차례 비슷한 리스크 설명을 반복해야 하는 상황에 직면한다. 같은 손해배상 조항, 같은 인과관계 개념, 같은 계약 구조에 대해 부서별로 수차례 설명하다 보면, 중요한 전략적 판단에 집중할 여력이 줄어든다. 반복 설명이 누적되면 피로도는 높아지고, 법무팀이 '답변 부서'로 인식되며 전략적 가치가 희석될 수 있다.

이를 위해 다음과 같은 사전 구조화 전략을 권장한다.

① FAQ + 링크 정리 문서 제공

법무팀이 자주 받는 질문(예: 위약금은 무조건 청구 가능한가요? / 하자 보증 책임은 몇 년까지 유효한가요?)을 정리한 문서를 사내 위키 또는 공유 드라이브에 탑재한다. 각 항목에는 간단한 핵심 답변과 함께 관련 계약 조항 샘플, 외부 기준 링크(공정위 표준 계약서 등), 내부 유관 가이드가 연결되도록 구성한다.

> **활용 예시:**
> Q: 계약서상 '불가항력'이 무엇인가요?
> A: 천재지변, 전쟁, 파업 등 통제 불가능한 외부 사유를 의미하며, 계약 불이행의 면책 사유가 될 수 있습니다. (→ 링크: 사내 계약 가이드 3.2조 / 공정위 해설 자료 첨부)

② 시각 자료화

글로 설명하는 것보다 시각적으로 보여주는 것이 훨씬 효과적인 경우가 많다. 예를 들어 '손해배상' 개념은 다음과 같은 흐름도로 표현할 수 있다.

> 계약상 의무 위반 → 인과관계 → 실제 손해 발생 → 손해배상 청구 가능

③ AI 챗봇 탑재 + 유형별 리스크 설명 구조화

기술이 허용된다면, 계약 유형별(예: 위탁 계약, 구매 계약, NDA 등)로 자주 나오는 리스크와 질문을 AI 챗봇에 학습시켜 자동응답 시스템을 구축한

다. 이를 통해 법무팀은 단순 반복 질의에 대한 응대를 줄이고, 실제 조정이 필요한 고난도 사안에 집중할 수 있다.

이처럼 반복 설명을 줄이는 구조가 정착되면, 법무팀은 '답변하는 사람'이 아닌 '판단하는 사람'으로 기능하게 된다. AI가 반복을 담당하고, 사람이 고차원적 판단을 맡는 구조가 자연스럽게 완성되는 것이다.

9-3. 커뮤니케이션 효율화 시스템

1) 리스크 공유 주기 설계

법무팀의 일상적인 고민 중 하나는 "이 사안을 지금 공유하는 것이 맞을까?"라는 타이밍의 문제다. 사안이 너무 초기이면 괜한 불안만 줄 수 있고, 너무 늦으면 '왜 이제 말하느냐'는 반응이 돌아오기 쉽다. 이러한 문제는 단순히 업무 스타일의 문제가 아니라, 법무 커뮤니케이션 전략 자체의 구조화가 미흡하다는 신호다.

따라서 리스크 공유의 타이밍을 구조화하는 것은 매우 중요하다. 사전 정의된 공유 시점을 정해두면, 법무팀 구성원 모두가 같은 기준에 따라 움직일 수 있고, 공유의 일관성과 예측 가능성도 높아진다.

이를 위해 추천되는 구조는 '2트랙 브리핑 운영'이다.

① 정기 브리핑(Periodic Briefing): 리스크 현황과 개선 방향을 정리하는 제안형 보고

- 주기: 월 1회 또는 분기 1회
- 내용 구성: 최근 계약 또는 분쟁 관련 주요 리스크 요약, 반복되는 리스크의 유형별 분석, 사내 프로세스 개선 제안 또는 템플릿 변경 제안, 조직별 유의 사항 요약

- 포맷 특징: 시각화된 데이터(그래프, 도식 등) + 서술형 요약을 병행

② 이슈 기반 브리핑 (Issue-based Briefing): 긴급 상황에서 판단을 유도하는 실행형 보고
- 발생 조건: 대외 분쟁이나 공문 수신 등으로 법무 리스크가 급증한 경우, 사업 구조 변화나 긴급 의사결정 이슈 발생 시
- 내용 구성: 현재 상황 개요 및 핵심 쟁점 정리, 가능한 선택지 2~3가지 및 각각의 법적/사업적 리스크 비교, 법무팀 권고 및 후속 조치 방향 제시
- 포맷 특징: 의사결정 지원에 집중한 간결한 구조 (1페이지 브리핑 시트, decision tree, 리스크 비교표 등)

2) AI 기반 보고서 자동화 구조

AI와 협업하기 위한 기본 구조는 다음과 같은 흐름으로 설계할 수 있다.

> 입력 → 요약 → 대안 제시 → 권고안 작성

실무 예시는 다음과 같다.

> 계약서 초안 또는 분쟁 사례 입력 → AI가 리스크 요소 추출 및 사안 요약 → 과거 유사 사례와 비교하여 대안 자동 제시 → 각 옵션별 장단점 정리 → 최종 권고안은 법무팀이 판단·수정 후 보고서로 제출

예를 들어 GPT 기반 법률문서 툴에 계약서를 업로드하면, AI가 주요 위험 조항을 식별하고 앞서 제시한 템플릿에 따라 요약, 리스크, 대안까지 자동으

로 구성해 주는 형태이다. 이때 최종 의견(권고)은 여전히 법무팀의 판단을 필요로 하며, AI는 초안 생성 도우미 역할에 그친다.

이러한 자동화 흐름은 특히 주니어 인력이 작성하는 리스크 요약 보고서, 계약 검토 결과 요약, 내부 가이드 배포문 등에서 상당한 시간 단축 효과를 가져온다. 단순 반복 작업에서 해방된 시간은 곧바로 전략적 판단, 사전 기획, 리스크 구조 설계 같은 고차원적 법무 업무로 연결될 수 있다.

3) 보고 언어의 표준화

같은 리스크에 대해 부서마다 해석이 달라 혼선이 생기는 경우가 많다. 특히 '지체 상금', '과실', '인과관계'와 같은 법률 용어는 직관적으로 이해하기 어려운 경우가 많고, 실제 업무상 판단에도 영향을 준다. 이를 해결하기 위한 방법 중 하나가 바로 '리스크 사전'의 구축이다.

법무 용어	쉽게 푼 설명	사례
지체 상금	납기를 어겼을 때 발생하는 금전적 페널티	"납품 1일 지연 시 금액의 0.1% 부과."
인과관계	원인과 결과가 직접 연결돼 있는가에 대한 판단	"A가 없었더라면 B는 발생하지 않았을 것."
과실	주의 의무를 다하지 않아 발생한 문제	"주의하지 않아 제품 파손 발생."

이와 같은 표준 용어 정리는 업무에서 자주 발생하는 오해를 줄여주며, 특히 리스크 설명의 '공통 언어'를 만드는 데 기여한다. 구성원들이 리스크 개념을 같은 프레임에서 이해하게 되면, 판단과 대응에서도 통일성과 효율성이 높아진다.

리스크 사전은 사람이 보기 쉽게 구성될 뿐 아니라, AI에게 학습시키기에도 적합하다. 예를 들어 생성형 AI에게 이 사전을 태깅된 데이터로 제공하면, 이후 보고서 초안 생성 시 해당 개념을 정확히 인식하고 자동 설명할 수 있다.

4) 보고-대응-개선 루프 설계

법무팀의 보고가 단발성에 그칠 때 가장 자주 발생하는 문제는, 같은 리스크가 반복되거나 조직이 실제로 행동하지 않는다는 점이다. 보고는 했지만, 실행되지 않았고, 다음에도 같은 문제를 다시 보고하는 구조가 되풀이된다. 이 문제를 해결하기 위해 필요한 것이 바로 '보고 – 대응 – 개선 루프'다.

> ① 보고 단계: 사안의 리스크를 요약하고, 선택지 및 권고안을 제시하는 단계
> ② 대응 단계: 사업부 또는 경영진이 실제로 대응을 결정하고 실행에 착수하는 단계
> ③ 개선 단계: 대응 결과를 정리하여, 향후 유사 사안 발생 시 참고 가능한 가이드 또는 템플릿에 반영하는 단계

이 루프 구조가 시스템화되면, AI 또한 여기에 학습 데이터를 누적할 수 있다. 예컨대, 같은 유형의 계약에서 반복 리스크가 발생했는지 감지하여 다음 브리핑에서 "재발 리스크"로 강조하거나, 보고서와 대응 결과 데이터를 바탕으로 "비슷한 사안에서 실제 효과 있었던 선택지"를 자동 제안할 수 있다.

커뮤니케이션은 사실의 전달이 아니다. 그것은 관여이고, 방향 설정이며, 조직을 움직이는 기술이다. 법무팀의 전략 커뮤니케이션은 단순한 소통 도구가 아니라, 조직 내 영향력을 실현하는 구조적 장치다.

AI 시대에 사내변호사가 살아남기 위해서는 기술을 두려워하지 말고 적극 활용해야 한다. 하지만 기술은 도구일 뿐이다. 진짜 중요한 것은 그 도구를 사용해 어떤 메시지를 만들고, 어떤 선택지를 설계하며, 어떤 결정을 이끌어내느냐이다.

이제는 단지 '잘 설명하는 보고서'가 아니라, 논의를 선도하고 결정을 유도

하며 조직의 기억으로 축적되는 커뮤니케이션을 설계해야 한다. 이것이 바로, 사내변호사가 AI 시대에도 조직 내 전략적 존재감을 유지하는 방법이다. 법무팀의 존재 이유가 '무엇을 아는가'에 머무르지 않고, '어떤 선택을 가능하게 만드는가'에 있다는 사실을 기억해야 한다.

PART 4

실전으로 들어가는
기술 감각

사내변호사를 위한 기술 소양

AI가 일의 방식을 빠르게 바꾸고 있는 지금, 법률가에게 요구되는 역량도 근본적으로 달라지고 있다. 과거에는 법률 지식과 논리적 사고만으로 충분했지만, 이제는 기술을 이해하고 해석하는 능력까지 갖추어야 기업의 전략과 리스크를 함께 논의할 수 있다. 특히 사내변호사는 더 이상 법적인 쟁점을 '외부에 넘기는 역할'에 머무를 수 없다. 계약 자동화, 법률 리스크 분석, 내부 시스템 설계 등 다양한 기술 기반 프로젝트에 초기부터 관여하게 되며, 기술에 대한 감각은 실무 대응력뿐 아니라 커뮤니케이션 능력, 조직 내 영향력까지 좌우하는 핵심 자산이 된다.

이 장에서는 사내변호사가 꼭 알아야 할 '기술 소양'을 4가지 전략으로 풀어낸다. AI와 데이터 시대에 법률가가 익혀야 할 새로운 언어는 무엇이며, 개발자와 협업할 때 필요한 최소한의 용어는 무엇인지 짚는다. 또한 사내 기술 환경을 이해하는 관점은 어떻게 달라져야 하는지 살펴보고, 기술 기반 협업 프로젝트에서 사내변호사가 어떤 방식으로 기여할 수 있는지를 구체적으로 제시한다. 기술은 법무의 영역 밖에 있는 것이 아니라, 이제 사내변호사의 핵심 역할을 구성하는 중요한 일부가 되었다.

10-1. AI 시대에 필요한 기술 언어 배우기

1) 최소한의 기본 개념 - API, 모델, 벡터 DB란 무엇인가?

사내 시스템을 바라볼 때, 법무팀은 종종 '검토해야 할 기능이 많다'는 입장에서 머무르게 된다. 그러나 AI 도구나 자동화 시스템 도입 프로젝트에 참여할 때는 단순 사용자 시각을 넘어, 시스템이 어떻게 서로 연결되는가에 대한 기술적 감각이 필요하다. 이를 위한 최소한의 개념이 바로 API, 모델, 그리고 벡터 DB다.

(1) API (Application Programming Interface) - 시스템 간 소통의 창구

API는 서로 다른 시스템이 정해진 규칙에 따라 데이터를 주고받을 수 있도록 해주는 통신 창구다. 예컨대, 전자 계약 시스템이 회계 시스템이나 구매 시스템과 연동되어 계약 체결 후 자동으로 관련 정보를 전달하거나 업데이트하는 경우, 그 연결의 핵심이 API다.

법무팀 입장에서는 시스템 간 데이터 흐름을 파악하고, 어떤 시점에 어떤 API가 호출되어야 하는지를 이해하는 것이 중요하다. 이는 계약 체결, 검토 완료, 문서 저장 등 특정 이벤트와 기술 트리거 사이의 연결을 설계하는 기초가 된다.

(2) 모델 (Model) - AI가 판단을 내리는 근거

생성형 AI든 분류 기반 AI든, AI가 판단을 내리는 근간이 되는 수학적 구조가 바로 모델이다. GPT, BERT, RoBERTa 같은 이름으로 알려진 것들이 전형적인 예다. 이들은 대규모 텍스트 데이터를 기반으로 문장의 패턴과 의미 구조를 학습하고, 이를 통해 새로운 문장을 생성하거나 특정 정보를 추출한다.

법무팀의 입장에서 모델을 이해해야 하는 이유는, AI가 특정 조항을 '리스크가 높다'고 판단하는 기준이 규칙 기반이 아니라 통계적 유사성과 확률적 추정에 기반한다는 점을 인식해야 하기 때문이다. 즉, 모델의 출력은 참고 자료이지, 법적 판단의 대체물이 될 수 없다.

(3) 벡터 DB (Vector Database) - 의미 기반 문서 검색의 핵심

기존의 관계형 데이터베이스(RDB)는 이름, 날짜, 금액처럼 명확히 정의된 필드를 저장하고 처리하는 데 적합하지만, 계약서 문장처럼 길고 복잡한 자연어는 다루기 어렵다. 벡터 DB는 문장을 수백 차원의 벡터로 변환한 후, 이 벡터들 간의 유사도를 계산하여 유사 문장을 탐색할 수 있도록 설계된다.

예컨대, "귀책사유로 인한 해지 조항이 포함된 계약서"를 검색하면, 해당 의미에 가까운 문장을 포함한 계약서를 찾아줄 수 있다. 이는 GPT 등 LLM과 결합하여 검색 + 생성(RAG: Retrieval Augmented Generation) 기능의 핵심 기반이 된다.

이 3가지 개념은 모두 독립된 기술 요소이면서, 실제 업무에 도입할 때는 상호 연동되어 작동한다. 사내변호사는 이들을 깊이 있게 개발할 필요는 없지만, 개발자나 기획자와 논의할 때 "API 연동 방식은?", "이 모델의 판단 근거는?", "문장 검색은 벡터 DB 기반인가?"와 같은 질문을 던질 수 있어야 한다. 즉, 기술을 깊이 이해하기보다 기술을 전략적으로 대화하는 감각이 필요한 것이다.

2) 개발자와 일할 때 필요한 핵심 용어

개발자와 협업하는 과정에서 기술 자체를 구현하지 않더라도, 핵심 개념과 용어를 이해하고 있어야 논의가 가능하다. 특히 AI 시스템이나 계약 관리 솔루션 같은 법무 관련 IT 프로젝트에 참여할 때는, 기획 · 요구 사항 정의 · 검수 단계마다 법무팀이 기술 의사결정의 문턱에서 소통할 수 있는 수준의 기술 감각이 필요하다.

(1) 프론트엔드, 백엔드 - 사용자가 보는 것과 뒤에서 처리되는 것

'프론트엔드'는 사용자가 실제로 클릭하고 보는 계약 작성 화면이고, '백엔

드'는 그 뒤에서 데이터를 처리하거나 저장하는 서버 기능이다. 예를 들어 프론트엔드에서 '계약 체결' 버튼을 누르면, 백엔드에서 실제 API가 호출되어 계약 상태가 업데이트된다.

문제 발생 시 어느 쪽의 오류인지 판단할 수 있으면, 개발자와의 커뮤니케이션 정확도가 높아진다.

(2) JSON (JavaScript Object Notation) - 시스템 간 데이터 교환의 표준

법무팀이 자주 마주치는 API 결과물이나 시스템 로그는 대부분 JSON 형식으로 구성되어 있다. 예를 들어 계약서 자동 생성 시스템에서 특정 필드를 저장하거나 전송할 때, JSON은 다음과 같이 구성된다.

```
{ "contractTitle": "공급계약서",
  "counterparty": "ABC Corp",
  "amount": 10000000,
  "riskLevel": "medium"
}
```

이 구조를 이해하면, 데이터가 누락되었거나 포맷 오류가 발생했을 때 원인을 파악하거나 개발자에게 정확히 문의할 수 있다.

(3) 스키마 (Schema) - 데이터 구조의 설계도

스키마는 계약서나 사건 관리 시스템에서 어떤 항목을 어떤 형식으로 저장할지 정의한 규칙표다. 예를 들어, 계약 데이터 스키마에는 계약명(String), 계약 일자(Date), 금액(Integer), 상태(Enum: 체결/해지/종결 등) 등이 포함될 수 있다.

이 구조를 이해하면, 새로운 항목을 시스템에 추가할 때 어떤 영향을 주는지, 데이터 정합성 검토가 필요한 이유가 무엇인지 알 수 있다.

(4) 에러 로그 & 디버깅 - 문제 해결의 출발점

계약 자동화 시스템에서 특정 계약이 저장되지 않았거나, 요약 결과가 비어 있을 때 개발자는 가장 먼저 '에러 로그'를 확인한다. 법무팀은 로그 메시지의 의미를 완벽히 해석할 필요는 없지만, 로그가 왜 필요한지, 어떤 조건에서 기록되는지를 이해하고 있어야 정확한 상황 설명이 가능하다.

이러한 기술 용어들은 대부분 하나하나 보면 어렵지 않지만, 초기에 낯설게 느껴지기 쉽다. 하지만 법무팀이 계약 조항을 구조화하고, 리스크를 설계하며, 실무 흐름을 문서화하는 데 강점이 있다면, 이러한 기술 용어들 역시 충분히 익숙해질 수 있다. 핵심은 기술 그 자체보다 기술이 말하는 구조와 논리를 해석해 내는 감각이다.

10-2. 사내 기술 환경 이해하기

1) 클라우드, 데이터베이스 연결, 로그 구조의 기본

법무 시스템이 단독으로 존재하는 경우는 드물다. 대부분의 기업에서는 계약 시스템, 회계 시스템, 구매·ERP 시스템 등이 유기적으로 연결되어 있고, 법무 기능은 그 중간에 연동되어 작동하는 경우가 많다. 따라서 사내변호사는 기능 단위의 검토를 넘어서, 기술 인프라 전체 맥락 속에서 법무 시스템의 위치와 흐름을 이해할 수 있는 감각이 필요하다.

(1) 클라우드 환경 이해하기

최근 대부분의 시스템은 클라우드 기반으로 전환되고 있다. SaaS(Software as a Service) 솔루션은 기업 내 서버에 설치하지 않고 웹 기반으로 사용하며, 데이터 저장, 기능 업데이트, 보안 유지 등을 공급사가 책임진다.

법무팀은 클라우드 기반 솔루션 도입 시 계약상 보안 조항, 개인정보 이전,

관할권 및 분쟁 해결지 등과 함께, 기술적으로도 "데이터가 어디에 저장되고, 누가 접근 권한을 갖는가."를 이해하고 검토해야 한다.

(2) 데이터베이스 연결 방식의 이해

법무 시스템이 단독으로 계약서를 보관하는 것만으로는 업무 자동화가 어렵다. 예를 들어, 계약 금액이 회계 시스템으로 자동 반영되거나, 계약 만료일이 일정 관리 시스템과 연동되는 등의 기능은 데이터베이스(DB) 연결을 통해 가능해진다. 주요 DB 연결 방식은 아래와 같다.

- 직접 쿼리 방식: 내부 시스템에서 직접 DB에 접근하여 데이터를 읽고 씀
- API 연동 방식: 시스템 간 정의된 방식으로 데이터 요청 및 수신
- ETL 방식: 주기적으로 데이터를 추출(Extract)하여 가공(Transform)하고, 다른 시스템에 적재(Load)

이 중 어떤 방식을 사용하는지는 시스템의 민감도, 실시간성, 보안 요건에 따라 결정되며, 법무 시스템이 다른 시스템과 데이터를 주고받을 때 고려해야 할 핵심 요소다.

(3) 인증과 권한 관리에 대한 이해

시스템에 로그인하거나 특정 기능을 사용할 때, 사용자 인증(Authentication)과 권한 부여(Authorization)는 필수적으로 작동하는 절차다.

- Authentication: 사용자가 누구인지 확인하는 절차 (사내 SSO 시스템)
- Authorization: 인증된 사용자가 어떤 기능에 접근할 수 있는지를 결정 (계약서 열람 가능하지만 수정 불가 등)

법무 시스템에 AI 기능을 도입하거나 외부 SaaS를 연동할 때, 이러한 인증/권한 체계를 어떻게 구성할 것인지도 법무 검토 포인트다.

2) 감사 추적과 로그 관리의 중요성

시스템 내에서 누가, 언제, 어떤 변경을 했는지를 기록하는 Audit Trail(감사 추적) 기능은 법무, 컴플라이언스, 정보 보안 측면에서 핵심적이다.

법무 시스템이 단독으로 계약서를 저장하거나 요약하더라도, 그 결과물이 향후 법적 분쟁의 증거로 사용될 수 있기 때문에, 기록의 신뢰성과 변경 이력의 추적 가능성은 중요한 기술적 요구 사항이다. 로그는 다음과 같이 구분된다.

- 접근 로그: 누가 언제 시스템에 접근했는가
- 행위 로그: 어떤 기능이 호출되었고, 어떤 파라미터가 입력되었는가
- 에러 로그: 어떤 오류가 발생했고, 그 위치와 원인은 무엇인가

특히 AI 기술이 도입된 법무 시스템에서는 감사 추적이 더욱 중요해진다. AI가 계약서를 자동 분석하거나 리스크를 평가할 때, 그 판단 근거와 과정이 명확히 기록되어야 한다. 만약 AI의 분석 결과에 따라 중요한 비즈니스 결정이 내려졌는데 나중에 문제가 발생한다면, 당시 AI가 어떤 데이터를 바탕으로 어떤 로직을 거쳐 그런 결론에 도달했는지 추적할 수 있어야 한다.

또한 사람이 직접 수정한 내용과 AI가 생성한 내용을 구분할 수 없는 로그 시스템은 향후 법적 책임 소재 판단에 혼란을 줄 수 있다. 따라서 모든 AI 기반 작업에는 명확한 태깅과 버전 관리가 필요하다.

10-3. 협업 프로젝트에서 사내변호사의 역할

앞서 살펴본 기술 감각과 시스템 구조에 대한 이해는, 결국 '실제 프로젝트에서 법무가 어떻게 참여할 것인가'라는 질문으로 이어진다. 특히 시스템 도

입이나 개선 같은 협업 프로젝트에서, 법무팀은 단순한 검토 부서를 넘어 실질적인 방향을 잡는 역할을 할 수 있다. 핵심은 2가지다. 요구 사항을 명확히 정의하고, 경영진을 설득하는 일. 이 두 축이 잘 작동하면, 법무의 영향력은 생각보다 훨씬 커진다.

1) 요구 사항 정의 - "무엇이 필요한가"를 기술 언어로 번역하기

프로젝트 초기 단계에서 자주 마주하는 장면이 있다. 실무자가 "법적으로 이런 기능이 필요하다."고 말했는데, 개발팀이나 기획팀은 그걸 정확히 이해하지 못해 엉뚱한 방향으로 구현되는 경우다. 이때 사내변호사가 단순히 법률적 필요만 말하고 끝내면, 프로젝트는 겉돌기 쉽다. 결국 중요한 건, 그 요구를 기술적으로 어떻게 풀어낼지를 함께 고민하고 설명하는 일이다.

> **[효과적인 요구 사항 번역 예시]**
> "계약서 원본을 보존해야 한다." → "PDF 변환 후 해시값 저장, 외부 수정 차단, 보관 기한 5년 설정 필요."
> "비밀 유지 기간이 계약마다 달라서 분쟁 위험이 있다." → "NDA 조항에서 유효기간 필드 추가 및 자동 알림 설정 요청."
> "위약금 조항이 누락될 경우 리스크가 크다." → "위약금 항목 필수 입력값으로 설정 + 미입력 시 저장 제한 기능 반영."

이처럼 단순히 '기능'을 나열하기보다는, 그 기능이 왜 필요한지를 업무 목적과 리스크 관리 맥락과 함께 설명하는 것이 훨씬 효과적이다.

2) 도입 검토 보고서 작성: 기술을 모르는 경영진을 설득하는 구조

사내 시스템 도입 과정에서 법무가 경영진에게 보고해야 할 때가 많다. 그런데 이때 자주 고민하게 되는 부분이 있다. 기술적 내용을 어떻게 "이해 가능한 문장"으로 풀어낼 수 있을까? 법무는 개발자가 아니기 때문에 기술을 깊게 설명할 수는 없고, 또 경영진은 기술보다 판단 기준을 찾고 싶어 한다.

> **[4단계 보고서 구조]**
>
> 1. 문제 인식: 현재 어떤 문제가 발생하고 있는지부터 짚어야 한다.
>   예: "계약 체결 후 회계팀에 전달 누락 → 매출 인식 지연 → 외부 감사 지적 사례 발생"
> 2. 대안 요약: 어떤 옵션을 검토했는지, 그 장단점은 무엇인지 간단하게 비교한다.
>   예: "A안은 자체 개발, B안은 SaaS 도입. 초기 비용은 A안이 낮으나 유지 관리 부담은 높음"
> 3. 법무 리스크 강조: 각 옵션에서 생길 수 있는 법적 이슈나 리스크를 짚는다.
>   예: "SaaS는 데이터 국외 저장 이슈 발생 가능성 있음 → 개인정보보호법상 처리 기준 필요"
> 4. 의견 및 권고안: 명확한 방향과 함께 보완 조건을 제시한다.
>   예: "B안을 추천하며, 단 계약서상 SLA 조항에 장애 대응 시점 명시 필요"

그리고 이때 시각적 자료를 함께 제시하면 훨씬 낫다. Before/After 업무 흐름도, 1페이지 요약표, 의사결정 시나리오별 장단점 비교표 같은 자료가 있으면, 경영진 입장에서도 판단이 훨씬 빨라진다. 이런 보고서는 단순한 의견 전달을 넘어서, 전략 문서로 기능하게 된다.

결국 중요한 것은, 기술을 대신 설명해 주는 것이 아니라 '판단할 수 있는 틀'을 제공하는 일이다. 법무팀이 해야 할 일은, 기술 설명자가 아니라 맥락과 리스크를 정리해 주는 설계자가 되는 것이다.

부록

GPT를 처음 사용하는 변호사를 위한 10분 Q&A

"AI를 써 보겠다고 GPT를 켰는데 엉뚱한 답만 나와서 포기했다면, 10분만 할애하여 이 Q&A부터 읽어보자."

Q1. GPT는 뭔가요? 어떻게 작동하나요?

GPT는 앞 문장을 보고 다음에 어떤 단어가 자연스럽게 이어질지 예측하는 언어 모델이다. 예를 들어 "계약서를 검토하고"라는 문장이 주어지면, 그다음에 올 말로 "있다", "나서", "싶다" 같은 표현들을 떠올리고, 그중에서 가장 자연스러운 표현을 선택해 문장을 완성해 나간다. 쉽게 말해, GPT는 엄청나게 많은 텍스트를 보고 배운 뒤 비슷한 상황에서 사람들이 어떻게 말하는지 패턴을 익혀서 그럴듯한 답변을 만들어내는 시스템이다. 정답을 '아는' 것이 아니라, 그럴듯한 답을 '만들어내는' 것이라고 이해하면 된다.

Q2. GPT 답변은 어디까지 믿을 수 있나요?

핵심은 이것이다. GPT는 '그럴듯한 답변'을 만드는 것이지, '정확한 답변'을 찾아 주는 것이 아니다. GPT의 답변은 매우 자연스럽고 확신에 찬 어조로 나오지만, 내용이 틀릴 가능성도 항상 염두에 두어야 한다. 이를 '할루시네이션(hallucination)' 현상이라고 하며, 존재하지 않는 판례를 만들어내거나 잘못된 법령 조항을 인용하는 경우도 있다. 따라서 GPT가 제공한 정보는 반드시 별도 검증을 거쳐야 하며, 특히 법률 분야에서는 더욱 신중하게 접근해야 한다.

Q3. 변호사로서 GPT 사용 시 주의 사항은 무엇인가요?

GPT는 '대신'해 주는 도구가 아니라 '도와주는' 도구다. 초안 작성, 아이디어 정리, 번역 등에는 매우 유용하지만, 그 결과물이 법적으로 정확한지는 반드시 전문가가 검증해야 한다. 계약서나 법률 의견서처럼 단어 하나로도 의미가 달라질 수 있는 문서에서는 특히 주의해야 하고, 고객 정보나 기밀 내용을 GPT에 입력할 때는 개인정보보호와 보안 정책을 반드시 확인해야 한다. 기억하자. 최종 책임은 항상 변호사에게 있으며, GPT는 여러분의 전문성을 보완하는 도구일 뿐 대체하는 것은 아니다.

Q4. GPT는 유료 버전을 꼭 써야 할까요? 차이점은?

꼭 그렇지는 않다. 무료 버전으로도 기본적인 문서 작성, 번역, 간단한 검토는 충분히 가능하다. 다만 유료 버전(ChatGPT Plus)은 응답 속도가 빠르고, 하루 사용 제한이 없으며, 파일 업로드나 이미지 분석 같은 고급 기능을 쓸 수 있다. 특히 계약서 파일을 직접 업로드해서 검토받고 싶다면 유료 버전이 필요하다. 업무에 본격적으로 활용하려면 유료 버전을 권하지만, 처음 써보는 단계라면 무료 버전으로 충분히 감을 잡을 수 있다.

Q5. GPT는 우리 대화를 '기억'하나요?

한 번의 대화 세션 안에서는 앞에서 말한 내용을 기억하는 것처럼 보이지만, 진정한 의미의 '기억'은 아니다. 대화창을 닫거나 새 채팅을 시작하면 이전 내용이 사라지고, 완전히 백지상태에서 다시 시작된다. 그래서 "저번에 내가 A회사 계약서 검토 건으로 질문했는데…"라고 물어봐도 GPT는 전혀 기억하지 못한다. 매번 새로운 대화라고 생각하고 필요한 맥락은 다시 설명해 줘야 한다.

Q6. 내가 준 문서만 참고해서 GPT가 답해 줄 수는 없나요?

있다. 여러분이 직접 문서를 업로드하거나 텍스트를 붙여 넣은 뒤 "이 문서만 참고해서 답변해 줘."라고 명시적으로 요청하면 된다. 또는 "회사 내부 규정에 따르면…"이라고 구체적인 내용을 제시하고 질문하는 방법도 있다. 더 고도화된 방법으로는 기업용 맞춤형 AI를 구축해서 사내 데이터베이스와 연결하는 방식이 있는데, 이를 통해 GPT가 회사 내부 자료만을 검색해서 답변을 만들어낼 수 있다. 많은 리걸테크 업체들이 이런 서비스를 제공하고 있다.

Q7. GPT 말고 다른 AI 도구들을 추천해 주세요.

ChatGPT가 가장 유명하지만 다른 좋은 옵션들도 많다. Claude(Anthropic)는 긴 문서 작성과 분석에 강하고 법률문서 검토에 특히 유용하다. 퍼플렉시티(Perplexity)는 최신 정보 검색에 뛰어나서 판례나 법령 변경 사항을 찾을 때 좋다. 구글 제미나이(Gemini)는 무료로 쓸 수 있어서 부담 없이 시작하기 좋고, 구글 검색과 연동되는 장점이 있다. 각각 장단점이 다르니 여러 개를 써 보면서 본인 업무에 가장 맞는 것을 찾아보는 걸 권한다.

Q8. AI는 오래전부터 있었는데, 왜 갑자기 이렇게 똑똑해진 건가요?

사실 AI 자체는 수십 년 전부터 있었지만, 예전 AI는 체스나 번역처럼 1가지만 잘하는 전용 도구였다. 최근 ChatGPT 같은 생성형 AI가 갑자기 똑똑해진 건 3가지가 동시에 발전했기 때문이다. 첫째, 인터넷상의 엄청난 양의 텍스트 데이터를 학습할 수 있게 되었다. 둘째, 문장을 단편적으로 보던 기존 방식에서 벗어나, 문맥 전체를 이해할 수 있는 AI 구조가 개발되었다. 셋째, 복잡한 계산을 빠르게 처리해 주는 'GPU'라는 장치가 발전하면서, 아주 큰 AI 모델도 훈련시킬 수 있게 되었다. 이 세 요소가 만나면서 GPT는 단순한 문장 완성을 넘어 논리적 추론, 코딩, 번역 등 예상치 못한 새로운 능력들을 보여주기 시작했다.

이 Q&A가 GPT를 처음 접하는 변호사들에게 도움이 되기를 바란다. AI는 복잡해 보이지만, 기본 원리만 이해하면 업무에 충분히 활용할 수 있는 실용적인 도구다.

사내 시스템을 이해하는 기술적 프레임

앞 장에서 다룬 내용이 AI 시대에 필요한 기본적인 기술 언어와 협업 방법에 대한 감각을 키우는 데 초점을 맞췄다면, 이제부터는 이러한 기술들이 실제 어떻게 구현되고 운영되는가를 시스템 관점에서 이해하는 사고 전환이 필요하다. 특히 시스템 도입 검토나 AI 도구 연동 프로젝트에 참여하는 사내변호사라면, 기술 도입 방식과 인프라 형태에 따라 법적 리스크와 검토 관점이 어떻게 달라지는지를 구분할 수 있어야 한다.

법무팀이 단순히 '기능 요청'을 하는 부서가 아니라 '시스템 설계와 리스크 관리'에 능동적으로 참여하기 위해서는, 사내 시스템이 어떤 구조로 연결되어 있고, AI는 그 속에서 어떤 역할을 하는지에 대한 전체적인 그림을 그릴 수 있어야 한다. 이 장에서는 클라우드 기반 시스템과 온프레미스 시스템의 차이, 전사 시스템에서 법무의 위치, 그리고 AI 생태계 전반의 구조를 법무 관점에서 이해하는 방법을 다룬다.

11-1. 클라우드 기반 SaaS와 온프레미스 시스템 차이점 이해하기

시스템이 사내에 물리적으로 설치되어 운영되는지, 아니면 외부 클라우드 환경을 통해 제공되는지에 따라 기업의 데이터 통제 범위, 법적 책임, 운영 방식이 달라진다. 법무팀이 계약서, 분쟁 자료, 개인정보 등 민감한 정보를 다루는 이상, 시스템 인프라의 차이를 이해하지 않고는 적절한 법적 판단을 내리기 어렵다.

가장 기본적인 구분이 바로 클라우드 기반 SaaS와 온프레미스 시스템이며, 이 차이를 이해하면 법무 검토 시 데이터 주체의 위치와 저장 위치, 관할권 이슈부터 계약 당사자의 시스템 관리 책임 분배, 장애 발생 시 법적 책임 소재와 대응 프로세스 설계까지 스스로 기준을 설정할 수 있다.

1) 클라우드 기반 SaaS (Software as a Service)

외부 서비스 제공자가 모든 인프라를 소유하고 관리하며, 웹 브라우저나 API를 통해 접속하는 방식이다. 사내에 별도 설치가 불필요하고 공급사가 자동 업데이트를 제공하므로 기업은 최신 기능을 빠르게 활용할 수 있다. Google Workspace, Salesforce, Docusign 등이 대표적이다.

법무 관점 주요 포인트
- 데이터가 어느 나라, 어느 리전에 저장되는가 → GDPR 등 해외 개인정보보호법 적용 여부
- 계약서상 SLA(Service Level Agreement) 및 보안 책임 주체 확인
- 서비스 해지 시 데이터 반환 및 삭제 프로세스 확보

2) 온프레미스(On-Premise) 시스템

사내 IT팀이 직접 서버를 구축하고 운영하며, 사내 네트워크 또는 VPN을 통해 접속한다. 기업 내부에서 직접 업데이트와 유지 보수를 수행해야 하지만 커스터마이징 가능성이 높다. 대형 금융 기관의 내부 전산 시스템이나 자체 구축형 계약 관리 시스템이 이에 해당한다.

법무 관점 주요 포인트
- 시스템 보안 책임과 장애 대응이 내부 책임이므로, 운영 리스크와 컴플라이언스 이슈 사전 점검 필요
- 민감 정보, 내부 감사 기록 등 외부 위탁이 어려운 정보 보관에 적합

3) 하이브리드 환경의 현실적 고려 사항

양자택일의 문제는 아니다. 실제로는 SaaS와 온프레미스를 혼합한 하이브리드 환경이 많다. 예컨대, 계약서 작성은 클라우드 기반 시스템에서 하되, 완성된 계약서 PDF는 내부 온프레미스 저장소에 별도 보관하는 방식이다. 이러한 혼합 구조에서는 데이터 흐름과 책임 분리가 더 복잡해지므로, 법무팀은 업무와 정보 흐름 전반을 기준으로 법적 요구 사항과 기술 설계가 일치하는지를 점검할 수 있어야 한다.

11-2. 전사 시스템 구조에서 법무 시스템의 위치

법무 시스템은 대개 단독으로 존재하지 않는다. 대부분의 기업은 ERP를 중심으로 회계, 구매, 인사 등 전사 시스템을 구성하고 있으며, 법무 기능은 이 흐름 속에서 실질적인 업무 연결 지점으로 존재한다. 각 기능별 시스템에 어떻게 접점이 형성되는지를 정확히 이해해야 한다.

1) 계약-회계-공시 시스템의 연결 흐름

신규 공급 업체와 계약을 체결하는 경우, 계약 초안 작성은 법무팀이, 업체 등록은 구매팀이 ERP에 입력하고, 계약 체결 후 대금 지급 및 세금 계산은 회계팀이 진행한다. 이 과정에서 계약서의 핵심 조항인 납기, 지급 조건, 손해배상 한도 등은 ERP나 회계 시스템에 등록된 정보와 논리적으로 일치해야 한다.

- 계약 초안 작성: 법무팀 담당
- 업체 등록: 구매팀이 ERP에 입력
- 계약 체결 후 대금 지급 및 세금 계산: 회계팀이 진행

만약 법무 시스템이 ERP나 회계 시스템과 연동되지 않는다면, 계약은 체결되었음에도 ERP상 '미체결' 상태로 남을 수 있고, 회계팀이 해당 계약의 존재를 인지하지 못한 채 비용 처리를 누락할 수 있다.

2) 정보 단절로 인한 실질적 리스크

이러한 단절은 중요 계약 정보 누락으로 인한 회계 처리 누락과 공시 누락 가능성, 계약 체결 정보 불일치로 인한 외부 감사에서의 관리 부실 지적, 법무팀 검토 내용이 실행 부서에 전달되지 않아 리스크 통제가 실패하는 등의 실질적 리스크로 이어진다.

더 나아가 회계팀이 납품 시점에 비용을 반영하거나 매출 인식 기준일을 설정해야 하는데, 계약서에서 명시된 기준과 내부 시스템 정보가 불일치하면 재무 보고 기준 자체가 흔들릴 수 있다. 이때 법무팀이 "계약상 기준은 이렇다."고 주장해도, 시스템에 반영된 실무 정보가 다르면 조직 내 효력은 미미

해진다.

3) 법무팀의 사전 점검 질문

법무팀은 이러한 흐름을 고려해 다음과 같은 점검 질문을 스스로 던져야 한다.

> · 우리는 계약서의 어떤 정보를 다른 부서와 공유하고 있는가?
> · 이 정보는 현재 어떤 방식(이메일, 파일, 수기 전달 등)으로 전달되고 있는가?
> · 이 전달 방식은 자동화 가능성이 있는가?
> · 우리 회사의 ERP 시스템은 외부에서 데이터를 입력하거나 가져올 수 있는 API를 제공하고 있는가?

이러한 질문에 답하면서 법무 AI는 단순한 도구가 아닌 전사 업무 흐름의 허브로 진화하게 된다. 사내 시스템과 연결되지 않은 법무 AI는, 결국 다시 사람이 손으로 연결해야 하는 또 하나의 수작업 도구로 전락할 위험이 있다.

11-3. 데이터 접근 방식
: API 기반, 수동 업로드, DB 연동의 차이

법무팀이 다루는 데이터는 대부분 계약서, 자문서, 동의서 등 비정형 텍스트 파일로 존재한다. 워드 파일, PDF, 이메일 본문 등에 흩어진 이 정보들은 사람이 읽고 이해하는 데는 문제가 없지만, 다른 사내 시스템과 연계되어 자동으로 처리되기에는 한계가 있다. 그래서 AI 도입의 핵심은 단순히 "문서를 읽게 하는 것"이 아니라, 그 안의 정보를 구조화된 형태로 추출하고 전달 가능한 방식으로 가공하는 데 있다.

1) API 기반 연동 - 실시간 자동화의 핵심

시스템 간에 사전 정의된 인터페이스를 통해 실시간으로 데이터를 요청하고 응답받는 방식이다. 계약 체결 완료 시 회계 시스템에 계약 정보가 자동 전송되거나 구매 시스템과 납기 조건이 자동 연동되는 것이 대표적이다. 실시간성과 오류 최소화, 트리거 기반 자동화 설계가 가능하다는 장점이 있지만, 시스템 간 명확한 스펙 정의와 보안 인증 및 사용자 권한 설정이 필수다.

2) 수동 업로드 - 간단하지만 한계가 명확한 방식

사람이 데이터를 추출하여 엑셀이나 CSV 파일 형태로 가공한 뒤, 수작업으로 다른 시스템에 업로드하는 방식이다. 구현이 쉽고 별도 개발이 불필요하다는 장점이 있지만, 실수 및 누락 가능성과 최신성 부족, 자동화 한계라는 단점이 있다. 법무팀 입장에서는 파일 전달 시점의 지연으로 인해 조기 대응이 어려워지고 분쟁 대응 기준 시점이 왜곡될 수 있다.

3) DB 연동 - 안정적이지만 복잡한 구조

시스템 간 데이터베이스를 직접 연결하고, 배치 작업을 통해 주기적으로 데이터를 갱신하는 구조다. 계약 관리 시스템과 ERP 시스템 간 야간 배치 연동을 통해 일자별 계약 체결 내역을 자동 동기화하는 방식이 대표적이다. 중간 개입 없이 자동 갱신이 가능하고 데이터 신뢰도가 높다는 장점이 있지만, DB 구조 변경 시 취약하고 보안, 접근 권한, 중복 입력 통제 등 사전 설계가 필요하다.

4) 연동 방식 선택의 기준

[연동방식 비교표]

항목	① API 기반 연동	② 수동 업로드	③ DB 연동
방식 설명	시스템 간 실시간 데이터 요청·응답	사람이 파일 추출 후 수작업 업로드	시스템 간 DB 직접 연결, 정기적 자동 갱신
자동화 수준	★★★★★ (트리거 기반 자동화 가능)	★★☆☆☆ (사람 손에 의존)	★★★★☆ (배치 기반 자동화)
장점	실시간 처리, 오류 최소화, 업무 즉시 반영	구현 간단, 개발 불필요	중간 개입 없이 안정적 갱신, 신뢰도 높음
단점	스펙 정의 필요, 보안 인증 이슈	실수·누락 위험, 최신성 떨어짐	DB 구조 변경 시 취약, 설계 복잡
법무팀 활용 예시	계약 체결 → 공시 자동 연동, 리스크 트리거 작동	미수채권 엑셀 공유 → 대응 계획 수립	계약 만료일 알림, 미체결 계약 자동 검출

이 세 방식은 단순히 "어떻게 데이터를 주고받을 것인가"의 문제를 넘어서, 법무팀이 AI와 자동화 시스템을 실질적으로 활용할 수 있는 기반 조건이다. AI가 계약 리스크를 자동 검출하더라도 연동된 데이터가 최신이 아니거나 일관성이 없다면 분석 결과의 신뢰도는 현저히 떨어진다. 따라서 법무팀이 시스템 연동 회의에 참여할 때는 현재 어떤 방식으로 데이터를 받고 있는지, 이 방식이 계약 체결부터 검토, 이행, 공시의 전 흐름을 뒷받침할 수 있는지, 반복 업무를 줄이고 리스크 대응 속도를 높이기 위해 자동화할 수 있는 영역은 어디인지 같은 시각을 갖는 것이 필요하다.

11-4. AI 도입 구조 이해
: AI 생태계 관점에서 보는 실무 설계

AI를 법무팀에 도입한다는 것은 단순히 ChatGPT 같은 도구를 사용하는 것 이상의 의미를 갖는다. 기업 내부에 AI가 어떻게 도입되고 운영되는지, 그리고 그 과정에서 사내변호사가 무엇을 고려해야 하는지를 AI 생태계 전체의 구조 속에서 이해할 필요가 있다.

1) AI 생태계의 4계층 구조

생성형 AI는 단일 기술이 아니라 하드웨어부터 응용 애플리케이션까지 이어지는 복합적인 생태계 위에서 작동한다. 이를 구성하는 주요 계층을 파악해야 각 단계별 법적 리스크를 체계적으로 검토할 수 있다.

AI 반도체/하드웨어 계층은 GPU, TPU 등 고성능 연산장치가 AI 모델 학습과 실행에 필요한 연산 자원을 제공하는 기반이다. 대부분 기업은 이를 자체 보유하지 않고 클라우드 기반 리소스 임대를 통해 활용한다. 법무 관점에서는 외부 인프라 사용 시 SLA, 보안 규격, 데이터 유출 방지 조항 등 계약 내 보장 요소를 확인해야 한다.

클라우드 플랫폼 계층은 AI 모델을 실행하고 데이터를 저장·연동하는 핵심 인프라다. 마이크로소프트 Azure, AWS, Google Cloud 등이 대표적이며, AI 서비스는 이 위에서 구동된다. 여기서는 데이터 저장 위치, 관할권 문제, 장애 시 책임 주체와 복구 절차를 명확히 해야 한다.

AI 모델 계층에는 오픈소스 모델, 상용 모델, 자체 파운데이션 모델이 포함된다. 기업은 비즈니스 목적에 따라 이들 중 하나를 택해 직접 활용하거나 애플리케이션에 통합한다. 사용 모델의 라이선스 유형 및 조건, 결과물의 소유권, 상업적 이용 제한 가능성, 2차 저작물 생성 시 권리 귀속에 대한 검토가 필요하다.

응용 애플리케이션 계층은 사용자가 실제로 마주하는 서비스 형태로, 리걸테크 솔루션, 내부 자동화 챗봇, 보고서 생성기 등 다양한 형태로 구현된다. 프라이버시 보호, 내부 보안 규정 준수 여부, 결과물의 책임 소재를 명확히 해야 한다.

[AI 생태계 역학 관계]

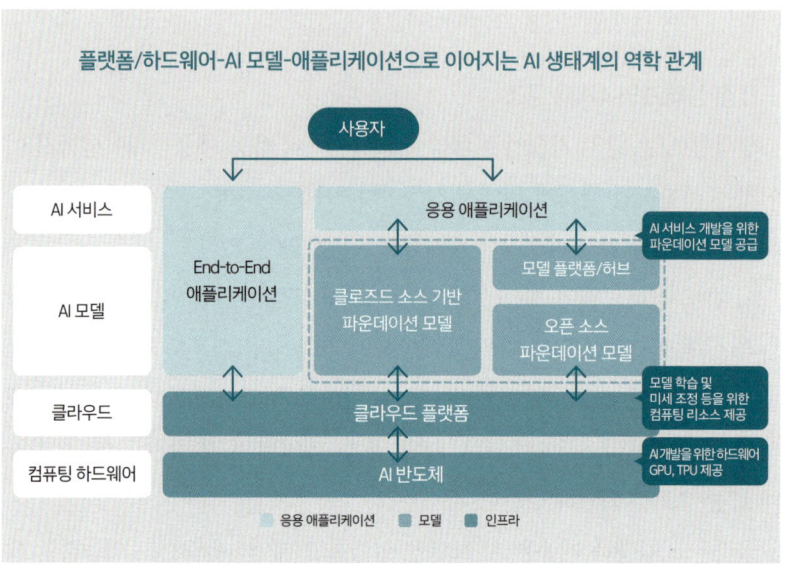

2) 실무에서 자주 마주하는 AI 도입 패턴

이 네 계층을 입체적으로 이해하면, 사내변호사는 회사에 AI 도입 제안이 들어왔을 때 그 기술이 어느 계층에 속하는지 파악하고 검토 우선순위를 설정할 수 있다. 또한 단순 기능 검토가 아닌 전사 IT 인프라와 연결된 계약 구조를 설계하고, 도입 제안서 검토 시 기술 구조에 기반한 책임 구분 조항을 계약서에 반영할 수 있다.

> **패턴 1: SaaS 기반 완성형 솔루션**
> SaaS 기반 완성형 솔루션은 계약서 검토 전문 SaaS나 리걸 챗봇 서비스가 대표적이며, 데이터 주권, 서비스 연속성, 벤더 종속성을 중점적으로 검토해야 한다.

> **패턴 2: 내부 개발 + 외부 모델 연동**
> 내부 개발 + 외부 모델 연동은 사내 시스템에 OpenAI API를 연결하는 방식으로, API 사용 약관과 데이터 처리 범위, 비용 구조를 확인해야 한다.
>
> **패턴 3: 온프레미스 AI 구축**
> 온프레미스 AI 구축은 자체 AI 모델을 훈련하고 배포하는 방식으로, 오픈소스 라이선스와 내부 보안 정책, 운영 책임을 점검해야 한다.

AI는 단지 '툴'이 아니라 하드웨어—인프라—모델—응용까지 연결된 유기적인 생태계다. 사내변호사가 이 구조를 시스템적으로 이해하고 각 단계에서의 리스크 포인트를 구분할 수 있을 때, AI 도입은 단순한 IT 프로젝트가 아니라 전사 전략의 일부로서 안전하고 효율적으로 추진될 수 있다. 이러한 구조적 사고가 쌓이면, 법무팀은 단순한 '리스크 검토 조직'을 넘어 전사 데이터 흐름을 기반으로 조기 리스크를 포착하고 구조적 대응 체계를 제안하는 전략 부서로 진화할 수 있다.

12장
법무를 바꾸는 AI 기술 지도

AI 기술은 이제 법률 업무의 '미래'가 아니라 '현재'다. 하지만 대부분의 사내변호사는 기술의 흐름을 전체적으로 조망하기보다는, 눈앞의 자동화 도구나 챗봇 수준에 머무는 경우가 많다. 실제로 어떤 기술이 어떤 업무에 사용되고 있는지, 기능은 어떻게 나뉘고 어떤 한계가 있는지 체계적으로 파악하지 않으면, 단편적인 도입만 반복되고 실질적인 변화로 이어지기 어렵다.

이 장에서는 '기술의 전체 지도'를 그리는 관점에서, 법무에 적용 가능한 AI 기술들을 실무 기준으로 분류해 본다. 새로운 도구를 마주할 때, 그것이 어떤 기술 기반 위에 있고 어떤 법무 업무에 적합한지 판단할 수 있는 감각을 기르는 것이 이 장의 핵심 목적이다.

앞서 10장에서 기본 기술 소양을, 11장에서 시스템 구조 이해를 다뤘다면, 이제는 이러한 지식을 바탕으로 실제 법무 업무에 어떤 AI 기술이 어떻게 활용될 수 있는지, 그리고 특히 생성형 AI가 사내변호사에게 어떤 의미를 갖는지를 구체적으로 살펴본다. 이를 통해, 사내변호사가 'AI 기술을 쓰는 사람'이 아니라 'AI 도입을 설계하고 판단하는 사람'으로 한 단계 성장할 수 있도록 돕고자 한다.

12-1. 법무 영역별 AI 활용 분류

최근 법무 업무 전반에서 AI의 활용 가능성이 폭넓게 확장되고 있다. 단순한 판례 검색이나 계약서 검토 자동화 수준을 넘어, 사내 시스템과 연결된 고도화된 워크플로까지 AI가 지원하는 시대가 되었다.

법무팀이 AI 도입을 체계적으로 접근하기 위해서는 무엇보다 업무 영역별로 AI 활용 방안을 명확히 구분하여 이해할 필요가 있다. 이는 예산 배분, 인력 교육, 도입 우선순위 결정 등 실질적인 의사결정에 직접 영향을 미치기 때문이다. 다음은 주요 법무 업무 영역별로 현재 활용 가능한 AI 기술들을 정리한 것이다.

1) 계약 관리 영역의 AI 혁신

계약 관리는 아마도 가장 AI 도입 효과가 뚜렷하게 나타나는 분야일 것이다. 반복적이면서도 패턴화가 가능한 업무 특성상 AI의 강점이 극대화되는 영역이기 때문이다.

계약 초안 자동 생성 기능은 이제 단순한 템플릿 복사를 넘어섰다. 기존 템플릿과 이전 유사 계약을 종합 분석하여 계약 상대방과 거래 유형에 맞는 맞춤형 조항을 제안하는 수준까지 발전했다. 예를 들어, 스타트업과의 협업 계약에서는 지식 재산권 조항을 강화하고, 대기업과의 계약에서는 손해배상 한도 조항을 세밀하게 설정하는 식으로 상황에 맞는 초안을 생성할 수 있다.

리스크 조항 자동 탐지는 사내변호사의 검토 업무를 획기적으로 지원한다. AI는 과거 분쟁 사례나 내부 가이드라인을 학습하여 손해배상, 해지, 독소 조항 등을 자동으로 하이라이팅하고 태깅한다. 더 나아가 위험도가 높은 표현을 사전에 감지하여 협상 포인트까지 제시한다.

버전 비교 및 변경 이력 시각화 기능은 협상 과정에서 특히 유용하다. 이전 버전과의 차이를 자동으로 비교하고 조항별 변경 포인트를 시각적으로 표시함으로써, 어떤 부분이 어떻게 변경되었는지를 한눈에 파악할 수 있어 협상 전략 수립에 실질적인 도움을 준다.

2) 자문 및 의견서 작성의 효율화

법무팀에게 들어오는 자문 요청은 대부분 유사한 패턴을 보인다. 이런 특성을 활용하면 AI를 통해 상당한 업무 효율화를 달성할 수 있다.

유사 자문 사례 자동 검색 및 요약 시스템은 과거 회신 자문 데이터베이스를 기반으로 유사 사안을 자동 추천한다. 단순한 키워드 검색을 넘어서 의미적 유사성을 기반으로 관련 사례를 찾아 주기 때문에, 사내변호사는 과거 자신이나 동료가 작성한 자문을 놓치지 않고 참고할 수 있다.

내부 규정 기반 자문 초안 생성은 복잡한 사내 규정들을 종합하여 일관된 자문 의견을 도출하는 데 활용된다. 특히 여러 부서의 규정이 얽혀 있는 복합적인 이슈에서 그 효과가 두드러진다.

법령·유권 해석 기반 Q&A 자동화는 반복적으로 들어오는 질문에 대해 표준화된 답변을 자동 생성하여 업무 효율성을 크게 향상시킨다. 다만 이 경우에도 최신 해석례나 법령 개정 사항이 적시에 반영되도록 지속적인 업데이트가 필요하다는 점을 간과해서는 안 된다.

3) 분쟁 및 리스크 관리의 선제적 대응

분쟁 관리에서 AI의 가장 큰 가치는 '사후 대응'이 아닌 '사전 예방'에 있다.

분쟁 전조 징후 탐지 시스템은 계약 불이행 패턴이나 이슈 발생 전 내부 커뮤니케이션을 종합 분석한다. 이메일, 회의록, 프로젝트 진행 상황 등을 통합적으로 분석하여 분쟁으로 발전할 가능성이 있는 사안을 미리 감지하는 것이다. 이는 법무팀이 단순한 사후 처리 부서가 아니라 리스크 예방의 핵심 역할을 할 수 있게 해준다.

클레임·민원 자동 분류 기능은 들어오는 민원이나 클레임을 자동으로 분류하여 긴급도와 대응 방향을 제시한다. 이를 통해 제한된 법무팀 인력을 보다 효율적으로 배분할 수 있다.

분쟁 가능성 예측 점수화는 과거 데이터를 학습하여 특정 거래나 상황에서 분쟁이 발생할 확률을 수치로 제시한다. 물론 이러한 예측이 절대적인 것은 아니지만, 리스크 관리의 객관적 지표로 활용할 수 있다는 점에서 의미가 있다.

4) 문서 생성 및 업무 자동화

정형화된 법률문서 작성은 AI가 가장 효과적으로 지원할 수 있는 영역 중 하나다.

공문·내용 증명·진술서 자동 작성 시스템은 이슈 유형별로 필요한 입력 값만 제공하면 초안을 완성해 준다. 이는 특히 반복적인 업무에서 상당한 시간 절약 효과를 가져온다.

법률 서식 자동화는 법원 제출용 문서나 인허가 서식의 자동 완성뿐만 아니라 서명 필드 자동 삽입까지 지원한다. 복잡한 법정 서류 작성 시간을 대폭 단축할 수 있어 사내변호사의 업무 부담을 실질적으로 덜어준다.

5) 조사 및 분석 영역

법률 리서치는 사내변호사의 핵심 역량 중 하나지만, AI의 도움을 받으면 그 효율성을 크게 높일 수 있다.

법령 키워드 검색 및 요약 정리 기능은 방대한 법령 검색 결과를 읽기 쉬운 형태로 정리하여 제공한다. 단순한 검색을 넘어 유사 조항까지 추천함으로써 놓칠 수 있는 관련 규정까지 포괄적으로 검토할 수 있게 해준다.

판례 요지 생성은 주요 쟁점 중심으로 요지를 자동 정리하고 비교표까지 작성한다. 이를 통해 판단 기준의 변화나 경향을 보다 쉽게 파악할 수 있다.

신사업 관련 법령 자동 탐색은 새로운 사업 진출 시 고려해야 할 법적 요소들을 빠르게 파악할 수 있게 도와준다. 특정 키워드를 기반으로 관련 규제 및 허가 사항을 자동 수집하여 제공하는 것이다.

6) 성과 분석 및 시각화를 통한 전략적 관리

법무팀의 업무 성과를 객관적으로 측정하고 개선점을 찾기 위해서는 데이터 기반의 분석이 필수적이다.

계약서 검토 이력 통계화는 검토 건수, 이슈 유형, 처리 시간 등을 자동으로 정리하여 법무팀의 업무 패턴과 효율성을 객관적으로 분석할 수 있게 해준다.

자문 분류별 처리 현황 대시보드는 분야별·시기별 자문 처리 현황을 시각화하여 어떤 분야에서 자문 요청이 집중되는지, 처리 시간은 어떻게 변화하는지를 한눈에 파악할 수 있게 한다.

리스크 트렌드 분석은 분기별, 사업부별 리스크 유형 변화 추이를 정리하여 조직 내에서 발생하는 법적 리스크의 패턴을 분석하고 사전 예방 전략을 수립할 수 있도록 돕는다.

12-2. 기술 기반별 AI 기능 분류

AI 기술을 법무 업무에 적용할 때 중요한 것은 단순히 "이것이 생성형 AI인가 아닌가"를 구분하는 것이 아니라, 기술의 작동 방식에 따른 분류를 이해하는 것이다. 이러한 분류는 실제 법무 시스템이나 리걸테크 도입 시 어떤 기술이 어떤 기능을 뒷받침하는지를 판단할 수 있는 실무적 기준이 된다.

1) 기술별 분류와 법무 적용

각 AI 기술은 고유한 강점과 한계를 가지고 있으며, 이를 이해해야 적절한 업무 영역에 올바르게 적용할 수 있다.

[기술 분류에 따른 법무적용]

기술 분류	기술 설명	법무 실무 적용 예시
LLM 기반 생성형 AI	주어진 맥락에 따라 새로운 문장이나 문서를 생성	계약서 초안 작성, 자문서 요약, 보고 문구 추천
NLP 기반 정보 추출	문서에서 중요한 조항·문장을 찾아내는 기술	조항 자동 분류, 리스크 키워드 표시
RAG 기반 질의응답 시스템	외부 DB나 내부 문서를 불러와 GPT가 답변 생성	내부 정책 검색 후 자문 생성, 법령+판례 검색 응답
ML 기반 예측 분석	과거 데이터를 바탕으로 결과를 수치화·예측	계약 리스크 점수화, 분쟁 가능성 예측
Rule-based 자동화	규칙 기반 반복 작업 처리	문구 자동 치환, 날짜 계산 자동화, 필수 항목 체크
BI/차트 연계형 시각화	통계 데이터를 자동 차트화하여 보고서 작성 보조	자문 처리 건수 시각화, KPI 보고 자료 생성

2) 통합 활용의 중요성

실제 법무 업무에서는 이러한 기술들이 단독으로 적용되기보다는 복합적으로 통합되어 사용되는 경우가 대부분이다. 예를 들어 계약 검토 업무에서는 문서 요약, 조항 감지, 법령 검색, 생성형 초안 작성 기능이 함께 연결되어야 실질적인 업무 자동화 효과를 얻을 수 있다.

[통합 활용 예시: 계약서 종합 검토 시스템]
· NLP 정보 추출: 계약서에서 핵심 조항과 당사자 정보 자동 추출
· ML 예측 분석: 추출된 정보를 바탕으로 리스크 점수 자동 계산
· RAG 질의응답: 사내 가이드라인과 비교하여 문제점 식별

- LLM 생성: 발견된 문제점에 대한 수정 제안 및 협상 포인트 생성
- Rule-based 자동화: 표준 검토 체크리스트 자동 완성
- BI 시각화: 검토 결과를 경영진 보고용 차트로 자동 생성

이러한 통합적 접근은 단일 기술 도입보다 훨씬 큰 업무 효율화 효과를 가져올 뿐만 아니라, 사내변호사가 더 부가 가치가 높은 업무에 집중할 수 있게 해준다.

3) 기술 선택의 실무적 판단 기준

법무팀이 AI 도입을 검토할 때는 기술의 화려함보다는 실제 업무에 얼마나 도움이 되는지를 아래와 같은 기준으로 판단해야 한다.

- 업무 빈도: 자주 발생하는 업무일수록 자동화 효과가 큼
- 표준화 가능성: 규칙화할 수 있는 업무일수록 Rule-based나 NLP 기술이 효과적
- 창의성 요구도: 새로운 아이디어나 표현이 필요한 업무는 LLM 기반 기술이 유리
- 정확성 요구도: 높은 정확성이 필요한 업무는 사람의 최종 검토가 필수

12-3. 업무 도구로서 생성형 AI의 위치와 한계

GPT의 등장 이후 생성형 AI는 많은 직장인들의 일하는 방식을 근본적으로 바꾸고 있다. 보고서 초안 작성, 회의록 요약, 이메일 작성 보조 등에서 생성형 AI가 보여준 생산성 향상 효과는 이미 많은 기업들이 체감하고 있다. 사내변호사 또한 예외가 아니다. 생성형 AI는 단순한 법률문서 자동화 도구를 넘

어서, 사고를 정리하고 논리를 점검하는 지적 파트너로서 그 역할을 확장하고 있다.

1) 사내변호사에게 생성형 AI가 특별한 이유

사내변호사의 주요 업무는 정보를 받아들이고, 해석하고, 그 결과를 설득력 있는 언어로 표현하는 것이다. 이는 계약서 작성, 자문 대응, 보고서 작성, 이메일 커뮤니케이션 등 모든 영역에 걸쳐 '언어'를 기반으로 이루어진다. 다시 말해, 사내변호사의 업무는 단순히 법률 지식을 알고 있는 것 이상으로, 그 지식을 어떤 언어로 전달하느냐가 핵심인 직군이다.

이런 특성 때문에 GPT를 포함한 생성형 AI는 사내변호사의 업무에 있어 특별히 높은 파급력을 갖는다.

생성형 AI는 생각을 글로 정리해 주는 보조자 역할을 한다. 복잡한 논리를 글로 옮길 때 문단 구성을 도와주고 흐름을 매끄럽게 정리해 준다. "이 내용을 어떻게 표현해야 할까?"라는 고민을 상당 부분 덜어주는 것이다.

또한 초안 작성을 대신해 주는 타이핑 파트너로서 자문서, 계약서 초안, 이사회 보고 문서 등 초기 문서 초안을 작성할 때의 부담을 크게 줄여준다. 자료를 요약·정리해 주는 비서 기능을 통해서는 회의록, 기사, 법령, 판례 등을 빠르게 정리하고 요약해 주어 정보 처리 속도를 획기적으로 높일 수 있다.

더 나아가 생성형 AI는 반론을 던지며 사고를 확장시켜 주는 모의 토론 상대 역할까지 한다. "이 의견에 반론을 제시해 줘.", "이 결론이 타당한지 비판해 줘."와 같은 요청에 반응하니, 혼자 고민할 때보다 훨씬 풍부한 관점을 확보할 수 있게 도와준다.

2) 변호사가 활용하기 좋은 생성형 AI 사용 영역

변호사가 활용하기 좋은 생성형 AI 사용 영역을 구체적으로 5개 영역으로 나누어 보았다.

[효과적인 활용 영역 Top 5]

1. 계약서 초안 작성 (기본 양식 기반)	예시: 비밀유지계약서(NDA), 용역계약서, 업무제휴계약서 등 활용법: "NDA 기본 양식을 써 줘. 정의, 비밀 정보 범위, 유지 기간 포함."처럼 구체적인 항목을 명시한다.
2. 서면 초안의 문장 다듬기 (논리/표현 개선)	예시: 소장, 답변서, 법률 의견서, 사내 보고서의 표현 정리 잘하는 이유: 생성형 AI는 문장을 간결하고 논리적으로 다듬는 데 뛰어난 감각을 보이며, 어투를 상황에 맞게 조절할 수 있다. 활용법: "이 문장을 더 논리적이고 간결하게 바꿔 줘.", "전문가 톤으로 써 줘."와 같이 요청하면 톤 조정도 가능하다.
3. 리스크 설명을 위한 비법률화 번역(Plain Language Explanation)	예시: 사업팀, 영업팀 등 비전문가 대상의 리스크 설명 요약 잘하는 이유: 생성형 AI는 어려운 법률 문장을 쉽게 풀어주는 능력이 강하다. '쉽고 명확한 언어'로 바꾸는 데 최적화되어 있다. 활용법: "이 문장을 비전문가도 이해할 수 있게 풀어 써 줘.", "30자 이내로 요약해 줘." 등 다양한 길이와 난이도 조절이 가능하다.
4. 법률 리서치 기초 개요 정리(특정 쟁점 정리)	예시: "정리 해고의 요건과 최근 판례 경향 알려 줘.", "사해 행위 취소 요건 요약해 줘." 잘하는 이유: 생성형 AI는 구조화된 요약에 강하며, 개념을 항목별로 나눠 정리해 준다. 초안 리서치용으로 활용할 수 있다. 주의점: 생성형 AI의 정보는 참고 수준이며, 반드시 판례·조문 등 2차 검토를 병행해야 한다.
5. 교육 자료 /보고서 초안 작성	예시: 팀 교육 자료, 계약 가이드 초안, 경영진 보고용 리스크 요약 문서 잘하는 이유: 생성형 AI는 일정한 흐름을 갖춘 설명형 문서 생성에 능하다. 구성, 문체, 분량까지 제어 가능하다. 활용법: "사내 교육용으로 계약 핵심 조항 정리해 줘.", "슬라이드용 3페이지 분량 요약해 줘." 등 상황 맞춤 요청이 효과적이다.

3) 주의가 필요한 영역과 명확한 한계

하지만 생성형 AI에는 분명한 한계가 있으며, 특히 법무 업무에서는 더욱 신중하게 접근해야 하는 영역들이 있다.

판례 정확도에 기반한 법률적 결론 도출은 아직 일반적으로 사용하기 부적절한 영역이다. 생성형 AI는 특정 시점 이전의 데이터를 기반으로 학습되어 최신 판례나 법령 개정 내용을 반영하지 못할 가능성이 높다. 또한 확률적으로 문장을 생성하는 방식의 특성상, 존재하지 않는 조항이나 가상의 사건을 '실제처럼' 말할 위험이 있다.

복잡한 사실관계에 따른 분쟁 리스크 평가도 마찬가지다. 법적 판단은 단순한 법률 해석을 넘어서 사건의 맥락, 당사자 진술의 신빙성, 사내 전략적 고려 등 복합적인 요소를 종합해 이루어진다. 생성형 AI는 이러한 인간 중심의 판단 요소를 제대로 반영하기 어렵다.

가장 중요한 것은 사내 중요 의사결정에 쓰이는 법률 의견에서의 활용이다. 생성형 AI는 법적 책임을 질 수 없는 도구이며, 그 생성 결과는 누구도 최종 판단을 보증하지 않는다. 따라서 사내의 전략적 계약 체결이나 분쟁 대응 방향처럼 실질적인 법적 책임이 따르는 결정에는 생성형 AI 결과를 직접 인용하거나 기반으로 삼는 것은 매우 위험하다.

4) 안전하고 효과적인 활용 원칙

생성형 AI는 사내변호사의 업무를 보조하는 데 있어 유용한 도구이지만, '참고 도구'와 '최종 판단 주체'는 엄격히 구분되어야 한다. 실무에서는 반드시 '검토 보조용'과 '판단 책임용'을 구별하여 사용하는 전략이 필요하다.

안전한 활용을 위한 3원칙을 제시하면 다음과 같다.

첫째, 항상 사람이 최종 검토해야 한다. AI 결과물은 반드시 전문가의 검토를 거쳐야 하며, 이는 단순한 형식적 확인이 아니라 내용의 정확성과 적절성을 실질적으로 판단하는 과정이어야 한다.

둘째, 출처를 반드시 확인해야 한다. AI가 제시한 법령이나 판례는 별도로 원문을 확인하고, 최신성과 정확성을 검증해야 한다. 특히 법률 분야에서는 조문 하나, 판례 하나의 차이가 결론을 완전히 바꿀 수 있기 때문에 이 과정을 생략해서는 안 된다.

셋째, 책임 소재를 명확히 해야 한다. AI 활용 과정을 문서화하고, 최종 책임은 반드시 사람이 져야 한다는 원칙을 확립해야 한다. 이는 단순히 법적 책임의 문제를 넘어서, 조직 내에서 AI 도구를 안전하게 활용하기 위한 필수적인 거버넌스이다.

> **[한눈에 보기]**
> 1. 항상 사람이 최종 검토: AI 결과물은 반드시 전문가의 검토를 거쳐야 함
> 2. 출처 확인: AI가 제시한 법령이나 판례는 별도로 확인
> 3. 책임 소재 명확화: AI 활용 과정을 문서화하고, 최종 책임은 사람이 짐

이 장에서 살펴본 바와 같이 AI 기술은 법무 업무의 거의 모든 영역에서 활용 가능성을 보여주고 있다. 하지만 중요한 것은 기술 자체가 아니라, 그 기술을 어떻게 활용하느냐에 있다.

사내변호사는 이제 단순히 AI 도구를 사용하는 사람이 아니라, AI 도입 전략을 설계하고 그 효과를 판단할 수 있는 전문가로 거듭나야 한다. 이를 위해서는 각 기술의 특성과 한계를 정확히 이해하고, 자신의 업무 영역에서 어떤 기술이 어떤 방식으로 활용될 수 있는지를 체계적으로 파악할 수 있어야 한다.

AI는 분명히 사내변호사의 업무를 더 효율적이고 전략적으로 만들어줄 것이다. 하지만 그 전제는 사내변호사가 AI의 능력과 한계를 정확히 이해하고, 인간만이 할 수 있는 판단과 책임의 영역을 명확히 구분하는 것이다. 이것이야말로 AI 시대에 사내변호사가 갖추어야 할 가장 중요한 역량이라 할 수 있다.

실무 팁

효과적인 AI 활용을 위한
커뮤니케이션 전략

프롬프트 설계의 기본 원칙

AI와 효과적으로 소통하기 위해서는 단순한 질문보다는 구조적인 요청이 중요하다. 예를 들어 ChatGPT에 다음 7가지 원칙을 활용하면 훨씬 더 정확하고 유용한 결과를 얻을 수 있다.

1. 역할을 부여하라

GPT에게 구체적인 역할을 부여하면 그에 맞는 문장 톤과 구조가 생성된다.

예시: "너는 기업 법무팀의 사내변호사야."

효과: 전문가적인 문체와 실무 중심적 사고 반영

2. 문서 형식을 지정하라

원하는 출력물을 명시하면 GPT는 해당 형식에 맞춰 구조를 갖춘 결과를 생성한다.

예시: "결론–이유–관련 조문 순으로 작성해 줘."

효과: 사용자의 보고 체계나 내부 양식에 부합하는 문서 생성

3. 조건을 구체화하라

분량, 표현 톤, 강조 내용 등을 조건으로 주면 보다 맞춤화된 결과가 생성된다.

예시: "5조 이하로, 간결하게, 존댓말로 써 줘."

효과: 바로 활용 가능한 결과물 제공

4. 출력 형식을 선언하라

표, 리스트, 목차 등 원하는 형태를 명시하면 GPT가 형식에 맞춰 정리한다.

예시: "표 형식으로 계약서 검토 항목을 정리해 줘."

효과: 정보 전달력이 높고 가공이 쉬운 결과물 확보

5. 설명할 맥락을 사전에 전달하라

프롬프트에 배경 정보를 담으면 문장의 목적과 방향성이 더 명확해진다.

예시: "이건 사내 직원 대상의 교육 자료야. 계약 조항의 중요성을 쉽게 설명해야 해."

효과: 오해 없이 목적에 맞는 결과 생성 가능

6. 상황의 청중을 구체화하라

문서를 읽을 대상(경영진, 거래처, 비전문가 등)에 따라 톤과 난이도를 조절할 수 있다.

예시: "이건 비법률가인 마케팅팀을 위한 설명이야."

효과: 이해도 높은 설명형 문장 생성

7. 출력 예시를 함께 제시하라

이전 문장 예시나 기대하는 결과를 일부 제공하면 유사한 스타일로 결과를 생성한다.

예시: "이런 형식처럼 만들어 줘: [예시 문단]."

효과: 팀 내 작성 스타일이나 포맷에 부합하는 결과물 도출

계약서 검토를 위한 AI 활용법

계약서 검토에 AI를 활용할 때는 단순히 "이 계약서에 문제가 있어?"라고 묻기보다는, 구체적인 맥락을 제공해야 한다.

[효과적인 프롬프트 예시]
이 계약서는 공급계약이며, 우리가 공급받는 입장이야.
상대방은 중견 기업이고, 계약 금액은 5억 원이야.
지급 조건과 품질보증 관련 리스크를 중심으로 검토해 줘.
특히 다음 사항들을 확인해 봐.
1. 지급 지연 시 패널티 조항
2. 품질 미달 시 교체/환불 절차
3. 불가항력 조항의 적절성

법무 문서 작성 시 AI 협업 전략

생성형 AI는 정보를 전달하는 도구가 아니라, 내 사고를 비추는 거울에 가깝다. 따라서 다음과 같은 단계로 활용하는 것이 효과적이다.

1단계: 맥락 제공 내가 알고 있는 사실관계와 법적 쟁점을 먼저 정리해서 제공
2단계: 구체적 요청 "이 사실관계에서 예상되는 법적 리스크는 뭐야?"보다는 "이 상황에서 계약서에 포함해야 할 보호 조항을 제안해 줘."
3단계: 검증 및 보완 AI 결과물을 바탕으로 관련 법령이나 판례를 별도 확인. 필요 시 추가 질문으로 논리를 더 발전시킴

자주 하는 실수와 개선 방법

- 실수 1: 너무 간단한 질문
  잘못된 예: "계약서 써 줘."
  개선된 예: "A회사와의 마케팅 대행 계약서를 작성해 줘. 계약 기간 1년, 월 수수료 500만 원, 성과 기준은 월 리드 100건 이상."

- 실수 2: 맥락 없는 법률 질문

  잘못된 예: "손해배상 한도 어떻게 정해?"

  개선된 예: "소프트웨어 라이선스 계약에서 버그로 인한 손해 발생 시, 손해배상 한도를 어떻게 설정하는 것이 적절할까? 라이선스 비용은 연 1억 원 수준이야."

- 실수 3: AI 결과를 무조건 신뢰

  개선 방법: 항상 "이 결과가 맞는지 확인이 필요하다."는 전제로 접근
  AI가 제시한 법령 조항이나 판례는 반드시 별도 검색으로 확인

도입에서 확산까지, AI 실전 플랜

앞서 10장에서 12장까지 AI 기술에 대한 이해와 활용 방법을 다뤘다면, 이제는 이를 실제 조직에 도입하고 확산시키는 구체적인 실행 계획을 세울 차례다. 아무리 뛰어난 기술이라도 조직 내에서 제대로 활용되지 않으면 의미가 없다. 특히 법무팀이 주도하는 AI 도입은 기술적 성공을 넘어서, 조직 전체의 업무 혁신과 문화 변화까지 이끌어낼 수 있는 전략적 프로젝트가 되어야 한다.

이 장에서는 AI 도입의 전 과정을 세 단계로 나누어 살펴본다. 첫째, 사내 시스템과 연결하는 구조 설계 방법, 둘째, 작은 성공에서 시작해 전사로 확산하는 로드맵 만들기, 셋째, 경영진과 실사용자 모두를 설득하고 공감대를 형성하는 전략이다.

AI 도입은 더 이상 '실험'이 아니다. 하지만 여전히 많은 기업이 '시작은 했지만 정착되지 못한' 상태에 머무르고 있다. 기술의 성능보다 중요한 것은 도입 전략이며, 특히 '어디서부터 시작할 것인가'와 '어떻게 확산시킬 것인가'를 치밀하게 설계해야 한다. 성공적인 AI 도입은 기술이 아닌 사람의 문제이자, 결국 조직 변화 관리의 문제다.

13-1. 사내 시스템과 연결하는 구조 설계

AI는 단독으로 존재하지 않는다. 법무팀이 AI 도구를 도입하고자 할 때 가장 먼저 고려해야 할 것은, 이 도구가 현재 회사의 사내 시스템 구조와 어떻게 연결될 수 있는가이다. 아무리 뛰어난 기능을 가진 AI라도, 실무 흐름 속에서 겉도는 도구라면 실제 활용되지 않는다. 오히려 도입 초기에는 파일럿 수준에서 긍정적인 반응을 얻었더라도, 전사 시스템과의 연결성이 확보되지 않으면 실제 정착에 실패하게 된다.

1) 기존 시스템 분석: 계약-회계-공시 등의 연결 지점 파악

대부분의 기업은 전사 시스템(ERP)을 중심으로 회계, 구매, 인사, 공시 등의 주요 프로세스를 연결하고 있다. 법무팀의 업무도 독립적인 것처럼 보이지만, 실제로는 여러 지점에서 다른 부서의 시스템과 밀접하게 얽혀 있다.

예를 들어 공급계약서가 체결되면, 이후 발생하는 세금 계산서 발행, 지급 조건 확인, 지급 시기 판단 등은 모두 회계 시스템과의 연동이 필요하다. 계약서를 단순히 PDF로만 보관하고 있다면, 회계팀은 그 내용을 다시 열람하고 해석하고 입력해야 하는 비효율을 겪게 된다. AI는 계약서에서 지급 조건, 지급 시기, 조건부 조항 등을 자동 추출하여 ERP와 연동되는 구조를 만들어낼 수 있다.

상장 회사의 경우 일정 규모 이상의 계약은 공시 의무 대상이다. 계약 검토 시점에서 이 사실을 인지하지 못하면 공시 누락이라는 중대한 리스크로 이어질 수 있다. AI는 계약 금액과 연결 자산 총액 비율을 비교해 공시 기준에 도달하는지 자동으로 판단하는 기능을 제공할 수 있다. 또한 구매 계약서나 라이선스 계약서의 경우, 회계 기준상 자산으로 인식할 수 있는지 여부에 따라 회계 처리 방식이 달라지는데, AI는 이런 정보를 자동으로 구조화하여 회계 판단 보조자료로 제공할 수 있다.

2) 법무 데이터를 구조화하고 연결하는 방법

법무팀이 다루는 데이터는 대부분 계약서, 자문서, 동의서 등 비정형 텍스트 파일로 존재한다. 워드 파일, PDF, 이메일 본문 등에 흩어진 이 정보들은 사람이 읽고 이해하는 데는 문제가 없지만, 다른 사내 시스템과 연계되어 자동으로 처리되기에는 한계가 있다. 그래서 AI 도입의 핵심은 단순히 "문서를 읽게 하는 것"이 아니라, 그 안의 정보를 구조화된 형태로 추출하고 전달 가능한 방식으로 가공하는 데 있다.

핵심 데이터 요소의 구조화

AI가 법무 문서에서 추출해야 할 정보는 단순히 텍스트를 읽는 것을 넘어서, 다른 시스템이 이해할 수 있는 형태로 변환되어야 한다. 다음은 대표적인 법무 정보 항목과 그 구조화 방식이다.

항목	예시	연동 대상 시스템
계약 상대방	㈜ABC	ERP(거래처 관리), 회계 시스템
계약 금액	5억 원	회계 시스템, 공시 시스템
계약 기간	2025.01.01 ~ 2027.12.31	일정 관리, 알림 시스템
주요 조건	중도 해지 불가, 연 5%의 지연 이자	회계 시스템, 리스크 모니터링
공시 요건	자산 총액 2조 원 이상 대규모 기업, 전년도 매출액의 2.5% 이상 → 공시 대상	공시 시스템, 경영 보고

시스템 연동 방식의 선택

이렇게 구조화된 정보를 다른 시스템과 연계하는 방법은 크게 3가지로 나눌 수 있다.

(1) API 기반 연동

법무팀이 사용하는 AI 도구는 계약서 초안을 분석해 위와 같은 정보를 자동으로 추출하고, 이를 ERP, 회계, 구매, 공시 시스템 등과 연동할 수 있어야 한다. 이때 가장 이상적인 방식은 API를 활용한 연동이다.

예를 들어, 계약 금액과 지급 조건이 추출되면 ERP에 자동으로 입력되어 회계팀은 별도 확인 없이 전표 발행 준비를 할 수 있다. 또 계약 기간 종료 시점을 기반으로 자동 알림이 생성되어 갱신 협의나 계약 해지 여부 판단도 시스템상에서 이루어질 수 있다.

(2) RPA(로봇 프로세스 자동화)

만약 사내 시스템이 API 연동을 지원하지 않는다면, RPA를 활용해 자동화 수준을 높일 수 있다. 예컨대 AI가 생성한 계약 요약 결과를 사람이 확인한 뒤 승인 버튼을 누르면, RPA가 ERP 화면을 자동으로 열고 정보를 입력하는 방식이다. 이 경우 IT 개발 리소스 없이도 기존 업무를 자동화할 수 있다는 장점이 있다.

(3) 데이터베이스(DB) 연동

AI가 추출한 계약 정보는 별도의 계약 DB에 저장되어야 한다. 이 데이터는 단순 보관용이 아니라 검색·통계·모니터링·이슈 알림 등 다양한 목적으로 활용될 수 있어야 한다. 예를 들어, "최근 3개월 내 체결된 NDA 중 지재권 조항이 삭제된 계약 비율"을 알고 싶다면, DB에 정형화된 필드가 있어야만 가능하다.

3) 협상 이력과 커뮤니케이션 데이터의 통합

계약 체결 과정에서 이메일 협상은 필수적이다. 하지만 많은 회사에서 협상 내역은 개인 메일에만 남아 있어 분쟁 시점에 자료가 누락되거나 해석이 어려운 경우가 많다. 이 문제를 해결하기 위해 AI는 이메일 스레드를 자동으로 캡처하고 핵심 문장을 요약해 계약서 조항별로 연결해 주는 기능을 제공할 수 있다.

구체적으로 살펴보면, 특정 조항이 기존 템플릿과 달라졌을 경우 AI는 변경 이유가 담긴 메일 내역을 해당 조항 옆에 링크로 연결해 둔다. 이렇게 하면 후속 검토자는 변경 이유를 문맥과 함께 즉시 이해할 수 있다. 또한 계약 DB와 협상 메일을 통합 저장함으로써 하나의 계약에 대한 풀 히스토리를 확보할 수 있게 된다.

결국 법무 AI는 단순히 계약서를 읽는 도구가 아니라, 기업의 모든 의사결정 흐름과 정보를 연결하는 데이터 허브가 되어야 한다. 이를 위해 법무 데이터는 정형화되고, 전달 가능하며, 추적 가능한 형태로 진화해야 한다. 만약 이러한 연결성을 확보하지 못한 AI 도입이라면, 결국 다시 사람이 손으로 정보를 옮기고 검토하는 구시대적 업무 흐름으로 돌아가게 만들 뿐이다.

13-2. AI 도입 로드맵 만들기

AI를 법무팀에 도입하려는 시도는 더 이상 '실험'이 아니다. 하지만 여전히 많은 기업이 '시작은 했지만 정착되지 못한' 상태에 머무르고 있다. 기술의 성능보다 중요한 것은 도입 전략이며, 특히 '어디서부터 시작할 것인가'와 '어떻게 확산시킬 것인가'를 치밀하게 설계해야 한다. 이 절에서는 법무팀이 AI 도입을 작은 성공에서 출발해 조직 전체로 확산하는 전략을 제시한다.

1) 단계별 파일럿 구성: 작은 성공에서 큰 변화로

AI 도입은 한 번에 모든 업무에 적용하는 방식으로는 성공하기 어렵다. 기술의 안정성과 사용자 수용성, 조직 문화적 저항 등을 고려할 때, 가장 효과적인 접근은 작은 단위에서 실질적 효용을 검증하는 '파일럿 프로젝트'로 시작하는 것이다. 파일럿은 단순한 시험이 아니라, 향후 확산 전략의 발판이며, 내부적으로는 신뢰를, 외부적으로는 확산 가능성을 확보하는 중요한 실험이다.

왜 파일럿이 중요한가?

파일럿 프로젝트가 중요한 이유를 구체적으로 살펴보면 다음과 같다. 우선 도입 효과에 대한 정량적 근거를 확보할 수 있다. 시간 단축이나 비용 절감 등 구체적인 수치로 성과를 입증하는 것이다. 또한 실제 업무에 AI를 적용해 보며 실사용자의 피드백을 수집할 수 있어, 이론과 현실 사이의 간극을 좁힐 수 있다.

동시에 조직 내 관심과 기대를 유도할 수 있는 홍보 포인트를 창출한다. 성공 사례가 입소문을 타며 자연스럽게 확산 기반을 마련하는 것이다. 마지막으로 완성된 도입이 아닌, 반복 개선이 가능한 실험 공간을 제공한다는 점에서 의미가 크다.

파일럿 업무 선정 기준

AI 파일럿 프로젝트를 구성할 때에는 다음 3가지 기준을 함께 고려해야 한다.

기준	설명
업무 빈도	자주 발생하는 업무일수록 AI 도입 효과가 명확히 드러난다. 일회성 문서보다는 반복적으로 발생하는 NDA, 위임장, 단기 계약서 등이 적합하다.
업무 유사성	문서의 형식과 구조가 일정해야 AI 학습 및 적용이 수월하다. 자유 양식보다 표준화된 문서가 적합하며, 기업 내 이미 양식이 마련된 문서일수록 초기 성공률이 높다.
부서 간 연계성	법무팀 외에도 타 부서에서 파일럿의 효과를 간접적으로 경험할 수 있는 업무가 좋다. 예를 들어, AI가 추출한 계약 요약본을 영업팀과 공유하여 실질적인 협업 속도가 개선되면 확산 기반이 형성된다.

[파일럿 유형 예시: 계약서 자동 요약 프로젝트]

요소	내용
대상 문서	비밀유지계약(NDA)
AI 도입 내용	계약서 업로드 시 요약 및 주요 리스크 추출
검토 방식	사람이 AI 초안을 확인하고 수정한 뒤 피드백 제공, 결과는 수정된 형태로 학습 반영
결과 활용	요약본을 다른 협업 부서(예: 기획, 영업)와 공유하여 사전 검토 및 협의 시간 단축
추가 기능	유사 계약서와 비교, 리스크 유형별 태깅, 사용자 평가 기능 포함

이와 같은 계약서 자동 요약 프로젝트는 파일럿으로 매우 적합하다. 문서의 구조가 명확하고 반복 발생하며, 단기적으로도 '시간 절약'이라는 분명한 성과를 보여줄 수 있기 때문이다.

학습과 개선의 반복 루프 만들기

파일럿의 궁극적인 목적은 AI의 정확도 향상과 실무 적용력 강화다. 이를 위해 다음과 같은 반복 루프를 설정해야 한다.

(1) 초기 결과 도출: AI가 작성한 초안을 사용자가 검토 및 수정
(2) 피드백 수집 및 기록: 어떤 항목이 잘못 요약되었는지, 왜 수정이 필요한지 이유 기재
(3) AI 재학습 또는 룰 개선: 사용자 피드백을 바탕으로 시스템 개선 (예: 특정 용어 오해 방지)
(4) 반복 테스트: 개선된 모델로 다시 유사 문서 테스트 후 평가

이 루프는 단기적으로는 정확도를 개선하고, 장기적으로는 AI 사용에 대한 내부 신뢰를 구축하는 데 큰 역할을 한다. 실제로 성공적인 파일럿 프로젝트

는 이 반복 구조 안에서 'AI를 신뢰할 수 있다'는 정서적 기반을 확보하며, 기술적 성숙보다 중요한 내재화를 유도한다.

2) 전사 확산을 위한 연착륙 전략

파일럿이 성공했다고 해도, 전사 도입은 전혀 다른 차원의 과제다. 파일럿은 제한된 범위에서의 시도이지만, 전사 확산은 문화, 프로세스, 시스템, 인식까지 포괄적으로 변화시켜야 하기 때문이다. 특히 법무팀 내부의 성공을 조직 전체의 변화로 확장하기 위해서는 강력한 연착륙 전략이 필요하다.

연착륙 전략의 핵심 3요소

첫 번째로, 기존 프로세스를 대체하지 말고 보완하는 방식을 택해야 한다. AI가 도입되었다고 해서 기존 업무 방식을 하루아침에 없애려 해서는 안 된다. 사용자들은 갑작스러운 변화에 대한 저항감을 느끼며, 이는 오히려 AI 활용에 대한 반발로 이어질 수 있기 때문이다. 따라서 초기에는 기존 검토 방식과 AI 결과를 병행 검토하는 하이브리드 운영을 적용하고, 신뢰가 쌓일수록 단계적으로 AI 중심으로 전환하는 것이 바람직하다.

두 번째로, 비사용자에게도 이점을 명확히 설명해야 한다. AI 도입의 효과는 법무팀에만 한정되지 않는다. 예를 들어 영업팀은 계약 리스크를 빠르게 확인할 수 있어 협상 시간이 줄고, 기획팀은 계약 주요 조항을 요약본으로 확인해 사업 구조 반영이 쉬워진다. 이처럼 '법무팀만 편한 도구'가 아니라 협업의 속도를 높이는 조직 전체의 도구로 인식시켜야 한다.

세 번째로, 성과를 반드시 수치화해야 한다. 기술의 진정한 가치는 '실제 얼마만큼 효율이 생겼는가'를 증명하는 데 있다. 계약 검토 평균 소요 시간, 리스크 검출률, 피드백 반영률 등 정량적 지표를 명확히 제시해야 경영진 설득이 용이하다. 예를 들어 'NDA 검토 평균 소요 시간 60% 단축, 월 15건 이상 자동화 처리', '리스크 항목 탐지 정확도 87%' 등과 같은 구체적인 수치를 제시하는 것이다.

[확산 단계 예시 로드맵]

단계	기간	내용
1단계	1~2개월	NDA 파일럿 도입(검토 요약 기능), 사용자 피드백 수집 및 반복 개선
2단계	3~4개월	공급계약/구매계약 확대 적용, 리스크 유형별 자동 태깅 도입, 문서 유형 분류 자동화 기능 포함
3단계	5~6개월	회계팀/기획팀과 연계 시작, 계약 주요 조건을 자동 추출하여 ERP·공시 시스템 연동 시범 운영
4단계	6개월 이후	계약서 사전 검토 전면 적용, 내부 보고서 자동 초안화, 전사 DB 연동 및 모니터링 체계 구축

이 로드맵은 단순히 기능 도입의 순서가 아니라, 조직의 학습 속도와 AI에 대한 신뢰 형성 속도를 고려한 '심리적·문화적 확산 경로'이기도 하다. 각 단계에서 성공 경험과 내부 홍보 포인트를 만들어내는 것이 중요하며, 이를 통해 자연스럽게 전사 확산이 가능해진다.

3) 자주 실패하는 포인트와 회피 전략

많은 AI 프로젝트가 '기술은 도입했지만, 아무도 쓰지 않는다'는 현실에 부딪힌다. 기술적으로는 훌륭한 성과를 냈지만, 조직 내부의 문화적 저항과 사용자 경험의 미흡, 실제 현장과의 괴리로 인해 활용률이 극도로 낮아지는 경우가 빈번하다. 법무팀이 주도하는 AI 도입도 마찬가지다. 효과적인 전략 없이 도입된 AI는 오히려 업무 흐름을 방해하고 구성원들의 피로감을 높일 수 있다.

[자주 발생하는 실패 유형과 회피 전략]

실패 포인트	원인	회피 전략
AI 결과에 대한 불신	초안이 부정확하거나 결과 간 편차가 심할 때	사전 교육을 통해 AI의 역할을 명확히 인식시키고, 항상 사람이 최종 검토하는 '하이브리드' 구조로 설계한다. 오류 사례를 함께 공유하여 'AI는 판단 보조자'라는 인식을 형성해야 한다.
사용자의 외면	인터페이스가 복잡하거나 학습 곡선이 높고, 실익이 불분명할 때	초기에는 UI를 단순하게 구성하고, 사용자의 업무 흐름을 해치지 않는 자동화 옵션을 제공한다. 실사용자가 체감할 수 있는 효율 수치를 시각화하여 업무 개선 효과를 바로 보여준다.
다른 부서의 비협조	법무 외 부서가 AI 도입의 이점을 체감하지 못하고, 자기 업무에 부담만 느낄 때	타 부서 입장에서의 이익(시간 단축, 협업 속도 개선 등)을 구체적 사례로 설명하고, 실제 이익을 수치화하거나 직접 체험하게 하는 시연 방식이 효과적이다.
초기 과도한 기대	조직이 '완전 자동화'를 기대하고, 실제 결과가 그 수준에 못 미치자 실망하거나 방치함	도입 초기에는 AI + 사람 구조가 당연하다는 점을 명확히 하고, 점진적 개선 목표를 설정해 기대치를 조율한다. 기대 관리 전략을 포함한 커뮤니케이션이 필요하다.
업무 프로세스와 괴리	기존 업무 흐름과 AI 도입 방식이 충돌하여 되려 업무가 더 복잡해짐	기존 프로세스를 존중하며, AI가 그 흐름 안에 '자연스럽게 끼어들 수 있도록' 위치를 재설계한다. 업무별 사용 시점, 출력 방식, 승인 프로세스를 유연하게 맞춘다.
내부 커뮤니케이션 부족	AI 도입의 목적, 기대 효과, 역할 분담 등에 대한 충분한 공유 없이 일방적으로 도입됨	도입 전후로 사전 브리핑 세션, 데모, 피드백 수렴 미팅을 정례화한다. AI는 선택이 아닌 팀의 '공동 프로젝트'라는 인식을 공유해야 한다.

실패를 막는 핵심 원칙 3가지

첫 번째로, 사람의 심리를 이해해야 한다. 기술이 아무리 정교해도 사람은 "기존에 익숙한 방식"을 선호한다. 따라서 변화는 단계적이어야 하며, 심리적 저항을 줄이는 설계가 필요하다.

두 번째로, 피드백을 두려워하지 말고 시스템화해야 한다. 초기 불만이나 오류 보고는 '실패'가 아니라 '학습 기회'다. 피드백은 정리되고 기록되어야 하며, 시스템 개선에 실질적으로 반영되어야 한다.

세 번째로, 모든 구성원이 참여하는 구조를 만들어야 한다. 기술 도입은 특정 실무자의 몫이 아니라, 전 구성원이 일정 수준의 이해와 기대를 공유하는 '조직적 실천'이다. 특히 중간 관리자층을 대상으로 한 별도 교육과 브리핑이 큰 영향을 미친다.

AI 도입은 '기술'의 문제가 아니라 '전략'의 문제이자, 결국 '사람'의 문제다. 작은 성공 → 반복 학습 → 가시적 성과 → 전사 확산이라는 단계별 로드맵 없이 무작정 기술만 앞세우면, 좋은 도구도 조직 내에서 사장되거나 방해물로 전락한다.

법무팀이 AI 도입을 성공적으로 이끌기 위해서는 다음을 명확히 해야 한다.

- 작게 시작하되, 작게 성공한 경험을 빠르게 전파하라
- 성과를 정량화하여 누구나 쉽게 이해할 수 있게 하라
- 조직 전체와 '언어'를 맞추는 설득 전략을 꾸준히 구사하라

이러한 전략은 법무팀이 단순히 AI를 '도입하는 팀'을 넘어서, 조직의 디지털 전환과 업무 혁신을 리딩하는 팀으로 자리 잡는 데 결정적인 기여를 하게 된다.

13-3. 사내 설득과 공감대 형성

AI 도입의 최대 장애물은 기술이 아니라 사람이다. 아무리 뛰어난 도구라도, 조직 내 구성원이 받아들이지 않으면 그것은 '쓸모없는 기술'에 불과하다. 특히 법무팀이 주도하는 AI 도입은 사내 다양한 이해관계자와의 공감과 설득

이 핵심이다. 이번 절에서는 경영진, 실사용자, 그리고 조직 전체의 학습 문화를 아우르는 3가지 설득 전략을 다룬다.

1) 경영진을 위한 설명 방식: 3C 프레임워크

경영진을 설득하려면, 기술이나 기능 중심의 설명보다 '경영 언어로 번역된 가치'가 중요하다. 그들이 듣고 싶은 말은 '정확도'나 '알고리즘'이 아니라, "얼마나 리스크를 줄이고, 얼마를 절감할 수 있느냐"는 것이다. 경영진은 법무 업무의 세부 내용보다는 의사결정, 비용 구조, 경쟁 우위에 관심이 있다. 따라서 법무팀은 AI 도입의 효과를 '비용 절감', '리스크 회피', '역량 재배치'라는 3C 프레임으로 구조화해 설명해야 한다.

[경영진 설득 프레임워크: 3C]

요소	설명	예시
Cost (비용)	반복 계약 검토 업무를 자동화하여 외부 자문 비용 또는 내부 인력 리소스 절감 가능	"월 20건 이상 자동화 → 외부 검토 비용 약 400만 원 절감 효과."
Compliance (준법)	리스크 항목 자동 추출로 공시 누락·계약 분쟁 등 예방 가능	"공시 요건 미반영 리스크 3건 사전 탐지."
Capability (역량 강화)	단순 업무는 AI에게, 인재는 전략적 판단에 집중할 수 있는 구조	"법무팀이 '판단 조직'으로 진화하는 기반 마련."

이 프레임은 단순한 설명 구조를 넘어, 경영진이 "이 도입이 우리에게 무엇을 주는가?"라는 질문에 직접 답하는 전략이다. AI는 법무팀만의 기술이 아니라 조직 전체의 전략적 도구라는 인식을 강조해야 한다.

설득 포인트 문장 예시

경영진 설득에 효과적인 문장들을 살펴보면 다음과 같다.

"이 도입은 단순한 업무 편의가 아니라, 의사결정의 질을 높이기 위한 인프라입니다." 이런 표현은 AI를 단순한 효율성 도구가 아닌 전략적 자산으로 포지셔닝한다.

"경쟁사 대비 리스크 대응 속도와 비용 측면에서 현실적인 격차를 만들 수 있습니다." 이는 경쟁 우위 창출이라는 경영진의 핵심 관심사에 직접 어필한다.

"단순 반복 업무를 자동화함으로써, 고급 인력이 더 전략적인 과제에 집중할 수 있는 환경을 만듭니다." 이는 인적 자원의 효율적 활용이라는 관점에서 접근한다.

스폰서십 구조 만들기

AI 도입은 특정 팀의 과제로 끝나지 않는다. 법무팀은 경영진 중 도입을 공식적으로 지지하고 외부에 설명할 수 있는 스폰서(후원자)를 확보하는 것이 좋다. 이들은 조직 내 설득과 예산 확보 과정에서 핵심적인 역할을 한다.

스폰서는 법무팀의 요청을 단순한 비용 요구가 아닌, '전사적 혁신 프로젝트'로 격상시키는 효과가 있다. 따라서 초기 단계에서 경영진 대상 맞춤 설명 자료를 준비하고, 구체적인 수치와 시나리오로 설득력을 높이는 것이 중요하다.

2) 실사용자 관점에서 설명하기 - 부담 해소와 효능감 강조

아무리 좋은 도구도, 사용하는 사람들이 부담스럽게 느끼면 쓰지 않는다. 실사용자(법무팀 구성원, 계약 실무자 등)는 AI 도입을 '내 일 늘어나는 것 아닌가'라는 우려로 바라볼 수 있다. 따라서 이들에게는 '당신의 일을 줄여주는 도구'라는 메시지가 명확해야 한다. 그리고 무엇보다도 "새로 배워야 하는 부담"을 줄이고, 기존 방식과 자연스럽게 연결되는 흐름을 보여주는 것이 핵심이다.

[주요 우려 사항과 대응 방법]

우려	대응 포인트
"AI가 틀린 결과를 줄까 봐 무섭다."	→ AI는 '최종 판단자'가 아니라 '보조자'이며, 항상 사람이 리뷰함
"익숙한 방식이 더 빠르다."	→ 초기에는 병행 사용하며, 기존 템플릿과 연동된 사용 방식 제공
"결국 우리가 또 배워야 하는 거 아닌가?"	→ 업무 플로에 맞춰 자동 추천/알림 기반 UX 설계 강조
"AI 쓰면 되레 더 확인할 게 많아진다."	→ 검토 항목 분류 및 우선순위 표시 기능 제공. 오히려 덜 중요한 부분은 자동 필터링하여 리뷰 피로도 감소.

실사용자 설득 메시지 예시

실사용자 설득에 효과적인 핵심 메시지들은 다음과 같다.

"야근하는 계약 검토, 이제 초안을 AI가 먼저 써주면 리뷰만 하면 끝납니다." 이는 직접적인 업무 부담 경감을 강조한다.

"지금처럼 Word 열고 복붙하는 방식 그대로 사용 가능하며, 결과만 AI가 추천해 줍니다." 기존 워크플로 유지를 강조한다.

"리스크가 있는 조항만 모아서 보여주니까, 오히려 전체를 읽는 시간은 더 줄어듭니다." 집중도 향상을 통한 효율성 증대를 부각한다.

'작은 변화'를 먼저 체험하게 하라

실사용자 입장에서는 전면적인 변화보다는, 눈앞의 작은 효율이 훨씬 강력하게 다가온다. 예를 들어 NDA 자동 요약 기능을 통해 "이건 진짜 시간 아낀다."라는 체감을 제공하거나, '반복 계약 유사 항목 자동 비교 기능'으로 "예전엔 일일이 찾아봤는데 이젠 한 번에 본다."는 경험을 주는 것이다.

이런 '작은 성공 경험'을 통해 사용자는 AI를 업무 방해자에서 업무 도우미로 인식하게 된다. 또한 사용자 피드백을 즉각 반영하여 개선 결과를 다시 공유하면, 참여자가 곧 개선자가 되는 선순환 구조를 만들 수 있다.

실제 사용자 교육에서는 기능 설명보다 "내가 아는 일을 어떻게 더 빨리 끝낼 수 있을까?"에 집중하는 방식이 효과적이다. 따라서 데모, 체험형 교육, 피드백 세션을 자주 열어야 한다.

3) Legal + AI 교육 내재화 전략 - 조직 학습 문화 구축

AI는 일회성 프로젝트가 아니다. 제대로 쓰이기 위해서는 조직 차원의 반복 학습 구조가 필요하다. 특히 법무팀은 기존에 없던 'AI 리터러시'를 갖추고, 조직 전체에도 그것을 전파하는 교두보 역할을 해야 한다. 기술을 아는 것만으로는 부족하며, 이를 일상적인 업무 안에서 '어떻게 활용하는가'를 체득화해야 진정한 전사 내재화가 가능하다.

[교육 내재화 전략 3단계]

단계	목표	예시
1단계	법무팀 내부 학습 조직화	주 1회 AI 실습 시간 운영, 실패 사례 중심의 워크숍, "오늘 내가 만든 프롬프트" 공유 세션 등. 자율적 실험 문화 조성 필요
2단계	협업 부서 대상 맞춤 교육	계약 실무자 대상 '5분 프롬프트 작성법', 마케팅팀 대상 개인정보 리스크 자동 탐지 사례 소개 등 각 부서별 사용 예시 중심의 교육 진행
3단계	정규 교육 프로그램 편입	사내 LMS(Learning Management System)에 'AI + 법무 실전 과정' 등록. 신입 교육 과정, 팀장급 리스크 교육 커리큘럼에 통합. 리걸 브리핑에 정기 콘텐츠 삽입

이러한 교육은 단순히 툴 사용법을 가르치는 것이 아니라, 사고방식과 문제 해결 접근법 자체를 전환시키는 데 목적이 있다.

도구 예시: 프롬프트 가이드북

효과적인 교육 도구로 프롬프트 가이드북을 활용할 수 있다. 단순한 질문 예시가 아닌, "이럴 땐 이렇게 말하라."는 업무 시나리오별 설명을 포함해야 한다. "리스크 유형을 추출하고 싶을 때 vs 계약 상대방의 법적 성격이 궁금할 때"처럼 상황별 대응 예시를 제공하는 것이다. 또한 사내 공통 양식, 체크리스트, 리뷰 포인트와 연결된 프롬프트를 제공하여 실제 업무 흐름과의 연계를 강화해야 한다.

가이드북은 단지 문서로 끝나지 않아야 한다. 피드백 기반 업데이트 시스템이 있어야 하며, 구성원이 직접 가이드를 보완하거나 예시를 제안할 수 있어야 한다. 이를 통해 법무팀은 '프롬프트 문화'를 선도하는 역할을 하게 된다.

교육 내재화에 필요한 조직적 조건

① 정기성이 확보되어야 한다. 월 1회 이상 전사 교육 세션 또는 부서별 활용 사례 공유 세션이 필요하다. 일회성 교육으로는 AI 활용이 습관으로 자리 잡을 수 없기 때문이다.

② 현업 연계성이 중요하다. 실제 처리한 계약서, 분쟁 사례 등 실무 문서를 기반으로 한 교육을 설계해야 한다. "어제 우리가 처리한 이 계약서를 AI로 분석하면 어떻게 될까?"라는 식의 현실적 접근이 이론적 설명보다 훨씬 효과적이다.

③ 피드백 반영 구조가 있어야 한다. 수강자 의견을 정리하여 다음 회차 교육에 반영하여, 학습 구조 자체의 개선이 이루어져야 한다. 교육 참여자들이 단순 수강자가 아닌 교육 프로그램의 공동 개발자가 되는 구조를 만드는 것이다.

④ 성과 측정도 필요하다. AI 도구 활용률, 프롬프트 추천 수, AI 기반 초안 활용률 등으로 정량적 효과를 분석해야 한다. 데이터 기반으로 교육의 효과를 검증하고 개선점을 찾아야 진정한 내재화가 가능하다.

조직 문화 변화의 지표

성공적인 AI 내재화는 다음과 같은 변화로 나타난다.

> - "이건 AI로 먼저 해 볼까?"라는 반응이 자연스럽게 나옴
> - 팀 회의에서 AI 활용 사례나 개선 아이디어가 자발적으로 공유됨
> - 다른 부서에서 법무팀의 AI 활용 방식을 벤치마킹하려고 문의함
> - 신입 직원이 AI 도구 사용을 당연한 업무 방식으로 받아들임

AI는 단순한 기술이 아닌, 업무 습관의 변화와 조직 신뢰의 결과다. 성공적인 도입은 경영진의 공감 → 실사용자의 체감 효과 → 조직의 지속적 학습 구조라는 세 층위의 설계가 맞물려야 가능하다.

최종 체크리스트
성공적인 AI 도입을 위한 법무팀의 필수 점검 사항

> - ☑ 시스템 연결성 확보: 사내 기존 시스템과의 연동 방안 설계 완료
> - ☑ 단계적 로드맵 수립: 파일럿 → 부분 확산 → 전사 도입의 단계별 계획 수립
> - ☑ 다층적 설득 전략: 경영진, 실사용자, 협업 부서별 맞춤 설득 논리 준비
> - ☑ 지속적 학습 체계: 교육, 피드백, 개선의 순환 구조 구축
> - ☑ 성과 측정 지표: 정량적 효과를 입증할 수 있는 KPI 설정

법무팀이 AI 도입을 성공적으로 이끌기 위해서는 작게 시작하되 작은 성공 경험을 빠르게 전파하고, 성과를 정량화하여 누구나 쉽게 이해할 수 있게 하며, 조직 전체와 '언어'를 맞추는 설득 전략을 꾸준히 구사해야 한다. 이러한 전략은 법무팀이 단순히 AI를 도입하는 팀을 넘어서, 조직의 디지털 전환과 업무 혁신을 리딩하는 팀으로 자리 잡는 데 결정적인 기여를 하게 될 것이다.

PART 5

커리어,
전략으로 전환하다

14장

AI 시대, 사내변호사의 새로운 정체성 찾기

"이제는 일 잘하는 사람을 넘어, 일의 방향을 정하는 사람이 되어야 한다."

이제까지 우리는 법무팀이 AI를 도입하기 위해 어떤 시스템을 이해해야 했고, 어떤 전략과 절차를 거쳐야 했는지를 살펴보았다. 다시 말해, 회사라는 조직 안에서 효율과 성과를 어떻게 구조화할 것인가에 대한 '업무의 최적화' 과정을 논의해 온 것이다.

하지만 여기서 멈출 수 없다. 이제는 개인의 차례다.

특히 AI와 자동화가 반복 업무를 대신하기 시작하는 지금, '나는 계속 같은 방식으로 일할 것인가?'라는 질문이 더욱 절실해졌다. 기술이 처리할 수 있는 영역이 늘어날수록, 사람에게 요구되는 것은 단순한 실행력이 아니라 방향을 설정하는 능력이다. 문제는 이 전환이 저절로 일어나지 않는다는 점이다. 의식적으로, 전략적으로 접근해야 한다.

사내변호사로서, 그리고 조직의 일원으로서 '나는 어떤 방향으로 커리어를 설계해야 할까?'라는 질문을 던질 시점이다. AI를 도입하고, 시스템을 개선하고, 프로세스를 자동화한 이후에 남는 것은 결국 '사람'이다. 그리고 그 사람은 더 이상 단순히 일을 잘하는 기술자가 아니라, 어떤 문제를 정의하고 어떤 방식으로 조직 안에서 자리 잡을지를 고민하는 전략가여야 한다.

14-1. 실무 숙련자에서 업무 설계자로의 전환점

1) 반복 업무의 한계를 인식하고 돌파구 찾기

많은 사내변호사는 경력 초반 '신속하고 정확한 검토'를 통해 실력을 인정받는다. 특히 계약서 검토, 분쟁 대응, 리스크 코멘트 작성은 법무팀의 핵심 루틴이자 존재 이유다. 하지만 이 역할은 일정 수준을 넘어서면 업무 성과가 직선적으로 성장하지 않는다. 더 많이, 더 오래 한다고 해서 더 나은 평가를 받는 것도 아니다.

경력 7년 차는 그 '정체 구간'에 접어든다. 매일 비슷한 종류의 계약서, 유사한 쟁점, 반복되는 리스크 설명. 이때부터 실무자는 '기술자의 숙련도'를 넘어 전략가의 관점을 요구받는다. 다시 말해, 문제를 해결하는 사람이 아니라 문제를 정의하고, 불필요한 업무를 없애는 역할로 진화해야 한다.

이 시기를 놓치면 '실무 능력은 뛰어난데 승진은 어려운 사람', '항상 바쁜데 조직 내 영향력은 낮은 사람'이 되기 쉽다. 조직은 단순히 실무 처리를 잘하는 사람보다, 일의 구조를 읽고 바꾸려는 사람을 필요로 한다. 결국 '일을 잘하는 사람'은 대체될 수 있지만, '일을 설계하는 사람'은 쉽게 대체되지 않는다.

2) 나만의 기술적 자산을 전략적 레버리지로 전환하기

경력 중반의 가장 중요한 질문은 다음과 같다.

"나는 무엇을 반복해 왔는가?"

이 질문은 단순히 '내가 무슨 일을 했는가'를 묻는 게 아니다. 내가 무의식적으로 잘해온 일, 조직에서 자주 맡게 된 일, 다른 사람보다 빠르게 처리해온 일을 찾아내는 작업이다.

예를 들어, 어떤 사람은 계약서 문구 수정을 잘하고, 어떤 사람은 영업팀의 언어로 리스크를 설명하는 데 능하다. 또 어떤 사람은 이메일 커뮤니케이션에서 명확한 조율력을 발휘한다. 이런 자산은 '기술적으로 반복된 패턴' 속에 숨어 있는 전략적 강점이다.

이 시점에 필요한 것은, 그런 자산들을 분류하고 언어화하는 작업이다.

> · 나는 어떤 상황에서 가장 영향력을 발휘했는가?
> · 내가 해결했던 문제 중, 조직에서 다시 나를 찾게 만든 건 무엇인가?
> · 어떤 협업 구조에서 내가 중심 역할을 맡았는가?

또한 이러한 기술적 자산은 지금까지의 업무 히스토리뿐 아니라, 앞으로 어떤 역할로 진화할 수 있는지를 가늠하는 지표가 된다.

> · 이 자산은 시스템 설계나 교육, 문서화로 확장 가능한가?
> · 나만이 할 수 있는 일인가, 아니면 누구나 대체 가능한 일인가?

이러한 기준을 통해 '나만의 레버리지'가 될 기술적 자산을 다시 꺼내보고, 이제 그것을 '실행'이 아닌 '설계'의 관점에서 재배치할 필요가 있다.

커리어 7년 차는 경로를 유지하는 시점이 아니라, 새로운 경로를 설계할 수 있는 마지막 기회일 수도 있다. 일 잘하는 사람이 되기보다, 무엇을 잘해야 할지 정의하는 사람이 되는 것. 그것이 이 시점의 과제다.

[내 기술적 자산 점검하기 체크리스트]

다음 질문에 솔직하게 답해보자. 정답은 없다. 중요한 것은 현재 위치를 정확히 아는 것이다.

기본 점검:
☐ 나만 할 수 있는 일 vs 누구나 할 수 있는 일을 구분할 수 있다
☐ 내가 가장 자주 처리하는 반복 업무 3가지를 말할 수 있다
☐ 동료들이 나에게 가장 자주 묻는 질문이 무엇인지 안다
☐ 내가 처리한 사안 중 가장 큰 임팩트를 만든 사례를 기억한다

심화 점검:
☐ 내 업무 중 자동화/시스템화 가능한 항목을 3개 이상 찾을 수 있다
☐ 나의 강점이 미래에도 유효할지 판단할 수 있다
☐ 내가 만든 문서나 프로세스가 지금도 활용되고 있다

체크된 항목이 적다고 문제가 아니다. 오히려 명확해진 것이다. 무엇을 점검해야 할지, 어디서부터 시작해야 할지 말이다.

커리어 7년 차는 경로를 유지하는 시점이 아니라, 새로운 경로를 설계할 수 있는 마지막 기회일 수도 있다. 일 잘하는 사람이 되기보다, 무엇을 잘해야 할지 정의하는 사람이 되는 것. 그것이 이 시점의 과제다.

14-2. 조직 내 역할 변화와 개인 성장의 교차점 찾기

이제 내가 어디에 있는지 파악했다면, 다음 질문은 '왜 지금 변화해야 하는가?'다. 조직이 요구하는 역할 변화와 개인의 성장 욕구가 만나는 지점을 찾아야 한다. 그냥 흘러가는 대로 두면, 5년 후에도 지금과 비슷한 고민을 반복하

게 될 가능성이 높다. 변화의 동력을 찾는 것, 그것이 다음 단계의 핵심이다.

1) 조직의 기대와 내 커리어 방향의 전략적 일치점

사내변호사로서 경력 7년 차에 접어들면, 조직이 기대하는 역할과 내가 원하는 커리어 성장 방향 사이에 미묘한 긴장이 생긴다. 조직은 숙련된 인력을 보다 효율적인 방향으로 활용하길 원하고, 구성원은 그만큼의 성장을 기대한다. 그러나 문제는 이 둘이 항상 일치하지 않는다는 점이다.

기업은 사내변호사에게 법률 검토를 넘어서 리스크 관리, 사내 교육, 프로젝트 리딩 등 점점 더 확장된 역할을 요구한다. 법무팀의 존재 목적이 단순한 '리스크 차단'에서 '의사결정 지원'으로 이동하는 과정에서, 전문성이 깊은 사람일수록 더 넓은 커뮤니케이션 능력과 전략적 사고를 요구받는다.

여기서 중요한 질문은 다음과 같다.

> · 나는 조직이 요구하는 방향을 받아들일 준비가 되어 있는가?
> · 그 변화가 나의 커리어 성장 방향과 일치하는가?
> · 조직 내에서 내가 원하는 정체성과, 조직이 부여하는 역할은 얼마나 겹치는가?

조직의 니즈와 나의 성장 곡선이 겹치는 지점을 찾는 것은, '순응'이 아니라 '전략적 협업'의 시작이다. 이 교차점을 찾아야, 회사 안에서 계속 일하는 것이 내게도 성장의 기회가 된다.

2) 관리자 트랙 이외의 전문가 경로 - 시스템 설계자로 성장하기

많은 기업은 일정 시점이 되면 팀장이나 관리자로의 전환을 커리어의 기본 경로로 제시한다. 하지만 모든 사내변호사가 관리자가 되어야 하는 것은 아니다. 오히려 지금은 관리자와는 다른 형태의 '핵심 인재'가 될 수 있는 길이 열려 있다. 바로 '시스템 설계자'로서의 경로다.

시스템 설계자는 단순히 매뉴얼을 만드는 사람이 아니다. 반복되는 문제를 관찰하고, 이를 효율적으로 처리하기 위한 구조를 제안하고, 전사 시스템과의 연계를 고민하는 역할이다. 이들은 업무의 흐름을 정의하고, 그 안에서 기술(AI), 규정, 협업 체계를 통합하는 조정자이자 설계자다.

이러한 역할은 팀장이 아니더라도 리더십을 발휘할 수 있는 기회를 제공한다. 특히 AI와 리걸테크 도입이 활발해지는 지금, 법무팀 내에서 업무 프로세스를 '정리하고 정의할 수 있는 사람'은 그 자체로 대체 불가능한 가치를 가진다.

회사가 당신에게 관리자 승진만을 제안할 때, '내가 설계자로 남을 수 있는 길은 무엇인가?'를 스스로 질문해 보자. 조직 안에서 전문성과 영향력을 동시에 가질 수 있는 방법은 여러 가지다. 중요한 것은 내가 어떤 방식으로 일하고 싶은지를 먼저 정의하는 것이다.

[첫 30일 전환 실험 가이드]

커리어 전환은 거창한 선언이 아니라 작은 실험에서 시작된다. 다음 중 하나를 선택해 30일간 실행해 보자.

☑ **관리자 트랙이 아닌 다른 길 탐색하기:**
1주 차: 우리 팀에서 반복되는 이슈 3가지 리스트업
2주 차: 그 이슈들의 공통 패턴이나 원인 분석
3주 차: 해결 방안을 문서화하여 상사에게 제안
4주 차: 피드백을 반영해 개선안 재정리

☑ **시스템 설계자로서의 감각 기르기:**
1주 차: 내가 자주 쓰는 검토 의견 템플릿 3개 정리
2주 차: 템플릿을 팀 내 공유 가능한 형태로 가공

3주 차: 동료 1명에게 사용해 보라고 제안
4주 차: 피드백 수집하여 버전 2.0 제작

☑ **내부 교육자로서의 역할 실험:**
1주 차: 신입이나 타 부서에서 자주 묻는 질문 정리
2주 차: 그 질문들에 대한 1페이지 가이드 제작
3주 차: 실제 질문이 들어왔을 때 가이드 활용
4주 차: 가이드의 효과성 평가 및 개선점 도출

30일 후, 어떤 실험에서 가장 큰 성취감을 느꼈는지 돌아보자. 그것이 바로 당신의 다음 방향을 알려 주는 단서다.

14-3. 업무 자동화를 넘어 비즈니스 구조 설계자 되기

1) 리걸옵스 시대, 법무가 조직 혁신을 주도하는 방법

법무팀의 역할은 이제 단순히 계약서를 검토하고 법적 리스크를 줄이는 데 그치지 않는다. 점점 더 많은 기업이 법무를 단순한 '지원 부서'가 아닌 '전략 부서'로 인식하기 시작하면서, 법무가 '업무의 정의'까지 바꾸는 시대로 나아가고 있다.

리걸옵스(Legal Operations)라는 개념이 확산된 것도 이 맥락이다. 리걸옵스는 법률 서비스를 운영적으로 최적화하는 것을 넘어, 법무팀이 직접 업무 흐름과 프로세스를 설계하는 중심축이 되도록 요구한다. 이는 곧 사내변호사에게 새로운 역할이 주어졌다는 의미다.

더 이상 "이 계약 괜찮은가요?"라는 질문에만 답하는 사람이 아니라, "이 업무는 왜 이렇게 반복되죠?"라는 질문을 던지는 사람.

이 역할은 단지 법무팀의 효율을 높이는 것을 넘어, 조직 전체의 업무 구조를 바꾸는 출발점이 된다. 법무팀이 기존 업무를 더 빠르게 처리하는 수준을 넘어서, 그 일이 왜 존재하는지를 근본적으로 검토하고, 더 나은 방식으로 재설계하는 능력을 갖추는 것이다.

AI와 데이터는 이 흐름을 가속화한다. AI는 단순 반복 작업을 대신해 줄 수 있다. 하지만 어떤 항목을 기준으로 검토할지, 어떤 데이터를 남기고 분석해야 할지를 판단하는 건 여전히 사람이다. 사내변호사가 시스템적 관점을 갖는 순간, 법무는 더 이상 사후 대응이 아니라 사전 설계가 되는 것이다.

예를 들면 아래와 같다.

> · 계약 프로세스에서 검토 누락이 반복된다면? → 전자결재 연동 구조를 재설계하고, 체크리스트 기반 검토 흐름을 만든다.
> · 내부 보고가 일관되지 않다면? → 리걸 리포트 템플릿을 만들고, 정기 리스크 브리핑 제도를 제안한다.
> · 분쟁 발생 시 반복되는 이메일 커뮤니케이션 분석이 필요하다면? → 협상 이력을 구조화하고 사전 분쟁 예측 포인트를 자동화할 수 있는 데이터셋을 만든다.

이런 변화는 단발성 프로젝트로 끝나지 않는다. 법무팀이 주도하는 프로세스는 '한 번 바꾸는 일'이 아니라 '지속적으로 개선되는 시스템'이 되어야 한다. 리걸옵스와 AI는 도구일 뿐, 핵심은 일의 흐름을 어떻게 정의하고, 누구와 공유하며, 어떤 방식으로 정착시키는가에 달려 있다.

> 따라서 사내변호사가 가져야 할 역량은 단지 계약 검토 능력이 아니라,
> · 업무의 본질을 재정의하는 능력

- 조직 내 다양한 이해관계자와 협업하는 커뮤니케이션 능력
- 반복되는 문제를 구조로 환원해 제도화할 수 있는 설계 능력이다.

이처럼 '법무가 직접 일의 구조를 정의할 수 있을 때', 비로소 조직 안에서 대체 불가능한 존재로 자리매김할 수 있다.

2) 개인 영향력 확장의 3단계 - 자동화 → 기획 → 리더십

많은 사람은 커리어의 성장 곡선을 '직급의 상승'으로만 이해한다. 하지만 실제로 조직 내에서의 영향력 곡선은 다음의 세 단계를 거치며 점진적으로 확장된다.

(1) 업무 자동화

내가 하는 일을 효율적으로 반복할 수 있도록 시스템화한다.

계약서 템플릿 정비, 자주 묻는 질문 자동 응답, 검토 로직 문서화 등이 대표적인 예시다.

이 단계에서는 '나만 할 수 있는 일'을 줄이고, 누구든 할 수 있는 시스템을 만드는 것이 목표다.

(2) 전략 기획

반복 업무를 넘어서, 그 업무가 왜 존재하는지를 질문한다.

단순 개선이 아니라, 리스크 발생 구조를 미리 분석하거나 계약 흐름을 전사적으로 재설계한다.

이 단계에서는 AI 활용 방안 제안, 리스크 분석 체계화, 전사 시스템 연계 등 '의사결정 흐름에 개입하는 능력'이 중요하다.

(3) 리더십

단지 일을 주도하는 것이 아니라, 일의 방향 자체를 제안하고 그것을 문화

로 정착시키는 것이다.

팀장이 아니더라도, 조직 내 '누가 이 문제에 관해 말할 수 있는가'라는 질문에 이름이 떠오르는 사람이 된다.

일의 정의를 바꾸는 3단계 실행 가이드

'일의 정의를 바꾼다'는 것은 추상적으로 들리지만, 실제로는 매우 구체적인 단계를 거친다.

[3단계 실행 가이드]

1단계: 패턴 관찰하기 (2주)
- 매일 업무 일지에 "왜 이 일이 나에게 왔을까?" 한 줄 추가
- 일주일에 한 번, 반복되는 요청의 공통점 찾기
- 내가 처리한 일 중 "이런 식으로 또 올 것 같다."는 예감이 드는 것들 표시

2단계: 구조화 시도하기 (2주)
- 패턴이 보이는 업무를 체크리스트나 템플릿으로 만들어보기
- 동료에게 "이런 방식은 어떨까요?" 제안해 보기
- 한 번이라도 "이렇게 하니까 더 편하네요." 피드백 받기

3단계: 시스템 제안하기 (지속)
- 팀 미팅에서 "이런 프로세스 개선은 어떨까요?" 발언하기
- 내가 만든 방식을 다른 사람도 쓸 수 있게 문서화하기
- 상사에게 "업무 효율화 제안이 있습니다." 보고하기

중요한 것은 완벽한 시스템을 만드는 게 아니다. '나는 일의 구조를 바꿀 수 있는 사람'이라는 정체성을 실험하는 것이다.

이러한 경로를 따라간 사내변호사는 직책과 무관하게 실질적인 영향력을

행사할 수 있다. 특히 AI 시대에는 기술적 자동화가 빨라질수록, "무엇을 자동화할 것인가를 정의할 수 있는 사람"의 가치가 더욱 높아진다. AI는 일을 대신해 줄 수는 있어도, 업무의 우선순위와 방향은 인간만이 판단할 수 있기 때문이다.

실제 법무팀 내에서도, 같은 계약 검토 업무를 하더라도 어떤 사람은 수동적으로 반복된 템플릿을 쓰고, 또 어떤 사람은 그 템플릿이 왜 반복되는지를 분석해 새롭게 정의하려 한다. 이 작은 차이가 바로 '기술자'와 '설계자'의 차이이며, 조직은 결국 의도를 가진 설계자를 더 오래 기억하고 의존한다.

다음은 실행이다. 커리어의 방향을 재설정했다면, 이제는 그 변화를 조직 안에서 실현하는 방법을 찾아야 한다. 개인의 의도만으로는 변화가 일어나지 않는다. 조직이 인식하고, 동료가 공감하고, 상사가 지지할 수 있는 방식으로 새로운 정체성을 구현해야 한다. 그 구체적인 방법을 다음 장에서 다뤄보자.

사내변호사의 조직 내
영향력 구축 전략

"성과를 내는 것만으로는 부족하다. 조직에서 '보이는 사람'이 되어야 한다."

14장에서 우리는 커리어의 방향을 재설정하고, 실무자에서 전략가로 전환하는 방법을 다뤘다. 하지만 개인의 의도만으로는 변화가 일어나지 않는다. 아무리 좋은 아이디어와 명확한 방향성을 가져도, 조직이 인식하지 못하면 의미가 없다.

법무팀은 많은 기여를 하면서도, 그 가치가 조직 내에서 명확히 인식되지 못하는 경우가 많다. 계약 리스크를 줄이고, 분쟁을 예방하고, 내부 절차를 지키게 하는 '보이지 않는 보호막'의 역할이기 때문이다. 하지만 이제는 실무 역량만으로는 부족하다. '보이게 하는 기술', 다시 말해 영향력을 드러내는 전략이 필요하다.

이 장에서는 지금까지 다루었던 '시스템의 이해'와 'AI를 활용한 구조화'의 논의를 바탕으로, 사내변호사가 실제로 조직 내에서 어떤 방식으로 존재감을 드러낼 수 있는지를 다룬다. 앞선 장들에서 강조한 'AI를 도입하기 위한 의사결정 언어와 보고 방식'은, AI 프로젝트에만 국한되지 않는다. 그것은 모든 사내 업무에서 기본이 되어야 할 커뮤니케이션 방식이며, 법무팀의 영향력을 조직 안에서 실현하기 위해 반드시 체득해야 하는 '공용어'이기도 하다.

15-1. 실무자에서 전략가로 : 포지셔닝 전환 전략

1) 법무의 가치를 경영진 언어로 번역하기

많은 사내변호사는 실무적으로 바쁘고 헌신적이다. 하지만 조직 내 의사결정자에게는 '항상 조용한 팀', '말 없고 착실한 부서'로 인식되는 경우가 많다. 법무팀이 만든 리스크 보고서, 검토 의견, 가이드 문서 등은 그 자체로 중요하지만, '전략적 기여'로 보이기 위해서는 다른 언어와 방식이 필요하다.

전략가로 포지셔닝하려면, 단순히 법률 검토를 넘어서 의사결정에 필요한 틀을 제시하는 사람으로 자리 잡아야 한다. 예를 들어, 단순히 "이 조항은 위험합니다."가 아니라, "이 리스크는 향후 6개월 내 분쟁 발생 확률이 30% 이상이고, 기존 소송 사례에 따르면 예상 손해액은 약 3억입니다."라고 말할 수 있어야 한다.

이처럼 정량화된 표현, 사례 기반 비교, 시계열적 예측 언어는 법무팀이 단순한 '법적 평가자'가 아니라 '비즈니스 파트너'로 인식되게 하는 핵심 요소다. 특히 경영진은 단순한 찬반 판단이 아니라, '위험과 기회의 균형 속에서 어떤 선택을 할 수 있는가'를 고민하기 때문에, 법무팀의 언어도 그에 맞게 진화해야 한다.

또한 전략가로서의 포지셔닝은 단발성 커뮤니케이션이 아니라 일관된 방식의 누적된 신뢰로 쌓인다. 보고서 작성, 미팅 참여, 메일 커뮤니케이션에서 법무팀이 의사결정 과정에 기여한다는 인식을 형성해야 한다. '이슈 발생 시 뒤늦게 의견을 내는 팀'이 아니라, '초기부터 구조를 함께 설계하는 파트너'라는 인식 전환이 필요하다.

그 시작은 작아도 된다. 예를 들어, 계약 검토 코멘트에 "단순 수정"이 아니라 "이 조항은 분쟁 발생 시 해석상 유리하게 작용할 가능성이 낮음. 대체안 제안 필요."와 같은 구조적 제안을 담아 보거나, 메일 회신 시 "문제없습니다."가 아니라 "이 조건은 향후 사업 방향에 따라 장기 리스크로 전환될 수 있어, 별도 검토 대상에 포함 필요."처럼 예방적 시각을 담을 수 있다.

2) 데이터로 증명하는 법무팀 ROI

법무의 많은 기여는 '눈에 보이지 않는 방식'으로 일어난다. 계약서의 단어 하나, 조항 하나를 바꿈으로써 수억 원의 리스크를 줄였지만, 아무도 그것을 인지하지 못한다면 영향력은 만들어지지 않는다.

사내변호사에게 필요한 것은 성과를 '보이게 하는 기술'이다. 바로 그것이 기여의 '구조화'다. 단순한 나열이나 열정적인 설명이 아니라, 조직이 인식할 수 있는 언어와 형식으로 정리된 기여의 증거가 필요하다. 특히 경영진은 데이터를 기반으로 의사결정하기 때문에, 수치와 흐름이 있는 리포트는 영향력을 설계하는 가장 강력한 도구가 된다.

예를 들면, 다음과 같은 방식으로 접근할 수 있다.

- "2024년 상반기 계약 검토 260건 중 분쟁 예상 조항 17건 사전 식별 → 12건은 리스크 조정 완료"
- "공시 리스크 사전 식별로 자진 정정 없이 완료: 6건"
- "내부 AI 검토 시스템 제안 → 검토 소요 시간 40% 절감, 반복 계약서 처리 시간 평균 2.3일 → 1.3일로 단축"

이런 정리는 단순 수치를 나열하는 것에 그치지 않고, 법무팀이 조직 전체의 리스크 관리를 어떻게 바꿔나가고 있는지를 스토리로 전달하는 방식이어야 한다. 조직 변화에 기여했다면, 그것이 회의록이든 슬라이드든 전사 커뮤니케이션 언어로 변환되어야 한다.

또한 수치뿐 아니라, 조직이 쓰는 언어로 말하는 것도 중요하다.

- "준법 감시"보다는 "비즈니스 리스크 차단"
- "법적 방어 논리 확보"보다는 "사업 지속 가능성 확보"
- "검토 결과 리스크가 있습니다."보다는 "이 조건은 재무상 불확실성을 초래할 수 있으므로 예산 확정 시점에 영향을 줄 수 있습니다."

[기여도 가시화 체크리스트]

다음 항목들을 정기적으로 점검하고 기록해 보자.

월간 기여도 정리:
- ☐ 이번 달 처리한 주요 사안 3가지와 그 결과
- ☐ 내가 제안한 개선 사항 중 실제 적용된 것
- ☐ 타 부서로부터 받은 긍정적 피드백 기록
- ☐ 반복 업무 중 효율화한 프로세스

분기별 임팩트 분석:
- ☐ 내 업무로 인해 줄어든 리스크를 금액으로 추산
- ☐ 프로세스 개선으로 단축된 시간 계산
- ☐ 내가 만든 가이드/템플릿의 활용 현황
- ☐ 조직 내 법무 인식 변화 체감도

이런 기록들이 쌓이면, 연말 성과 보고나 승진 면접에서 구체적인 사례를 제시할 수 있다.

15-2. 조직이 인정하는 보고서와 커뮤니케이션 기법

1) 경영진을 설득하는 법무 보고서 작성법

단순히 "법적으로는 문제가 있습니다."라고 말하는 시대는 끝났다. 이제 조직은 문제의 정의뿐 아니라, 그 문제를 어떤 틀로 바라볼 것인가, 즉 '프레임'을 요구한다. 프레임은 단순한 형식이 아니라, 사내변호사가 조직의 판단 방식에 개입하는 방법이다.

예를 들어, "리스크가 있습니다."라고 말하는 대신 다음과 같이 제안하는 것이다.

> · "현재 검토 중인 3가지 옵션을 '규제 리스크 / 계약 리스크 / 조직 영향'이라는 3축으로 정리해 보았습니다."
> · "이 사안은 [비용 vs 속도]의 균형 문제로 판단됩니다. 각 시나리오별 리스크 분포는 다음과 같습니다."

이처럼 프레임을 제안할 수 있는 사내변호사는 단순한 법적 조언자가 아니라, 의사결정의 시야를 넓혀주는 동료로 자리매김하게 된다. 특히 AI와 데이터 기반 사고가 조직에 확산되는 시점에서, 법무 역시 데이터를 구조화해 보고 방식의 틀을 주도하는 역량이 중요해진다.

프레임을 구성할 때 중요한 것은 리스크를 하나의 사건이 아니라 패턴으로 설명하는 것이다. 예를 들어 "이 계약은 다소 불리합니다."라고 말하는 대신, "유사한 조항에서 1년 내 분쟁이 3건 발생했고, 이 중 2건은 장기화되었습니다. 이 조건은 그와 유사한 구조를 가집니다."라고 말할 수 있어야 한다.

프레임은 사내변호사가 단순히 이슈에 반응하는 '감시자'가 아니라, 구조를 설계하는 '건축가'로 인식되게 만드는 방법이다. 이를 위해선 아래와 같은 프레임워크 설계력이 필요하다.

> · 리스크 지형도: 사건 중심 보고가 아니라, 범주·빈도·금액 등으로 구조화한 리스크 분포도
> · 시나리오 매트릭스: 선택지별 이점/위험을 표로 비교한 전략 매핑
> · 판단의 기준 제안: '조직 목표와의 정렬도'에 따라 해석 우선순위를 설정

2) 비즈니스 언어로 말하는 리스크 커뮤니케이션

앞에서 다룬 것처럼, 법무가 조직에 영향력을 갖기 위해서는 '언어의 전환'이 필요하다. 하지만 그것은 단순히 단어를 바꾸는 것이 아니라, 사고의 프레임 자체를 전환하는 것이다.

예를 들어 "계약 해지 시 상대방이 손해배상을 청구할 수 있습니다."는 문장은, 경영진에게는 실질적인 판단 기준이 되기 어렵다. 그 대신 다음과 같이 말해야 한다.

> "이 조건으로 해지할 경우, 연간 기준 약 2억 원의 수익 차질이 발생할 수 있으며, 거래처 신뢰도 저하에 따른 후속 계약 불발 가능성도 있습니다."

이런 식의 언어 전환은 법무가 법률적 논리의 전달자에서 경영 판단의 조력자로 기능하도록 만든다. 리스크를 법조문 중심으로 설명하는 것에서 벗어나, 조직의 의사결정 시점과 판단 기준에 맞게 '의미화'하는 과정이 필요하다.

이를 위해 사내변호사는 다음과 같은 사고법을 훈련해야 한다.

> - 법률 쟁점을 사업부 KPI와 연결하기: "이 분쟁은 손익 추정치에 어떤 영향을 주는가?"
> - 조직 내 타이밍과 맥락 반영하기: "이 이슈는 지금 대응할 문제인가, 연말까지 유예해도 되는가?"
> - 법률 결과를 비즈니스 메시지로 번역하기: "해석상 가능하지만, 파트너사와의 신뢰를 고려하면 실익은 없습니다."

이러한 전환이 가능한 사내변호사는 조직 내 커뮤니케이션에서 '이해받는 사람', 나아가 '결정에 기여하는 사람'이 된다.

요약하자면, 법무가 영향력을 갖기 위해서는 '지식'보다 '구조', '내용'보다 '프레임', '법률 언어'보다 '조직 언어'로 사고하는 훈련이 필요하다. 이것이 사내변호사가 조직 안에서 설득력 있는 존재가 되는 방식이다.

커뮤니케이션 전환 연습

다음은 법무 언어를 조직 언어로 바꾸는 연습이다. 실제 업무에서 활용해 보자.

[Before → After 예시]

Before (법무 언어)	After (조직 언어)
"계약서 검토 결과 리스크가 있습니다."	"현 조건은 향후 6개월 내 30% 확률로 분쟁 소지가 있으며, 유사 사례 기준 약 3억 원 손실 추정됩니다."
"이 조항은 법적으로 문제가 있습니다."	"이 조건은 향후 사업 확장 시 발목을 잡을 가능성이 높습니다."
"준법 감시가 필요합니다."	"비즈니스 리스크 조기 감지 시스템을 구축하겠습니다."
"법적 검토를 완료했습니다."	"사업 지속 가능성 관점에서 3가지 시나리오를 준비했습니다."

15-3. 의사결정 테이블에서 목소리를 내는 방법

1) 언제 개입할 것인가: 선제적 개입 포인트 찾기

법무팀이 실질적인 영향력을 발휘하려면, 단지 요청을 받았을 때 대응하는 수준에서 벗어나야 한다. 핵심은 '언제 개입할 것인가'를 선제적으로 판단하는 능력이다. 대부분의 법적 리스크는 문제로 표면화되기 전에 조직의 어딘가에서 조용히 자라고 있다. 그 시점을 놓치지 않고 개입하는 것이 조직 내 영향력의 시작이다.

사내변호사는 다음과 같은 지점에서 선제적으로 개입해야 한다.

> · 사업 아이디어 기획 단계: 신사업 검토 시, 법률 리스크뿐만 아니라 인허가, 경쟁 제한, 개인정보 처리 등 전방위 이슈를 조기에 제기
> · 계약 구조 설계 단계: 계약 초안이 만들어지기 전, 구조 자체에 대한 피드백을 제공함으로써 사후 검토보다 더 큰 영향력 행사
> · 조직 개편, 제도 도입 단계: 인사 제도, 지배구조 변경 등 조직의 변화에 있어 법무의 사전 의견이 전체 방향성을 조정하는 역할 수행

이러한 선제적 개입은 단순히 법적 리스크를 줄이는 것을 넘어서, 법무가 사업 전략에 기여하는 사람이라는 인식을 형성하는 데 결정적이다.

또한 선제적 개입은 '내부 고객'의 관점에서도 신뢰를 구축하는 중요한 계기다. 법무팀이 먼저 다가가 문제를 예측하고 솔루션을 제시하면, 타 부서는 법무를 '검토를 맡기는 부서'가 아니라 '함께 문제를 풀어가는 동반자'로 인식한다.

특히 반복되는 업무일수록 전형적인 리스크 발생 시점을 정형화하여, '법

무 개입 포인트'를 매뉴얼화하는 것이 좋다. 예를 들어 "10억 이상 계약 초안 작성 시 법무 사전 검토 필수"처럼 기준을 만들면, 개입이 '개인의 판단'이 아니라 '조직의 프로세스'가 된다.

2) 무엇을 물을 것인가: 질문을 설계하는 힘

의사결정 구조에 개입하려면, 단순한 검토 요청에 응답하는 것 이상으로 핵심을 꿰뚫는 질문을 던지는 역량이 필요하다. 이때 중요한 것은 '질문을 잘하는 힘'이다. 질문은 단지 정보를 얻기 위한 수단이 아니라, 그 사안을 어떻게 정의할 것인지 방향을 설정하는 도구다.

예를 들어, 다음과 같은 질문은 의사결정의 프레임을 전환시킨다.

> - "이 계약은 왜 지금 체결되어야 하는가?"
> - "상대방의 리스크 수용 가능 범위는 어디까지인가?"
> - "이 문제가 발생했을 때 우리가 무엇을 가장 먼저 설명해야 하는가?"

질문이 정확할수록, 검토의 방향이 좁혀지고 보고서의 메시지가 명확해진다. 즉, 질문을 설계한다는 것은 단순한 법률 분석이 아니라, 조직의 판단을 리드하는 도구를 쥐는 것과 같다.

사내변호사는 다음의 사고 습관을 갖출 필요가 있다.

> - 검토 요청을 받으면 먼저 '이 사안의 본질은 무엇인가?'를 되묻기
> - 단순 질의에 대해서도 '왜 이걸 묻는가?'를 팀 내부에서 공유하고 구조화
> - 회의에서 법적 쟁점보다 '판단 기준'을 먼저 확인하고 역질문하기

여기에 더해, 질문은 조직의 시야를 넓히는 기회로도 작동해야 한다. 예를 들면 이렇게 질문하는 것이다.

> · "이 문제가 단기 리스크인지, 장기 구조 문제인지 구분할 수 있을까요?"
> · "이번 의사결정이 향후 유사 사안의 기준이 될 가능성이 있는가요?"
> · "이 사안을 놓고 이해관계자마다 무엇이 가장 중요한 고려 사항일까요?"

전략적 질문 툴킷

상황별로 사용할 수 있는 질문들을 정리해 두자.

> **프로젝트 초기 단계:**
> "이 프로젝트에서 법무가 기여할 수 있는 지점은 언제인가요?"
> "예상되는 리스크 중 미리 대비할 수 있는 것들은 무엇일까요?"
> "과거 유사 사례에서 놓쳤던 이슈가 있다면 무엇인가요?"
> **의사결정 회의에서:**
> "이 결정의 판단 기준을 한 문장으로 정리하면 무엇인가요?"
> "worst case scenario는 어느 정도까지 상정하고 계신가요?"
> "이 방향으로 가기로 결정했을 때, 6개월 후 우리는 무엇을 측정해 볼 수 있을까요?"
> **사후 검토 시:**
> "이 이슈가 반복되지 않으려면 프로세스를 어떻게 바꿔야 할까요?"
> "다음에 유사한 상황이 오면 누가 어떤 시점에 개입해야 할까요?"
> "이 경험에서 조직 차원의 학습 포인트는 무엇일까요?"

이러한 질문은 단순히 리스크를 지적하는 것이 아니라, 조직 전체의 판단 체계를 정교하게 만드는 데 기여한다. 즉, 질문은 법무의 통찰을 전달하는 가장 효과적인 형식이며, 조직 내 대화의 방향을 바꾸는 지점이 된다.

사내변호사가 '좋은 질문을 설계할 수 있는 사람'으로 인식되면, 자연스럽게 핵심 회의에 초대되고, 중요한 프로젝트에 초기부터 참여하게 된다. 이는 곧 법무의 의사결정 영향력 확대와 커리어 확장으로 이어지는 구조적 변화를 만든다.

다음 장에서는 이렇게 구축한 영향력을 바탕으로, AI 시대에도 흔들리지 않는 개인의 생존전략을 설계하는 방법을 다룰 것이다. 조직 내 포지셔닝을 넘어서, 장기적으로 지속 가능한 커리어의 방향성을 어떻게 잡아갈 것인지에 대한 근본적인 질문들을 함께 탐구해 보자.

PART 6
나의 방향을 설계하는 시간

16장

대체되지 않는 사람의 조건

"기술이 바뀌어도, 문제를 정의하는 사람은 바뀌지 않는다."
15장에서 우리는 조직 내에서 영향력을 구축하는 구체적인 방법들을 다뤘다. 하지만 영향력을 갖는 것만으로는 충분하지 않다. AI의 도입은 단순한 기술 변화에 그치지 않는다. 반복 업무가 사라지고, 속도가 비약적으로 빨라지며, 법무의 가치는 새로운 기준으로 측정되기 시작한다.

이 변화의 흐름 속에서 우리는 어떤 일이 사라질지를 고민하기보다는, 어떤 사람이 살아남는지를 고민해야 한다. 더 정확히 말하면, 어떤 역할이 계속 필요할 것인지, 그리고 나는 그 역할을 할 수 있는 사람인지를 질문해야 한다.

이 장에서는 반복적인 작업을 덜어내고, 사람만이 할 수 있는 판단의 영역으로 이동하기 위한 전략을 다룬다. 그리고 그 전략의 핵심에는 '나는 어떤 문제를 정의하고 싶은 사람인가?'라는 질문이 자리하고 있다.

16-1. 문제의 정의자가 되어야 살아남는다

1) 대응자에서 정의자로 - 근본적 역할 전환

AI는 입력한 정보를 빠르게 처리해 준다. 하지만 무엇을 입력할지, 어떤 기준으로 판단할지를 설정하는 일은 여전히 사람의 몫이다. 반복 업무는 기계가 대신할 수 있지만, 문제의 본질을 정의하고 그 프레임을 설계하는 일은 인간만이 할 수 있는 고유한 작업이다.

사내변호사가 반복적인 대응 업무에서 벗어나기 위해서는 단순히 질문에 답하는 사람이 아니라, 문제를 처음부터 정의하는 사람으로 역할을 전환해야 한다. 예를 들어 다음과 같은 사고 전환이 필요하다.

> - "이 계약 문제는 어떻게 해결해야 할까?" → "이 유형의 리스크는 왜 반복되는가?"
> - "이번 이슈 대응 논리는 무엇인가요?" → "이 사안은 어떤 프레임으로 접근해야 하는가?"

이처럼 질문 자체를 재설계하고 구조를 제시하는 사람, 즉 '정의자(Definer)'로서의 역할이 AI 시대의 진정한 경쟁력이 된다.

정의자(Definer)의 사고방식은 단순히 선도자가 되겠다는 선언이 아니라, 시스템의 작동 방식을 바꾸겠다는 기획자의 자세다. 정의자는 다음과 같은 질문을 스스로에게 먼저 던진다.

> - 이 리스크가 반복된다는 것은 시스템상 어떤 루프가 있다는 뜻인가?
> - 지금의 보고/결정 구조는 이 리스크를 사전에 걸러낼 수 있었는가?
> - 반복적 이슈 발생이 개인의 실수인가, 조직 구조의 설계 미흡인가?

정의자는 반복되는 이슈를 해결하지 않는다. 오히려 이슈가 왜 반복되는지를 시스템 관점에서 추적하고, 사전 차단 구조를 설계하는 역할을 맡는다. 즉, 정의자란 '위험을 줄이는 사람'이 아니라, '위험의 정의를 바꾸는 사람'이다.

이러한 역할은 AI가 대체할 수 없는 인간의 직관력과 메타 인지 능력을 요구한다. 향후 사내에서 살아남는 법무는 단순 대응자를 넘어, 구조 설계자이자 문제의 본질을 정의하는 프레임 제시자로 자리매김하게 될 것이다.

2) 기계가 할 수 없는 일을 찾아라

아무리 AI가 발전하더라도, 조직은 여전히 사람의 해석과 판단이 필요한 영역을 갖고 있다. 특히 다음과 같은 상황은 인간의 개입 없이는 제대로 처리되기 어렵다.

- 조직 내부의 맥락과 의도 파악: 같은 계약 조항이라도, 상대방의 태도, 과거의 이력, 경영진의 선호 등에 따라 리스크 판단은 달라진다.
- 비정형 이슈의 전략적 해석: 규정에 없는 새로운 유형의 리스크, 사업모델 변화에 따른 법적 판단 등은 여전히 사람의 논리와 직관이 필요하다.
- 의사결정 과정의 설득과 조율: 법률 리스크 자체보다, 해당 리스크를 경영진에게 '어떻게 설명할 것인가'가 중요해지는 순간에는 커뮤니케이션과 감각이 결정적인 차이를 만든다.

즉, AI는 수단일 뿐이고, 그것을 어떤 의도로 사용할 것인지는 사람의 몫이다. 반복 업무에서 벗어나려면 단지 AI를 도입하는 데 그치지 말고, '어디서 인간이 개입해야 하는지'를 정확히 아는 감각이 필요하다. 더 나아가 중요한 것은, 단순히 인간의 몫을 남겨두는 것이 아니라, 그 몫을 스스로 설계하고 넓혀가는 주도성이다.

앞으로 조직이 사람에게 맡기고자 하는 역할은 단순 생산성이 아니라, 방향성에 대한 책임감이다. 변호사 역시 이제는 얼마나 효율적으로 일했느냐보다, 무엇을 판단하고자 했으며 그 판단이 어떤 가치를 창출했는가를 설명할 수 있어야 한다.

[나만의 판단 영역 찾기]

다음 질문들을 통해 당신이 집중해야 할 판단 영역을 발견해 보자.

패턴 인식 능력 점검:
☐ 나는 어떤 종류의 문제에서 "또 이런 일이 생겼네."라고 느끼는가?
☐ 동료들이 나에게 "이런 건 어떻게 판단해야 하지?"라고 묻는 영역은?
☐ 내가 과거 경험을 바탕으로 "이렇게 되면 위험하다."고 예측할 수 있는 것들은?

맥락 해석 능력 점검:
☐ 같은 조건이라도 "이 회사는 다르다."고 판단하는 기준이 있는가?
☐ 경영진의 성향을 고려해 법적 조언을 조정한 경험이 있는가?
☐ 부서별 특성을 반영해 다른 방식으로 설명해 본 적이 있는가?

커뮤니케이션 감각 점검:
☐ 복잡한 법적 이슈를 비전문가에게 명확히 설명할 수 있는가?
☐ 리스크 설명 시 상대방의 우선순위에 맞춰 포인트를 조정하는가?
☐ 갈등 상황에서 중재 역할을 했던 경험이 있는가?

이 중에서 가장 자신 있는 영역이 바로 당신이 AI 시대에도 계속 발전시켜야 할 고유 역량이다.

16-2. AI 시대의 새로운 협업 방식

1) 변화를 이끄는 사람이 살아남는다

AI가 업무의 구조 자체를 바꾸고 있는 지금, 법무팀 내부에서도 인식의 차이에 따라 커다란 분기가 생기고 있다. 하나는 AI를 단순한 도구로 바라보며 수동적으로 받아들이는 실무자이고, 다른 하나는 AI를 함께 일하는 동료로 인식하고 능동적으로 활용하려는 전략적 사고의 소유자다.

단순히 AI의 기능을 체험하고 시연하는 데 그치면 도태는 시간문제다. 기술은 빠르게 발전하지만, 그 기술을 언제 어디에 어떻게 도입할지를 고민하는 사람은 드물다. 바로 그 지점에서 사내변호사는 기회를 가질 수 있다.

예를 들어 다음과 같은 질문을 법무팀이 먼저 제기할 수 있다면, 그것은 이미 전략적 설계자로 전환되고 있다는 신호다.

> · 반복 계약을 AI가 요약하게 만들 것인가?
> · 내부 지식 DB를 AI로 구축할 것인가?
> · 리스크 유형 분류와 통계 기반 보고서를 자동화할 수 있을까?

이 질문을 기술 부서가 아니라 법무팀이 먼저 제기할 수 있다면, 단순한 실무자에서 전략적 설계자로 전환된다는 신호다. 그리고 AI 도입을 리드한 경험은 향후 커리어에서 강력한 포트폴리오로 작동한다.

그렇다면 AI를 모르면 왜 도태될까? 그 이유는 단순히 기술을 못 따라가서가 아니다.

첫째, AI의 존재만으로도 기존 업무의 단가와 위상이 바뀐다. '5시간 걸리던 검토'가 'AI 요약 10분 + 리뷰 30분'이면, 법무의 업무 단가는 반으로 줄고,

그 안에서 누구도 개인적 성실함만으로는 의미 있는 성과를 만들기 어렵다.

둘째, AI를 활용하는 사람과 그렇지 않은 사람의 업무량과 속도 격차가 조직 내부에서 실질적 평가 기준이 된다. "왜 이걸 아직도 수작업으로 하나요?"라는 질문은 당사자에게는 치명적인 낙인이 될 수 있다.

셋째, AI 활용이 단순 편의성을 넘어서 '보고 방식', '의사결정 방식'까지 바꿔 놓기 때문에, 기술의 흐름을 따라가지 못하면 보고의 언어 자체가 어색해진다. 이는 곧 조직 내 존재감의 약화를 의미한다.

AI에 대한 몰이해는 기술의 문제가 아니라 전략의 문제다. 도태되는 실무자의 공통점은 기술을 회피하고 자신이 익숙한 방식에 집착한다는 점이다. 반면 생존하고 성장하는 법무는, 기술의 흐름을 일의 구조를 바꾸는 기회로 삼는다.

2) 기술은 도구, 방향은 내가 정한다

AI는 빠르고 정확하지만, 어디로 나아가야 할지, 무엇이 중요한지를 결정할 수는 없다. 방향을 설정하는 일은 여전히 사람의 몫이다. 따라서 중요한 것은 도구의 성능이 아니라, 그 도구를 어떤 목적과 맥락에서 사용할지를 결정하는 사람의 전략적 감각이다.

사내변호사는 이제 다음과 같은 원칙을 내면화해야 한다.

- AI는 실행한다. 나는 판단한다.
- AI는 생성한다. 나는 설계한다.
- AI는 축적된 정보를 분류한다. 나는 질문의 방향을 제시한다.

이 구분은 단순한 역할 분담이 아니다. 기계가 할 수 없는 본질적인 판단을 위해, 사람은 더욱 깊은 가치 질문을 던져야 한다. "이게 맞나?"보다 더 중요한 질문은 "왜 이 일을 하는가?"이다.

AI와 함께 일한다는 것은 단지 기술을 두려워하지 않는다는 의미가 아니다. 그것은 기술의 방향을 설계하고, 도구를 연결하고, 새로운 가치를 만들어 내는 사람이라는 뜻이다. 그리고 이 전략은 단지 '살아남기 위한 최소한의 생존전략'에 그치지 않는다. 오히려 이것은 법무가 기업 내에서 더 높은 레벨의 판단과 기획에 참여하기 위한 '자격'이다.

예를 들어 AI가 계약서 요약을 대신해 준다면, 변호사는 그 시간 동안 무엇을 할 것인가?

- 각 계약의 공통된 리스크 패턴을 추출해 회사 차원의 정책 제안을 할 것인가?
- 협상 과정의 이메일 로그를 정리해 향후 유사 사례의 기준을 만들 것인가?
- 아니면 그저 새 계약서를 또 하나 검토하면서 '업무량'만 채울 것인가?

결국 도구가 주는 여유를 어떻게 사용할 것인가가 사람의 방향성과 역량을 드러내는 지점이다.

AI 협업 실험 3단계

AI와의 협업은 이론이 아니라 실제 경험을 통해 체득해야 한다.

1단계: 도구 친숙화 (2주)
- ChatGPT나 Claude 등으로 간단한 계약 조항 분석해 보기
- 법률 질의응답을 AI에게 맡겨 보고 정확도 체크

- 내가 자주 쓰는 문서 템플릿을 AI로 초안 생성해 보기
- "AI가 잘하는 것"과 "부족한 것" 리스트 작성

2단계: 업무 통합 실험 (4주)
- 실제 업무에서 AI 초안 + 내 검토 방식으로 진행
- AI 결과물을 그대로 쓰지 말고 반드시 내 관점으로 재가공
- 시간 단축 효과와 품질 변화 측정
- 동료들에게 "이런 방식은 어떨까요?" 제안해 보기

3단계: 시스템 설계 (지속)
- 우리 팀에 최적화된 AI 활용 가이드라인 만들기
- 반복 업무의 AI 자동화 방안 상사에게 제안
- 법무팀 AI 도입 로드맵 기획하여 발표
- 다른 부서와 AI 활용 경험 공유

매주 성찰 질문:
- AI 덕분에 절약된 시간을 더 가치 있는 일에 썼는가?
- AI 결과물에 내 고유한 관점과 판단이 더해졌는가?
- 이 방식이 우리 조직에 어떤 변화를 가져올 수 있을까?

16-3. 나를 넘어서는 시스템을 만들어라

AI 시대의 사내변호사에게 마지막으로 요구되는 것은 '개인의 역량'이 아니라, 시스템으로 남는 역량이다. 내가 없더라도 조직이 작동하는 구조를 만드는 것, 그것이 진정한 법무의 기여이자 지속 가능한 영향력이다.

1) 개인 역량을 조직 자산으로 전환하기

법무 업무는 특성상 암묵지(默知)에 많이 의존해 왔다. 하지만 AI와 함께

일하는 시대에는 그 암묵지를 드러내고, 구조화하고, 시스템에 이식하는 능력이 핵심이 된다.

> - 자동화: 반복되는 검토, 보고, 자주 묻는 질문에 대한 응답 등은 규칙 기반으로 프로세스화할 수 있다. 이는 단순 효율화가 아니라, 다음 사람에게 '일이 끊기지 않도록 하는 배려'다.
> - 문서화: 자문 논리, 계약서 해석 기준, 사업별 관행 등은 개인의 기억이 아니라 문서화된 지식으로 남아야 한다. AI도 이 문서를 학습해야 활용도가 올라간다.
> - 공유화: 만들어진 구조는 나 혼자 보관하는 것이 아니라, 조직의 언어로 번역되어 공유되어야 한다. 슬라이드 한 장으로 정리된 리걸 리포트, 팀 내부 위키, 챗봇 기반 검색 시스템 등이 모두 여기에 해당된다.

이 3가지는 단지 '잘 정리된 파일'을 뜻하지 않는다. 결국 이 모든 행동은 한 방향을 향한다. "나 없이도 이 조직이 돌아갈 수 있게 하자"는 사고방식이다.

2) 경험이 아니라 방법론을 남겨라

많은 법무 커리어는 '내가 얼마나 많은 케이스를 경험했는가'로 평가받아 왔다. 하지만 AI가 데이터를 학습하고 축적할 수 있는 지금, 경험 그 자체는 더 이상 희소 자원이 아니다.

앞으로 중요한 것은 그 경험을 통해 만들어진 '판단 방식'과 '의사결정 구조'를 얼마나 명료하게 남길 수 있느냐이다. 즉, 다음 세대가 그대로 따라 해도 일관된 판단을 내릴 수 있는 기준과 논리, 이것이 진짜 '유산'이다.

예를 들어, 과거 사례의 메일 내용을 AI가 학습해 자동 회신 초안을 만들 수 있으려면, 내가 그 메일에서 무엇을 근거로 판단했는지를 설명한 문서가 있어야 한다.

 계약서 조항 수정 내역이 단순 트래킹 로그가 아니라, 왜 그 수정이 필요했는지에 대한 짧은 사유 메모가 남아 있어야 후임이 이해할 수 있다.

 이제는 혼자 빠르게 일하는 법무가 아니라, 함께 오래 가는 법무가 더 강하다. 내 속도를 높이는 것이 아니라, 조직 전체의 속도와 품질을 일정하게 만드는 사람, 그것이 바로 탈개인화된 법무의 이상적인 모습이다.

 그리고 그 첫걸음은 이렇게 질문하는 것에서 시작된다.

> · 지금 내가 하고 있는 이 일은, 문서화될 수 있는가?
> · 이 판단 기준은 나만 아는 것인가, 모두가 공유할 수 있는가?
> · 내가 없어도, 이 프로세스는 작동할 수 있는가?

 이 질문에 '그렇다'고 답할 수 있다면, 당신은 이미 AI 시대에 사라지지 않는 법무로 진입한 것이다.

 이제 마지막 단계다. 이 모든 전략과 실행 방법을 갖추었다 해도, 여전히 하나의 근본적인 질문이 남는다. "나는 왜 이 일을 하는가?" 기술이 아무리 발전해도, 결국 사람은 질문으로 살아간다. 다음 장에서는 도구와 환경이 끊임없이 바뀌는 AI 시대 속에서, 사내변호사로서 내가 끝까지 붙잡아야 할 기준이 무엇인지, 그리고 그 기준을 중심으로 나만의 전략을 어떻게 만들어갈지를 다룬다.

17장

AI 시대, 법무의 본질을 다시 생각하다

"기술은 도구다. 질문은 나의 것이다."
16장에서 우리는 AI 시대에 대체되지 않기 위한 구체적인 전략들을 다뤘다. 문제를 정의하는 능력, AI와의 새로운 협업 방식, 그리고 개인을 넘어서는 시스템을 구축하는 방법까지. 하지만 이 모든 전략과 실행 방법을 갖추었다 해도, 여전히 하나의 근본적인 질문이 남는다. "나는 왜 이 일을 하는가?"
기술이 아무리 발전해도, 결국 사람은 질문으로 살아간다. '어떤 기술을 쓸 것인가'보다 더 중요한 질문은 '어떤 문제를 해결하고 싶은가'이다. 이제 우리는 AI를 얼마나 잘 다루는가보다, 그 기술을 어떤 관점에서 정의하고 어떤 전략으로 활용할지를 묻는 시대에 살고 있다.
이 장은 도구와 환경이 끊임없이 바뀌는 AI 시대 속에서, 사내변호사로서 내가 끝까지 붙잡아야 할 기준이 무엇인지, 그리고 그 기준을 중심으로 나만의 전략을 어떻게 만들어갈지를 다룬다. 앞선 장들에서는 계약 자동화, 리스크 관리, 내부 커뮤니케이션, AI 도구 활용 등 실무적인 전술을 중심으로 이야기했다면, 이 마지막 장에서는 그 모든 전략의 출발점이 되는 '나'에 대해 다시 돌아본다.
내가 어떤 문제를 중요하다고 여기는지, 누구를 위해 일하고 싶은지, 어떤 방식으로 조직 안에서 기능하고 싶은지와 같은 질문들에 대한 답을 찾아가는 여정이 곧, AI 시대에도 흔들리지 않는 커리어의 나침반이 된다.

17-1. 흔들리지 않는 법무의 중심

1) 법무란 결국 '선택'을 돕는 일이다

법무란 무엇인가? 많은 사람들이 사내변호사의 역할을 법률 검토, 자문, 리스크 안내 같은 '의견 제시'에 국한해 생각하곤 한다. 그러나 그것은 표면적인 활동일 뿐이다. 우리가 하는 일의 본질은 결국 조직이 더 나은 선택을 할 수 있도록 돕는 것이다.

정보를 수집하고, 위험을 분석하며, 가능성을 검토한 끝에 조직이 어떤 방향으로 나아가야 할지 제안하는 것. 우리는 단순히 '알려주는 사람'이 아니라, '이 길로 가는 것이 맞습니다'라고 말하는 사람이다.

물론 그 선택의 조언은 언제나 불확실한 조건 속에서 이루어진다. 우리는 완벽한 정보 없이 결정을 내려야 하고, 그 결정은 때때로 사업 성패나 조직 신뢰에 중대한 영향을 끼친다. 그래서 법무는 본질적으로 '책임지는 선택'을 요구받는 직무다.

리스크를 완전히 없애는 건 불가능하다. 하지만 그 리스크가 어디에서 왔는지 감지하고, 어떤 부분이 반복되고 있는지 구조적으로 이해하며, 이를 통해 조직이 회복 가능한 방향을 설계하게 만드는 것, 이것이 법무의 가장 근본적인 기능이다.

AI 시대에는 단순 정보 제공이나 법령 해석, 문서 작성 같은 기능은 기술로 대체될 수 있다. 하지만 선택의 조언은 다르다. 선택은 맥락을 요구하고, 균형 감각을 필요로 하며, 조직의 철학과 전략에 맞춘 방향성을 내포해야 한다. 같은 규정을 해석하더라도 어떤 관점으로 접근하느냐에 따라 결론이 달라지고, 그 결론에 책임질 수 있는 사람이 누군지에 따라 조직의 리더십이 바뀐다.

결국 선택의 조언은 '지식'이 아니라 '관점'의 문제이며, 그 관점은 조직의 신뢰와 전략 방향을 함께 짊어지는 능력이다. 사내변호사는 조직의 말단에 머무는 사람이 아니다. 우리는 의사결정 테이블 한쪽에서, 때로는 가장 먼저 위험을 감지하고, 누구보다 빨리 방향 전환을 고민하는 사람이다.

그런데 그 '선택의 조언'을 내리는 힘은 어디에서 오는가? 지식이나 경험만으로는 부족하다. 결국, 선택의 기준은 각자가 가진 관점과 가치관, 철학에서 비롯된다.

2) 기술이 바뀌어도 나의 관점은 변하지 않는다

법무의 본질이 '선택의 조언'이라면, 우리는 이제 한 걸음 더 나아가 그 조언이 어떤 토대 위에서 이루어지는지를 돌아봐야 한다. 선택의 기준은 단순히 정보나 법률 지식을 많이 안다고 생기지 않는다. 특히 AI 기술이 빠르게 실무에 스며드는 지금, '무엇을 알고 있느냐'보다 '무엇을 중요하게 보고, 어떤 방식으로 접근하느냐'가 더 중요한 기준이 되고 있다.

계약 자동화 툴, GPT 기반의 문서 요약 시스템, 판례 검색에 특화된 리걸테크 등은 더 이상 미래 기술이 아니다. 이미 많은 법무팀의 일상 속에서 활용되고 있으며, 기술은 앞으로도 계속 진화할 것이다. 어제까지는 혁신이라 불리던 기능이 오늘은 표준이 되고, 내일은 더 나은 기술에 의해 대체된다. 기술은 본질적으로 '교체 가능한 자산'이다.

중요한 것은 기술 그 자체가 아니라, 그 기술을 어떤 문제를 해결하기 위해 쓰느냐는 질문이다. 이때 중요한 건 관점이다. 같은 기술을 도입하더라도 어떤 사람은 특정 업무만 자동화하는 데 그치고, 어떤 사람은 업무 전체의 흐름을 재설계하는 데까지 확장한다. 그 차이는 단순한 실력 차이가 아니다. 그것은 문제를 바라보는 시선, 그리고 조직을 변화시킬 수 있다는 믿음에서 비롯된다.

우리가 실무를 하면서 마주하는 많은 선택 상황은 법이나 매뉴얼에 명확한 답이 없는 경우가 많다. 조직의 리스크 수용 성향, 사업부의 현실, 이해관계자의 갈등 등 수많은 변수가 작용한다. 이런 상황에서 우리가 내리는 선택의 조언은 결국 우리의 관점, 즉 '이 상황에서 중요한 것이 무엇인가'에 대한 기준에서 비롯된다.

법무는 리스크를 막는 사람이 아니라, 그 리스크를 조직이 감내할 수 있게 구조화하는 사람이 되어야 한다. 그리고 그런 역할은 기술이 대신할 수 없다. 이처럼 법무에게 중요한 것은 기능이 아니라 관점에 있다. 기술은 계속 바뀌지만, 우리가 어떤 관점을 가지고 기술과 조직을 해석하느냐는 쉽게 대체되지 않는다.

3) 내가 중요하게 여기는 가치는 무엇인가

관점은 반복된 선택의 결과에서 비롯된다. 그리고 그 반복을 이끄는 힘은 결국 개인의 철학이다. 기술은 누구나 배울 수 있고, 정보는 누구나 접근할 수 있지만, 어떤 기준으로 선택하고 어떤 문제를 중요한 것으로 여길지는 각자의 가치관에 따라 달라진다.

사내변호사는 매일 수많은 선택의 기로에 선다. 그 선택은 법령 조항이나 판례 검색 결과만으로 정해지지 않는다. 이해관계자의 요구가 충돌하고, 비즈니스 목표와 리스크 기준이 엇갈리는 상황 속에서, 우리는 늘 어떤 기준으로 균형을 잡을 것인가를 고민해야 한다.

예컨대 우리는 다음과 같은 질문을 스스로 던져볼 수 있다.

- 나는 리스크를 어떻게 정의하는가? 회피해야 할 장애물인가, 아니면 관리 가능한 변수인가?
- 나는 조직을 어떤 존재로 보는가? 법률적 조력을 제공하는 클라이언트인가, 아니면 함께 전략을 짜야 하는 공동의 책임 주체인가?
- 나는 사람의 실수를 어떻게 바라보는가? 통제와 징계의 대상으로 보는가, 아니면 설계와 구조 개선을 통해 줄일 수 있는 시스템 문제로 보는가?

이 질문들에 대한 내면의 답은 우리가 실무에서 내리는 선택의 방향을 일관되게 만들어준다. 바로 이 일관성이 조직 내에서 신뢰를 형성한다. 선택의 정확성보다 더 중요한 것은, 그 선택이 어떤 기준에서 나왔는지를 설명할 수 있는가이다.

> **[나만의 가치 기준 정리하기]**
>
> 다음 질문들을 통해 당신의 핵심 가치를 발견해 보자. 정답은 없다. 중요한 것은 솔직한 답변이다.
>
> **리스크에 대한 나의 관점:**
> ☐ 나는 "완전히 안전한 길"과 "적정한 위험을 감수하는 길" 중 어느 쪽을 선호하는가?
> ☐ 불확실한 상황에서 나는 "더 많은 정보 수집"과 "현재 정보로 결정" 중 어느 쪽을 택하는가?
> ☐ 과거 사례가 없는 새로운 상황에서 나는 어떤 방식으로 판단하는가?
>
> **조직에 대한 나의 시각:**
> ☐ 나는 법무를 "위험 차단 부서"로 보는가, "성장 지원 부서"로 보는가?
> ☐ 사업부의 요청과 법적 리스크가 충돌할 때, 나는 어떤 기준으로 우선순위를 정하는가?
> ☐ 나는 "규정 준수"와 "실무적 융통성" 중 어느 쪽에 더 무게를 두는가?
>
> **사람과 실수에 대한 나의 접근:**
> ☐ 반복되는 실수를 봤을 때, 나는 "개인의 책임"과 "시스템의 문제" 중 어느 쪽을 먼저 의심하는가?
> ☐ 갈등 상황에서 나는 "명확한 규칙 적용"과 "상황별 조율" 중 어느 쪽을 선호하는가?
> ☐ 새로운 변화에 대해 나는 "신중한 검토 우선"과 "빠른 실험 우선" 중 어느 쪽인가?

이런 질문들에 대한 답이 모여서 당신만의 '법무 철학'이 된다. 그리고 이 철학이 변화하는 시대에도 흔들리지 않는 중심축이 된다.

17-2. 내 방향을 스스로 정의하는 힘

앞서 이야기했듯이, 기술은 끊임없이 변하지만 나의 관점과 선택 기준은 나를 흔들림 없이 지탱해 주는 내면의 구조다. 그런데 이 관점과 기준은 단지 '일에 대한 태도'로만 작동하지 않는다. 그 사람의 커리어를 어떤 방향으로 설계하게 할 것인가, 즉 커리어의 프레임 자체를 재정의하는 데에도 결정적인 역할을 한다.

1) 누구의 문제를 해결하고 싶은가?

이 질문은 단순히 직무나 업무 범위를 정하는 문제가 아니다. 오히려 나의 커리어를 어떤 기준으로 설계할 것인지, 그리고 내가 '누구에게 의미 있는 사람'이 되고 싶은지를 묻는 정체성의 질문이다.

많은 사람들이 '내가 잘하는 일'을 중심으로 커리어를 설계한다. 예컨대, 나는 계약서를 잘 본다, 나는 문서를 깔끔하게 정리한다, 나는 분쟁 리스크에 민감하다—이러한 '스킬 기반 설계'는 초기에는 유용하지만, 점차 커리어가 중반에 접어들수록 방향을 잃기 쉽다. 왜냐하면 '내가 잘하는 일'은 시간이 지나면서 누군가에게는 쉽게 대체될 수도 있기 때문이다.

반면에, "나는 누구의 문제를 해결하고 싶은가?"라는 질문은 내 커리어의 중심축을 '역할'이 아니라 '기여 대상'으로 전환시킨다. 이 질문에 따라 내가 집중해야 할 업무 영역과 사고의 방식이 달라지고, 궁극적으로 커리어의 궤도 자체가 변한다.

예를 들어,

> · 내가 '고객'을 중심에 둔다면, 고객 경험과 계약 구조의 명확성, 사전 리스크 예방이 핵심 관점이 될 것이다.

- 경영진을 중심에 둔다면, 전략 보고서, 정책적 리스크 분석, 그리고 결정의 타당성을 구성하는 논리력이 중요해질 것이다.
- 조직 전체의 운영 효율을 위해 일하고 싶다면, 반복되는 법무 이슈를 시스템 차원에서 해결하고, 가이드라인을 설계하는 것이 주요 미션이 될 수 있다.

이처럼 "누구를 위한 문제를 해결하고 싶은가?"라는 질문은, 내 일의 성격뿐 아니라 언어, 표현 방식, 보고 포맷, 설득 전략까지도 바꾸게 만든다. 무엇보다 중요한 것은, 이 질문이 외부가 아니라 나 자신에게서 출발한다는 점이다. 기술의 변화, 조직의 구조, 산업의 흐름이 바뀌어도, '내가 누구에게 기여하고 싶은가'에 대한 나만의 확신이 있다면 중심이 흔들리지 않는다.

2) 어떤 역할로 기억되고 싶은가?

법무라는 직무는 생각보다 훨씬 넓고 다양한 역할을 내포하고 있다. 단순히 계약 검토, 소송 대응, 컴플라이언스 관리 같은 기능적인 분류로는 사내변호사의 전체 영역을 설명할 수 없다. 오히려 법무라는 도구를 통해 조직 안에서 어떤 기능을 수행하고 싶은가를 정의하는 것이 더 중요하다.

예를 들어,

- 조직 내 반복되는 리스크를 조기에 감지하고 경고하는 '센서'의 역할이 있을 수 있다.
- 여러 이해관계자의 입장을 조율하고 절충점을 찾아 실행하게 만드는 '브릿지'의 역할도 있다.
- 전략적 커뮤니케이션의 관점에서, 경영진과 실무자 간의 언어를 번역하고 통역하는 '내부 번역가'가 될 수도 있다.

· 혹은 법무의 전문성을 바탕으로 시스템을 설계하고, 조직의 일하는 방식을 구조적으로 바꾸는 '조직 설계자'가 될 수도 있다.

중요한 것은, 이 역할들은 단지 '법무팀'에 소속되어 있다고 자동으로 부여되는 것이 아니라는 점이다. 어떤 관점으로 일하느냐, 어떤 언어로 문제를 정의하느냐, 어떤 연결고리를 만드는 사람이냐에 따라 같은 직함이라도 완전히 다른 방식으로 기능할 수 있다.

내가 데이터를 해석하고 정형화하는 데에 강점이 있다면, 반복 리스크 유형을 정리하고, 사전 알림 시스템을 기획하는 '조기 경보 시스템'이 적합할 수 있다. 회의에서 다양한 부서의 입장을 정리하고, 갈등을 조율하는 능력이 있다면, '갈등 조정자'로서의 포지셔닝이 자연스럽다.

이처럼 '역할'을 스스로 정의할 수 있어야, 조직 구조나 직무 범위에 휘둘리지 않고 스스로 커리어를 리드할 수 있다.

[나만의 역할 정의하기]

다음 과정을 통해 당신만의 역할을 발견하고 정의해 보자.

1단계: 강점 패턴 찾기 (1주)

지난 1년간 동료들이 나에게 가장 자주 요청한 일 3가지 정리

내가 개입했을 때 가장 좋은 결과가 나온 사례 3가지 분석

타 부서에서 나를 찾는 이유 패턴 파악

2단계: 선호 영역 확인하기 (1주)

어떤 종류의 문제를 해결할 때 가장 에너지가 충전되는가?

어떤 상황에서 내 의견이 가장 큰 영향력을 발휘했는가?

어떤 유형의 커뮤니케이션에서 내가 가장 효과적인가?

3단계: 역할 문장 만들기 (1주)

아래 형식을 참고해서 나만의 역할을 한 문장으로 정리해 보자.

"나는 [누구를 위해] [어떤 문제]가 발생했을 때, [어떤 방식으로] 도움을 주는 사람이다."

예시:

"나는 사업부를 위해 예상치 못한 법적 복잡성이 발생했을 때, 실행 가능한 대안을 제시하는 사람이다."

"나는 경영진을 위해 전략적 결정에 법적 불확실성이 있을 때, 리스크를 구조화해서 설명하는 사람이다."

"나는 조직 전체를 위해 반복되는 법무 이슈가 있을 때, 시스템을 설계해서 해결하는 사람이다."

이 한 문장이 당신의 커리어 정체성이 된다. 새로운 기회가 왔을 때, 이 문장에 부합하는지를 기준으로 선택할 수 있다.

17-3. AI 시대를 위한 전략적 사고법

1) AI 시대에 요구되는 새로운 역할

기술은 그 어느 때보다 빠르게 진화하고 있다. GPT는 판례를 요약하고 문서를 정리해 주며, 계약 자동화 툴은 반복적인 문장을 스스로 완성해 낸다. 법률 데이터를 기반으로 한 리스크 예측 모델은 과거 분쟁 패턴을 분석해 향후 발생할 수 있는 문제를 시각화해 준다. 이제 사내변호사의 전통적인 역할 중 '반복'과 '정리'에 해당하는 부분은 대부분 자동화의 영역으로 넘어가고 있다.

이런 흐름 속에서 사내변호사도 자연스럽게 질문하게 된다. "그렇다면 이제 인간에게 남는 일은 무엇인가?" 기술이 '실행'을 담당하게 된 시대에, 사람에게 요구되는 것은 바로 '무엇이 문제인가'를 정의하고, '그 문제를 어떤 방식으로 풀어야 하는가'를 설계하는 일이다.

실행은 AI가 대신할 수 있어도, 그 실행의 방향을 설정하고, 기준을 세우는 능력은 여전히 인간만의 고유한 영역이다. AI는 '하라면 한다'. 그러나 '무엇을 해야 할지'는 알려주지 않는다. 이 판단과 설계의 권한은 인간에게 남아 있는 마지막 공간이자, 가장 본질적인 경쟁력이다.

이런 전환의 중심에는 '문제 정의'라는 역량이 자리 잡고 있다. 어떤 현상이 발생했을 때, 그것을 단순한 오류나 변수로 볼 것이 아니라, 보다 근본적인 질문으로 바꿔볼 수 있어야 한다. "이 일이 반복되는 이유는 무엇인가?", "우리는 이 리스크를 사전에 감지할 수 있었는가?", "다음엔 이 문제가 발생하지 않도록 시스템을 설계할 수 있는가?"

이제는 지식을 많이 아는 것보다, 어떤 문제를 중심에 놓고 움직일 것인지 결정할 수 있는 감각이 더욱 중요해졌다.

2) PM처럼 사고하라 - 전체를 조망하는 관점

문제를 제대로 정의하려면 전체를 조망하는 관점이 필요하다. PM(Product Manager)이라는 직군을 주목해 보자. 이들은 개발자도 디자이너도 마케터도 아니지만, 이 모든 영역을 이해하고 조율하며 하나의 제품을 만들어내는 역할을 한다. PM의 핵심 역량은 특정 분야의 전문성이 아니라, 전체를 조망하며 각 부분이 어떻게 연결되어야 하는지를 설계하는 능력이다.

이 시대에 살아남기 위해서는 이런 PM적 사고가 필수다. 자신의 업무 영역만 잘하는 것으로는 충분하지 않다. 내가 하는 일이 조직 전체의 목표와 어떻게 연결되는지, 다른 부서와 어떤 상호작용을 만들어내는지, 그리고 이 모든 것이 궁극적으로 어떤 가치를 창출하는지를 통합적으로 사고할 수 있어야 한다.

사내변호사에게 이런 전체적 관점은 더욱 중요하다. 법무팀은 본질적으로 다른 모든 부서와 협업해야 하는 위치에 있기 때문이다. 인사팀의 노동법 이슈, 영업팀의 계약 검토, 경영진의 리스크 관리, 개발팀의 데이터 보호 문제까지 - 이 모든 것을 법적 관점에서 조율하고 최적화해야 한다. 각각을 개별적으로 처리하는 것이 아니라, 전체 그림 속에서 어떻게 연결되고 영향을 미치는지를 봐야 한다.

예를 들어, 단순한 계약서 검토 요청 하나라도 전체적 맥락에서 바라볼 수 있다. 이 계약이 우리 회사의 사업 전략과 어떻게 연결되는지, 다른 진행 중인 프로젝트들과 어떤 상호작용을 할지, 향후 유사한 계약들에 어떤 선례가 될지를 함께 고려하는 것이다. 나아가 반복되는 패턴을 발견했다면, 이를 조직 차원의 프로세스 개선이나 시스템 구축으로 연결할 수 있는 시각을 갖는 것이다.

분쟁이 발생했을 때도 마찬가지다. 개별 사안의 대응에만 집중하는 것이 아니라, 이 분쟁이 우리 조직의 어떤 구조적 이슈에서 비롯된 것인지, 비슷한 문제가 다른 영역에서도 발생할 가능성은 없는지, 이를 해결하기 위해서는 어떤 부서들과 어떻게 협력해야 하는지를 종합적으로 판단하는 관점이 필요하다.

이러한 전체적 사고는 단순히 '일을 더 크게 보자'는 차원이 아니다. 그것은 내가 담당하는 개별 업무들이 어떤 더 큰 목적을 위해 존재하는지를 이해하고, 그 목적을 달성하기 위해 각 요소들을 어떻게 연결하고 최적화할 것인지를 고민하는 통합적 사고방식이다.

3) 전략가처럼 사고하라 - 주체적으로 선택하고 집중하라

하지만 전체를 조망하는 것만으로는 부족하다. PM이 전체를 이해하는 사람이라면, 전략가는 그 전체 속에서 무엇을 선택할 것인지를 결정하는 사람이다. 전체를 조망하는 시각을 갖는다는 것은 모든 일을 다 해야 한다는 뜻이 아니다. 오히려 그 반대다. 큰 그림을 볼 수 있기 때문에 무엇이 정말 중요한지를 구분할 수 있고, 그래서 선택과 집중이 가능해진다.

전략가처럼 사고한다는 것은 PM적 관점을 바탕으로 한발 더 나아가는 일이다. 전체적 관점에서 조직을 바라보되, 그중에서 내가 어떤 문제를 내 일로 선택하고 싶은지를 주체적으로 결정하는 것이다. 어떤 일이 단순한 업무 처리에 그치고 어떤 일이 조직 전체에 장기적 영향을 미치는지를 판단할 수 있고, 그 판단을 바탕으로 자신만의 우선순위를 설정할 수 있다.

결국 '전략가처럼 사고하는 능력'이란, 누구의 요청을 처리하는 능력이 아니라 내가 중요하다고 여기는 문제를 스스로 설정하고, 그 문제에 책임지는 사람으로 서는 것이다. 이는 PM적 사고를 기반으로 하되, 거기서 한발 더 나아가 주체적인 선택을 하는 능력이다.

사내변호사의 업무는 늘 바쁘고 예측 불가능한 요청들로 가득하다. 이런 상황에서 모든 일을 동일하게 대응하려 하면, 결국 중요한 일보다 급한 일에 끌려다니게 된다. 하지만 전체를 조망하는 관점을 갖추고, 그중에서 진짜 가치를 만들어낼 수 있는 일을 선별할 수 있는 사람은 다르다.

자신이 어떤 문제를 핵심 과제로 삼을 것인지, 어떤 리스크에 가장 먼저 반응할 것인지에 대한 명확한 기준이 있는 사람은 달라진다. 그는 모든 요청을 다 처리하지 않더라도, 진짜 중요한 일에 집중함으로써 더 깊이 있는 성과를 만들어낸다. 이는 단순히 효율성의 문제가 아니라, 업무를 주체적으로 설계하고 이끌어가는 자세의 차이다.

예를 들어, 어떤 사람은 반복되는 분쟁 이슈를 단순한 트러블로 넘기지 않고, 그 원인을 조직 내 의사결정 구조에서 찾고자 한다. 또 어떤 이는 개별 계약의 검토보다 프로세스 자체의 비효율을 개선하는 데 몰입한다. 이런 선택은 전체적 관점에서 어떤 문제가 조직에 더 큰 영향을 미치는지를 판단한 결과이면서, 동시에 자신이 어떤 방향으로 일하고 싶은지에 대한 주체적 결정이기도 하다.

중요한 건 '내가 어떤 문제 앞에서 가장 큰 책임감을 느끼는가', '어떤 순간에 가장 몰입하게 되는가'라는 질문에 솔직히 답하는 것이다. 전체를 조망하는 시각과 이런 개인적 동기가 만날 때, 비로소 진정한 전략가의 사고방식이 완성된다.

[나만의 우선순위 기준 만들기]

다음 과정을 통해 당신만의 선택 기준을 정립해 보자.

1단계: 에너지 패턴 분석 (2주) 매일 업무 후 5분간 다음을 기록:

오늘 가장 몰입했던 업무는?

가장 피하고 싶었던 업무는?

가장 의미 있다고 느낀 순간은?

가장 답답했던 순간은?

2단계: 선택 패턴 발견 (1주) 지난 2주 기록을 바탕으로:

내가 자발적으로 시간을 더 쓴 일들의 공통점은?

내가 미루거나 대충 처리한 일들의 공통점은?

동료들이 내게 도움을 요청하는 영역의 패턴은?

3단계: 우선순위 원칙 정하기 (1주)

다음 질문에 답해서 나만의 기준을 만들어보자.

선택의 기준:

임팩트: "이 일이 해결되면 누가 가장 도움을 받는가?"

고유성: "이 일은 나만이 할 수 있는 일인가?"

확장성: "이 일은 더 큰 변화의 시작점이 될 수 있는가?"

학습: "이 일을 통해 내가 성장할 수 있는 부분이 있는가?"

> **거절의 기준:**
> "이 일은 다른 사람이 더 잘할 수 있지 않은가?"
> "이 일은 시스템으로 자동화할 수 있지 않은가?"
> "이 일은 내 핵심 역할과 어떤 관련이 있는가?"
> 이런 기준이 명확해지면, 요청이 들어왔을 때 감정이 아닌 원칙으로 선택할 수 있다.

17-4. 변화 속에서도 흔들리지 않는 나만의 전략

문제의식만으로는 일상의 혼란 속에서 방향을 유지할 수 없다. 그 문제의식을 체계적으로 관리하고, 매일의 선택 기준으로 만들어주는 도구가 필요하다. 바로 개인 OKR과 나만의 전략문장이다.

1) 진짜 동기는 어디서 오는가 - 나만의 문제를 찾아라

전략가처럼 사고하고 우선순위를 정하는 방식은 누구나 학습할 수 있다. 문제를 정의하고 구조화하는 사고법, 선택의 기준을 설정하고 협업을 이끄는 기술, 다양한 프레임워크와 실행 도구는 이미 넘쳐나고 있다. 그러나 모든 것을 갖추고도 여전히 중요한 질문 하나는 끝까지 남는다.

> · "나는 왜 이 문제를 기획하고 싶은가?"
> · "무엇이 이 문제를 나의 일로 만들어주는가?"

이 질문에 대한 답은 결코 외부에서 주어지지 않는다. 문제를 선택하는 기준은 프레임이 아니라 철학이고, 실행력 이전에 방향성이다. 기술이 아무리 뛰어나더라도, 방향이 없으면 우리는 수많은 요청과 툴 사이에서 '실행자'로만 머물게 된다.

결국 진짜 전략가는 '무엇을 문제로 삼을지'를 스스로 정의할 줄 아는 사람이며, 그 결정은 오직 자기만의 내면적 감각에서 비롯된다.

누군가는 반복되는 분쟁에 지쳐가고, 또 다른 누군가는 그 속에서 원인을 분석하고 재설계하는 일에 몰입을 느낀다. 어떤 이는 팀 간의 커뮤니케이션 단절을 보며 이를 자신의 문제로 끌어안고 해결하려 하고, 또 어떤 이는 복잡하게 얽힌 리스크 흐름을 시각화하고 예측 가능한 시스템으로 구조화하는 데서 사명감을 느낀다.

이처럼 사람마다 반응하는 지점은 다르다. 그리고 바로 그 '내가 반응하는 지점'이 커리어 전략의 출발선이 된다.

이 감각은 매뉴얼이나 교육에서 길러지는 것이 아니다. 오로지 일상 속의 작고 반복적인 선택, 그리고 그에 대한 성찰에서만 얻을 수 있다. 나는 어떤 문제 앞에서 더 오래 고민하게 되는가? 어떤 상황에서 감정이 격해지고, 어떤 순간에 책임감이 생기는가? 그 감정과 몰입의 흔적들을 돌아볼 때, 우리는 비로소 내가 진짜로 풀고 싶은 문제를 발견하게 된다.

2) OKR로 방향을 잃지 않기

나만의 문제를 찾았다고 해서 끝이 아니다. 그 문제의식을 일상의 업무 선택으로 연결하려면 체계적인 도구가 필요하다. 바로 여기서 개인 OKR이 강력한 역할을 한다. 많은 조직들이 사용하는 OKR(Objectives and Key Results)은 단순한 성과관리 프레임워크가 아니다. 그것은 혼란스러운 환경 속에서도 본질적인 목표를 잃지 않도록 돕는 나침반이다. OKR의 핵심은 2가지 질문이다.

> · "내가 진짜 이루고 싶은 것은 무엇인가?" (Objective)
> · "그 목표가 이루어지고 있는지를 어떻게 측정할 수 있는가?" (Key Results)

이 프레임은 조직의 전략 수립뿐 아니라 개인에게도 반드시 필요하다. 특히 불확실성과 복잡성이 일상이 된 지금, 사내변호사의 커리어는 더 이상 '좋은 태도'나 '충분한 열정'만으로는 설계될 수 없다. 새로운 도구는 매달 등장하고, 업무의 기준은 끊임없이 재정의된다. 이러한 변화의 흐름 속에서 자기만의 중심을 지키기 위해 필요한 것은, 무엇에 집중하고 무엇을 거절할지를 명확하게 보여주는 개인 OKR이다.

예를 들어, 어떤 사람이 "나는 계약서 초안을 넘어서, 계약 프로세스 전체를 설계하고 자동화할 수 있는 법무가 되고자 한다."라는 전략문장을 가지고 있다고 해 보자. 이 문장을 OKR에 녹여 실천하는 사람은 단순히 쏟아지는 계약 요청을 처리하는 데 그치지 않는다. 반복되는 유형을 분류해 리스크를 체계화하고, 이를 시스템에 반영하기 위한 규칙을 만들며, 새로운 자동화 도구를 실험하고, 팀 전체의 일하는 방식을 개선하는 데까지 일의 범위를 확장해 나간다.

중요한 것은 OKR이 상사가 주는 목표가 아니라, 내가 찾은 문제의식에서 출발한다는 점이다. 그래야만 외부의 변화나 갑작스러운 업무 변경에도 흔들리지 않는 일관성을 유지할 수 있다.

3) 전략문장 - 내 선택의 기준점

OKR이 목표를 관리하는 도구지만, 더 중요한 것은 그 목표 설정의 기준이다. 바로 이 기준이 되는 것이 '나만의 전략문장'이다. 전략문장이 있는 사람은 일을 선택할 때마다 다시 처음의 기준으로 돌아갈 수 있고, 무엇을 먼저

하고 무엇은 나중에 할지, 어디에 에너지를 집중할지를 훨씬 덜 흔들리면서 결정할 수 있다. 분산된 업무 속에서도 핵심이 무엇인지 잊지 않고, OKR을 설정할 때도 전략문장을 기준으로 우선순위를 조정한다.

그렇게 쌓인 루틴은 자연스럽게 '일관된 사람', '방향이 있는 사람'이라는 인상을 만든다. 커리어 브랜드란 결국 타이틀이 아니라, 일을 대하는 태도의 일관성에서 비롯되는 축적된 인식이다.

그런데 많은 이들이 전략문장을 만들 때 처음부터 너무 멀리, 너무 거창하게 나아가곤 한다. 전략문장은 누구에게 보여주기 위한 비전이 아니라, 내가 매일의 실무 속에서 방향을 잃지 않도록 도와주는 실용적인 기준문이어야 한다.

전략문장의 출발점은 아주 단순한 감각이다. 어떤 업무를 할 때 시간이 가장 빨리 지나가는지, 어떤 문제를 해결할 때 책임감을 느끼는지, 누구의 피드백에 가장 크게 반응하는지를 곱씹어 보는 것이다. 내가 진심으로 집중하고 싶어 하는 일이 무엇인지를 알아보는 과정이자, 그 감각을 언어로 정리해 보는 것이다.

> **[전략문장의 예시]**
> "나는 불확실한 상황에서 경영진을 위해 리스크를 구조화해서 설명하는 사람이다."
> "나는 반복 문제가 발생할 때 조직을 위해 시스템을 설계해서 해결하는 사람이다."
> "나는 복잡한 이해관계가 얽힐 때 모든 당사자를 위해 실행 가능한 대안을 찾는 사람이다."

4) 3가지가 하나의 시스템으로 작동하는 방식

이제 3가지 요소가 어떻게 하나의 시스템으로 작동하는지 종합해 보자. 이들은 각각 독립적으로 존재하는 것이 아니라, 서로를 강화하는 순환 구조를 이룬다.

> · 나만의 문제: 방향성의 근원 (Why) → 내가 진짜 풀고 싶은 문제를 정의
> · 개인 OKR: 실행의 체계 (How) → 문제의식을 구체적 목표와 실행 계획으로 전환
> · 전략문장: 선택의 기준 (What) → 매일의 선택에서 활용할 판단 기준 제공

이 시스템의 강점은 순환 구조에 있다. 전략문장이 OKR 설정의 기준이 되고, OKR 실행 과정에서 얻은 경험이 나만의 문제에 대한 이해를 더욱 깊게 만들며, 그 깊어진 이해가 다시 전략문장을 정교하게 다듬는 데 기여한다.

변화가 일상이 된 시대에 필요한 것은 더 빠른 적응이 아니라, 더 명확한 기준이다. 외부가 아무리 바뀌어도 흔들리지 않는 내면의 나침반을 만드는 것, 그것이 진정한 전략적 사고의 출발점이다.

[나만의 전략문장 만들기]
다음 과정을 통해 당신만의 전략문장을 만들어보자.
1단계: 감각 포착하기 (1주)
매일 다음 질문에 답하며 기록:
오늘 가장 "내가 하고 싶은 일"이었던 순간은?
오늘 가장 "의미 있다"고 느낀 순간은?
오늘 가장 "내 일 같다"고 느낀 순간은?
2단계: 패턴 발견하기 (1주)
1주일 기록을 보며:
반복되는 키워드나 상황 찾기
내가 몰입하는 일의 공통점 파악
내가 피하는 일의 공통점 파악

> 3단계: 문장 초안 만들기
> 다음 템플릿을 활용:
> "나는 [어떤 상황]에서 [누구를 위해] [어떤 방식으로] 기여하는 사람이다."
> 4단계: 검증하기 (2주)
> 만든 문장을 실제 업무에 적용:
> 새로운 요청이 올 때마다 "이것이 내 전략문장과 맞는가?" 자문
> 맞는 일에는 더 깊이 개입, 안 맞는 일은 효율적으로 처리
> 2주 후 문장을 수정하거나 확정

이 전략문장이 바로 당신의 커리어 나침반이 된다.

17-5. AI 시대, 사내변호사의 최종 생존 공식

1) 정체성에서 출발하는 커리어 설계

"AI 시대에도 나는 변호사로서 살아남을 수 있을까?"라는 질문은 단순히 기술의 발달에 대한 두려움이 아니다. 그 안에는 훨씬 더 깊은, 개인적인 질문이 숨어 있다. '나는 왜 이 일을 계속하고 있는가', '지금 내가 걷고 있는 이 길은 나에게 어떤 의미가 있는가', 그리고 '나는 무엇을 해결하기 위해 이 일을 선택했는가'라는 물음이다.

변화하는 시대가 우리에게 던지는 진짜 질문은, 기술이 아니라 '정체성'에 관한 것이다. 이 질문은 어느 순간 우리 자신에게 돌아오게 된다. 새로운 도구가 등장할 때마다 방향을 잃는 사람과, 그 도구를 자신의 일에 자연스럽게 통합해 내는 사람의 차이는 어디서 비롯되는가?

그것은 결국, 자신이 어떤 존재인지, 어떤 문제에 의미를 느끼는지를 명확히 인식하고 있느냐에 달려 있다. 우리는 이제 '일을 잘하는 사람'에서 나아가, '어떤 문제를 중요하게 여기는 사람'으로 커리어의 기준을 바꾸어야 한다. 이는 단순한 계획이 아니라, 자기 이해에서 출발하는 '존재 방식의 설계'다.

사내변호사는 조직에서 독특한 위치에 놓여 있다. 명확한 전문성을 가지고 있음에도 불구하고, 실무에서는 종종 의사결정의 주변부에 머물거나, '검토자', '보조자'로만 인식되는 일이 잦다. 이러한 역할에 길들여지다 보면, 어느 순간 "나는 시키는 일을 정확히 처리하는 사람", "리스크를 줄이는 것이 내 몫"이라는 수동적인 자기 정의에 갇히기 쉬워진다.

그러나 조직이 부여한 역할이 곧 나의 정체성은 아니다. '역할'은 외부가 정하는 것이지만, '정체성'은 내가 선택하고 설계할 수 있는 것이다. 그리고 이 정체성은 질문에서 출발한다. 나는 어떤 순간에 몰입하는가? 어떤 문제 앞에서 책임감을 느끼는가? 어떤 피드백이 나를 더 오래 고민하게 만드는가?

2) 기술은 바뀌어도 내 철학은 변하지 않는다

이 책은 단순히 "GPT를 어떻게 활용할 것인가?"를 알려 주는 기술 설명서가 아니었다. 우리가 정말로 다루고자 했던 것은, AI와 자동화라는 거대한 흐름 속에서 사내변호사가 어떤 관점과 전략적 태도를 가져야 하는지에 대한 실천적 사고의 틀이었다.

기술은 앞으로도 계속 진보할 것이며, 지금까지의 변화는 그 서막에 불과할지도 모른다. 그렇기에 지금 우리는 단순히 새로운 도구를 익히는 차원을 넘어, 이 변화 속에서 나는 어떤 존재가 되어야 하는지를 스스로에게 묻고 또 물어야 한다.

이미 많은 법무팀에서 GPT를 계약 검토, 의견서 초안 작성, 내부 가이드라인 정리에 활용하고 있다. 계약 자동화는 더욱 정교해지고, 판례 검색과 법령 비교는 몇 초면 끝나며, 리스크 식별도 데이터 기반 알고리즘으로 반복 대응이 가능해졌다. 리걸테크 서비스는 반복적이고 예측 가능한 업무들을 빠르게 대체하고 있고, 가까운 미래에는 일부 법률 판단 영역조차 자동화의 범위에 포함될 것이다.

우리는 더 이상 "어떻게 기술을 활용할 것인가?"라는 질문만으로 충분하지 않다. 그보다 더 중요한 질문은 "이 기술이 우리를 대신하는 시대에, 인간이 개입해야 하는 이유는 무엇인가?"이다.

기술은 텍스트를 요약하고 정보를 정리할 수 있지만, 그것이 어떤 전략적 맥락에서 나온 문서인지, 상대방과의 관계에서 어떤 신호로 작용할지를 이해하는 능력은 아직 인간의 몫이다. 계약서의 문장은 단순한 조항의 나열이 아니라, 사업 전략과 리스크 분담, 조직 문화까지 반영된 결과물이기 때문이다. 바로 이 지점에서 사내변호사의 고유한 역할이 드러난다.

사내변호사는 조직의 흐름을 읽고, 비즈니스의 논리를 이해하며, 그 속에서 발생할 수 있는 리스크와 갈등을 구조적으로 해석하는 사람이다. 법률은 그의 도구일 뿐이며, 핵심은 그 도구를 통해 조직이 나아갈 방향을 정제하고, 결정의 의미를 설계하는 일이다.

3) 나만의 생존 공식 완성하기

AI가 문서를 더 빠르고 정확하게 생성하는 시대에, 단순한 속도와 정확성은 더 이상 차별화 요인이 되지 못한다. 이제 진짜 경쟁력은 문제를 정의하고, 본질적인 질문을 던지고, 그에 대한 조직 사원의 사고를 구소화할 수 있는 능력에 있다. 다시 말해, '일을 잘하는 사람'에서 '일의 방향을 정의하는 사람'으로의 전환이 필요한 것이다.

이를 위해서는 다음과 같은 질문에 답할 수 있어야 한다. 이 계약 구조는 왜 반복적으로 문제가 되는가? 이 리스크는 누구에게 유리하고, 누구에게 불리한가? 우리는 어떤 기준으로 선을 정하고, 어디서 협상의 한계를 설정해야 하는가? 그리고 이 판단은 조직의 전략적 의사결정과 어떻게 연결되는가?

이러한 질문은 단순한 법률 지식이 아니라, 조직과 사람, 맥락을 이해하는 태도에서 비롯된다. 그 질문을 던질 수 있는 사람만이 전략을 설계하고, 실무를 넘어 영향력을 발휘할 수 있다.

기술을 잘 다루는 것은 이제 생존에 필요한 기본 역량일 뿐이다. 진짜 전략은, 그 기술을 통해 어떤 문제를 해결하고 싶은지, 그리고 그 문제를 왜 나만의 방식으로 풀고 싶은지를 스스로 정의할 수 있는가에 달려 있다. 그 정의는 AI가 대신 써줄 수 없다. '나'만이 할 수 있는 작업이며, 그것이 바로 자기 전략의 출발점이다.

[나만의 생존 공식 점검]

마지막으로, 이 책을 통해 얻은 인사이트를 바탕으로 당신만의 생존 공식을 점검해보자.

핵심 질문들:
☐ 나는 어떤 문제를 정의하고 싶은 사람인가?
☐ 나만의 전략문장은 무엇인가?
☐ AI 시대에도 변하지 않을 나의 핵심 가치는?
☐ 조직에서 나는 어떤 역할로 기억되고 싶은가?
☐ 3년 후 나는 어떤 문제의 전문가가 되어 있을까?

실행 다짐:
☐ 매주 1시간씩 반복 업무를 시스템화할 방법 고민하기
☐ 월 1회 내 기여도를 수치화해서 정리하기
☐ 분기 1회 전략문장 점검하고 업데이트하기
☐ 반기 1회 커리어 방향성 전체 점검하기

> **최종 확인:**
> 다음 문장을 완성할 수 있다면, 당신은 준비가 된 것이다.
> "AI가 아무리 발전해도, 나는 _____ 문제를 해결하는 사람으로서 _____ 방식으로 조직에 기여할 것이다."

이제 시작이다. 이 자기 정의는 철학적 사유가 아니라, 실무의 선택을 이끄는 나침반이다. 당신이 지금 어떤 문제를 해결하고 있는지, 어떤 방식으로 그 문제를 정의하고 있는지, 무엇을 포기하지 않으려 하는지가 모두 당신의 전략을 구성하는 재료다. 그것은 곧 당신만의 OKR이자, 업무를 통해 축적되는 브랜드가 된다. 그리고 이 브랜드는 불확실성과 변화의 시대에 중심을 잃지 않게 해주는 기준점이 된다.

AI 시대의 사내변호사는 단순히 법률 문장을 잘 다루는 전문가가 아니다. 그들은 조직 내의 복잡한 맥락을 읽고, 그 안에서 법무라는 언어로 의사결정 구조를 설계하며, 리스크를 예측 가능한 구조로 재편하고, 부서 간의 이해관계를 조율하는 사람이다. 단순히 일 처리를 잘하는 '조력자'가 아니라, 의미를 해석하고 방향을 제안하는 의미 설계자(Meaning Architect)로 기능해야 한다.

그리고 이 정체성은 매일 던지는 작은 질문들로부터 출발한다. "나는 지금 어떤 문제를 해결하고 있는가?", "그 문제는 왜 나에게 중요한가?", "그리고 나는 어떤 방식으로 그 문제를 풀고 있는가?" 이 질문에 당신만의 언어로, 당신의 방식으로 대답할 수 있다면, AI라는 거대한 파도 속에서도 결코 쉽게 흔들리지 않을 것이다.

변화는 멈추지 않는다. 새로운 기술이 등장하고, 조직의 요구는 계속 진화하며, 법무의 역할도 끊임없이 재정의될 것이다. 하지만 그 모든 변화 속에서도 1가지는 변하지 않는다. 문제를 정의하고, 방향을 설정하고, 그에 책임질 수 있는 사람의 가치는 절대 사라지지 않는다는 것이다.

"당신이 어떤 문제를 중요하게 여기는지, 어떤 방식으로 그 문제에 접근하는지, 그리고 그 선택에 어떤 철학을 담고 있는지" 이것이 바로 당신만의 생존 공식이다. 그 대답을 찾아가는 길 위에서, 이 책이 당신에게 작지만 단단한 나침반이 되어 주기를 바란다.

  기술은 도구다. 질문은 나의 것이다.

  변화는 선택이다. 방향은 내가 정한다.

  이제 시작하자.

에필로그

　이 책을 마무리하며, 나는 사내변호사라는 직업이 얼마나 역동적이고 창조적인 일인지를 새삼 깨닫게 되었다. 처음 이 글을 쓰기 시작했을 때는 단순히 '업무 효율성'과 'AI 활용법'에 대한 가이드를 만들고 싶었다. 하지만 글을 써 내려가면서, 이것이 단순한 기술 매뉴얼이 아니라 우리가 일하는 방식 자체에 대한 근본적인 성찰이었음을 알게 되었다.

　지금 우리는 '법무'라는 전문성과 '회사'라는 구조 사이에서 균형을 잡으며, 기술이라는 새로운 동료와 공존하는 방법을 스스로 익혀가고 있다. 과거의 법무 책임자들이 경험했던 세계와 지금 우리가 마주한 세계는 완전히 다르다. 지금의 법무팀은 더 이상 단일한 권한 구조 속에 머무르지 않는다. 더 많은 협업과 설명, 전략적 사고가 요구된다.

　그 속에서 사내변호사는 전문직이자 직장인이며, 동시에 조직 변화의 설계자이자 커뮤니케이터로 진화하고 있다. 이것이 바로 이 책이 담고자 했던 핵심 메시지다.

　우리는 종종 기준 없는 세계에서 일한다. 누군가는 혼자 법무팀을 꾸려야 하고, 또 누군가는 AI라는 도구 앞에서 새로운 방향을 잡아 나가야 한다. 이 책이 그런 혼란의 시기에 하나의 기준점이 되기를 바라면서, '법무팀이 AI를 도입하면 어떻게 되는가'라는 질문에 대해서 단순한 기능 소개를 넘어 '조직과 역할의 재정의'라는 관점으로 답하고자 했다.

　결국 우리가 추구해야 할 것은 명확하다. 우리는 단지 계약서를 검토하는 사람이 아니라, 조직의 리스크를 설계하고 판단의 기준을 제시하는 사람으로서 살아남아야 한다. AI는 그 과정을 더 빠르고 넓게 지원해 주는 파트너일 뿐, 그 자체가 목적은 아니다. 중요한 것은 '반복 업무가 줄어든 자리에 무엇을 채울 것인가'이다.

이 책은 기술에서 시작해서 사람에 관한 이야기로 마무리된다. 내가 가진 가장 핵심적인 역량은 무엇인가, 나는 어떤 방식으로 이 조직에서 의미 있는 기여를 할 수 있는가 하는 질문에 답하기 위해서는 결국 본질로 돌아가야 한다. 기술을 쫓아가고, 구조를 분석하기 이전에 사람마다 다른 사고방식과 일을 대하는 태도를 생각해 보아야 한다.

우리는 AI를 통해 일을 빠르게 처리하는 법이 아니라, 문제를 정확하게 정의하고 방향을 전략적으로 설정하는 법을 배워야 한다. 그리고 그것이야말로 진정한 '경쟁력을 잃지 않는 방법'이다.

AI는 우리에게 '어떻게 일할 것인가'를 다시 묻고 있다. 그리고 그 질문은 '무엇을 지키며 살아갈 것인가', '어떤 기준을 세울 것인가'를 되돌아보게 만든다. AI는 도구일 뿐이다. 중요한 것은 우리가 그 도구를 통해 무엇을 보려 하는가, 어떤 구조를 만들려 하는가, 그리고 어떤 관계를 만들어가려 하는가이다.

나는 이 책을 단지 변호사로서가 아니라, 회사에서 함께 살아가는 구성원으로서 더 나은 일의 방식과 협업의 구조를 고민하고 실험한 기록으로 남기고 싶었다.

앞으로 우리가 마주할 변화는 지금보다 더 빠르고 예측하기 어려울 것이다. 새로운 기술이 등장할 때마다 우리는 또다시 적응해야 할 것이고, 그때마다 '내 역할은 무엇인가'라는 질문을 스스로에게 던져야 할 것이다. 하지만 그 과정에서 중요한 것은 변화에 휩쓸리지 않고, 우리만의 기준과 원칙을 세우는 일이다.

이제 책을 덮는 당신에게, 나는 이렇게 말하고 싶다. AI 시대에 살아남는 사내변호사는 기술을 가장 잘 다루는 사람이 아니라, 변화를 가장 깊이 이해하고 가장 현명하게 대응하는 사람이다. 그리고 이 변화의 시대를 두려워하지 않고 함께 고민해 준 당신은 이미 그 길을 걷고 있는 중이다.

이 책이 당신의 다음 선택에 조금이라도 도움이 되어줄 수 있다면, 그것으로 충분하다. 이제는 당신만의 이야기를 써나갈 차례다.

부록

사내 법무팀용
AI 프롬프트 템플릿 가이드

이 가이드는 사내 법무팀이 생성형 AI를 실무에 효과적으로 활용하기 위한 표준 프롬프트 템플릿을 제공합니다. 템플릿은 주요 업무 유형별로 구성되어 있으며, 각 템플릿은 목적, 입력자료, 프롬프트 예시, 기대 출력, 주의 사항 등으로 구성되어 있어 즉시 실무에 적용 가능합니다. AI와의 협업을 안정적으로 정착시키기 위해 본 가이드는 정기적으로 업데이트되며, 사내 위키 및 AI 활용 교육 자료로도 병행하여 사용됩니다.

1. 계약 검토용

(1) 목적
- 계약서 내 주요 위험 조항을 선제적으로 식별하고, 자사 리스크 가이드라인에 기반한 수정 제안 문안을 생성하여 실무 검토를 지원하기 위함

(2) 입력 자료
- 계약서 전문 또는 주요 조항, 자사 표준 계약 템플릿, 내부 리스크 허용 범위 요약본, 자주 사용하는 조항 예시

(3) 프롬프트 예시

> 다음 계약서의 손해배상, 해지, 준거법 관련 조항을 중심으로 아래 항목을 단계별로 수행해 줘:
> 1. 해당 조항을 식별하고, 원문을 보여 줘.

> 2. 각 조항의 법적 리스크를 간략히 설명해 줘.
> 3. 자사 가이드라인을 기반으로 조정 가능한 대체 문안을 2가지씩 제안해 줘.
> 4. 출력은 다음과 같은 표 형식으로 정리해 줘:
> [조항명 / 조항 원문 / 리스크 설명 / 대안 문안 1 / 대안 문안 2]

(4) 기대 출력
- 3개 조항 이상을 분석한 표 형태 보고서
- 조항별 원문 및 해석, 리스크 식별 사유
- 각 조항에 대해 실무에서 실제 사용할 수 있는 대체 표현 2가지 이상 제시

(5) 금지 사항
- 추상적 지시 (예: "이상한 점이 있나요?")
- 전체 계약서에 대해 무작위적 평가 요청
- 자사 기준 없이 리스크를 일반론적으로만 설명하는 요청

(6) 활용 팁
- 반복 검토되는 계약 유형(A사 NDA, B사 MSA 등)에 대해 프롬프트를 유형별로 사전 저장해 두고, 계약서 업로드 후 조항 제목 중심으로 빠르게 대응
- DMS 또는 계약 검토 이력 관리 시스템에 AI 생성 결과물을 저장하여 유사 건 참고 자료로 활용, 반복적으로 나오는 계약 유형별로 프롬프트를 사전 저장하고, 결과물은 검토 후 DMS에 보관

2. 보고서 요약용

(1) 목적
- 이메일, 회의록, 보고서 등의 비정형 정보를 구조화된 양식으로 요약하고, 보고서 초안 작성을 자동화하여 커뮤니케이션 품질과 속도를 동시

에 높이기 위함
(2) 입력 자료
- 이메일 스레드 원문, 회의록 초안, 브리핑 문서, 사내 보고용 정리 메모 등

(3) 프롬프트 예시

> 다음 이메일 스레드를 분석하여 다음 작업을 단계별로 수행해 줘:
> 1. 주요 논의 이슈 2가지를 요약하고 핵심 문장을 추출해 줘.
> 2. 각 이슈별로 관련자들의 주장과 요청 사항을 항목별로 정리해 줘.
> 3. 논의 결과로 결정된 사항 또는 후속 필요 조치를 구분해서 표로 보여 줘.
> 마지막으로 전체 흐름을 3문장 이내로 요약해 줘.

(4) 기대 출력
- 이슈별 핵심 내용 요약 (2~3문단)
- 관련자별 입장과 요청 사항 리스트화
- 표 형태의 결정 사항 및 후속 조치 정리

(5) 금지 사항
- 단순 요약만 요청하고 결과 분리 지시 없이 출력
- 회의명·참석자 등 메타 정보 누락 상태로 요청

(6) 활용 팁
- 반복 회의체(주간 회의, 팀별 전략 회의 등)의 경우 회의 목적, 참석자, 안건 번호 등을 프롬프트와 함께 구조화해 입력하면 요약 정확도 및 AI 학습 속도 향상
- 요약 결과는 회의록 초안으로 활용 가능하며, Notion이나 보고서 작성 양식에 바로 전환해 붙여 넣을 수 있음

3. 회신 초안 작성용

(1) 목적
- 외부 기관이나 이해관계자에게 전달할 공식 회신 문서를 AI 초안으로 작성하여 커뮤니케이션 속도를 높이고 표현의 일관성과 논리력을 강화하기 위함

(2) 입력 자료
- 분쟁 또는 이슈 상황 개요, 상대방 주장 요지, 내부 대응 방침 또는 과거 유사 사례 문구

(3) 프롬프트 예시

> 아래 내용을 바탕으로 외부 회신 초안을 다음 순서에 따라 구성해 줘:
> 1. 1문단: 전체 쟁점 요약 및 대응의 기본 입장을 정중한 어조로 서술해 줘.
> 2. 2문단: 상대방의 주장 중 사실과 다른 부분 또는 자사 입장과 다른 쟁점을 조목조목 반박해 줘.
> 3. 3문단: 향후 협의 방향 또는 요청 사항을 포함한 마무리 문장을 넣어 줘.
> 전체 길이는 3문단 이내로 제한하고, 문체는 격식 있고 간결하게 유지해 줘.

(4) 기대 출력
- 문단별 구성과 논리적 흐름이 명확한 회신 문서 초안
- 상대방 주장에 대한 구체적 반박 포인트 포함
- 비즈니스 이메일에 적합한 명확하고 공손한 문체 사용

(5) 금지 사항
- 지나치게 감정적인 표현 사용
- 팩트 확인 없이 AI가 추론한 내용 그대로 사용하는 것
- 자동 생성된 초안을 내부 검토 없이 외부에 발송하는 행위

(6) 활용 팁
- AI에 입력할 내용 중 '상대방 주장 요약'은 반드시 명시적으로 정리해서 넣는 것이 중요함. 그렇지 않으면 AI가 잘못된 전제에서 반박을 구성할 수 있음
- 사내에서 반복적으로 발생하는 민원 유형(지연, 품질 이슈 등)에 대해 자주 사용하는 회신 템플릿을 미리 프롬프트로 저장해 두면 효율적으로 대응 가능
- 작성된 초안은 내부 승인 시스템을 통해 최소 1회 이상 검토받고, 버전 기록과 함께 문서관리 시스템에 저장할 것

4. 판례/법령 리서치용
(1) 목적
- 유사 쟁점에 대한 판례와 법령 정보를 AI를 통해 요약·정리하여, 의견서 작성, 판단 논리 구성, 법적 해석 참고 등에 활용하기 위함

(2) 입력 자료
- 사건 개요(핵심 사실관계 포함), 관련 법령 조항, 키워드(예: 해지, 과실상계), 적용 대상 판례 요약 또는 검색 조건

(3) 프롬프트 예시

> 아래 사건 개요를 기반으로 다음 작업을 단계별로 수행해 줘:
> 1. 유사한 하급심 판례 2건을 추천해 줘. (최근 5년 기준)
> 2. 각 판례의 핵심 사실, 쟁점, 판단 이유, 결론을 요약해 줘.
> 3. 해당 판례가 자사 입장에 어떤 점에서 유리한지/불리한지 논리적으로 정리해 줘.
> 결과는 다음과 같은 비교표 형식으로 정리해 줘:
> [사건명 / 주요 사실 / 쟁점 / 판단 기준 / 결론 / 자사 입장과의 관련성]

(4) 기대 출력
- 판례 2건 이상 요약 (각 5~6줄 요약 + 핵심 문장 인용 포함 가능)
- 비교표를 통한 구조화된 분석 결과
- 자사에 유리한 논리 프레임 구성을 위한 키포인트 제공

(5) 금지 사항
- 출처 없는 판례 생성 또는 실제 존재하지 않는 사건명 인용
- AI가 자의적으로 판례를 요약하며 판단 이유를 왜곡하는 경우
- 한글 데이터 부족으로 인해 영어 기반 판례를 출력하는 설정 그대로 사용하는 것

(6) 활용 팁
- 국내 법률 데이터 기반 LLM 또는 RAG 시스템을 연동한 환경에서 활용 시 정확도가 현저히 향상됨
- 특정 쟁점(예: 과실 비율, 계약 해지 사유 등)에 따라 카테고리화된 판례 요약 템플릿을 사내 위키에 축적할 것
- 생성된 요약은 의견서 본문 삽입 전 반드시 검토자가 사실관계 및 법적 해석의 오류 여부를 교차 검토해야 함

※ 사용자는 반드시 자사 업무 기준에 맞게 프롬프트 내용을 수정한 후 사용할 것
※ 생성된 모든 결과물은 2차 검토자(법무 책임자 혹은 승인자)의 확인을 거쳐야 하며, 단독 사용 금지
※ 프롬프트 및 활용 이력은 분기 1회 이상 검토되어 업데이트될 예정이며, 운영 책임자는 리걸옵스 전담자임
※ 본 가이드는 사내 GPT 시스템 또는 위키 내에서 최신 버전이 유지되며, 변경 이력은 별도 페이지에 기록됨